编委会

主 编

陈立波

副主编

薛林桐　尉　晨

编 委

张　钊　邢　静　曲　超
汤　羽　官　坤

医保智能审核
系统设计

项目策划：蒋　玙
责任编辑：蒋　玙
责任校对：周维彬
封面设计：墨创文化
责任印制：王　炜

图书在版编目（CIP）数据

医保智能审核系统设计 / 陈立波主编. — 成都：四川大学出版社，2021.9（2022.9 重印）
ISBN 978-7-5690-5030-1

Ⅰ. ①医… Ⅱ. ①陈… Ⅲ. ①医疗保险－医疗费用－信息化－研究－中国 Ⅳ. ① F842.613

中国版本图书馆 CIP 数据核字（2021）第 194667 号

书　名	医保智能审核系统设计
主　编	陈立波
出　版	四川大学出版社
地　址	成都市一环路南一段 24 号（610065）
发　行	四川大学出版社
书　号	ISBN 978-7-5690-5030-1
印前制作	四川胜翔数码印务设计有限公司
印　刷	四川省平轩印务有限公司
成品尺寸	170mm×240mm
印　张	15.25
字　数	287 千字
版　次	2021 年 9 月第 1 版
印　次	2022 年 9 月第 2 次印刷
定　价	67.00 元

◆ 版权所有 ◆ 侵权必究

◆ 读者邮购本书，请与本社发行科联系。
电话：(028)85408408/(028)85401670/
(028)86408023　邮政编码：610065
◆ 本社图书如有印装质量问题，请寄回出版社调换。
◆ 网址：http://press.scu.edu.cn

四川大学出版社
微信公众号

前 言

医保智能审核是医保控费中的一个重要环节，是随着医保费用审核业务工作开展而提出和发展起来的，属于医保控费微观层面的控费手段之一。医保经办部门开展的费用审核工作是一项非常专业的工作，由于涉及医学、药学和医保等多个学科的专业知识，绝大部分的费用审核工作是由医学或药学专业人员完成的，在没有开发医保智能审核系统前，基本采用人工审核方式，随着医保扩面工作推进，传统的人工审核工作面临越来越大的压力，主要表现在专业人员匮乏、审核工作量巨大、审核标准不统一、缺乏有效监控机制等，医保智能审核系统的出现在一定程度上解决了这些困境。医保智能审核系统以医学和医保知识库为基础，建立医保审核规则库，针对每一张医保结算单及费用明细，从微观层面进行逐条检查和审核，采用机审和人审相结合的模式，由计算机全面扫描，查出费用中不合理和不合规部分，交由人工复查，并最终确定费用审核结果。医保智能审核系统既是医保业务经办中的一个信息化系统，又是一个医学、医保相融合的专家系统，它经历了诞生、高速发展、瓶颈和转变发展的过程。

2011年左右，我们开始策划和探索医保智能审核系统的研发，但由于各种原因没有实质性落地。2013—2014年，国内开始出现基于合理用药知识库的医保智能审核系统，在一些医保统筹区开展应用并取得一定效果，拉开了医保智能审核系统建设的序幕。2015年年初，我们团队正式开始医保智能审核系统的设计和研发，经过约4个月，我们推出了第一代医保智能审核系统，并于当年落地实施和应用。2016年年初，经过重大技术升级和知识库整改，我们推出了第二代医保智能审核系统，并在全国推广。截至2018年，该产品在全国20多个市级统筹区得到应用。同一时期，国内出现了不少研发和推广医保智能审核系统的企业，规模较大的都是上市公司或其子公司，在充足资金的支持下，极大地带动了国内医保智能审核系统的普及。

期间，我们聚集了一批志同道合的伙伴，共同进行医保控费领域的理论研究和实践探索，提升产品的控费效果，尤其是将知识库从最初的合理用药扩展到了临床医疗和医保领域，增加了临床医学知识库和医保知识库，增强了医保智能审核效果。在全面应用的同时，我们很快发现了这种医保控费手段存在的瓶颈：由于医保智能审核是从微观层面对医疗费用的合规性和合理性进行审核，这一理论基础意味着医保智能审核系统只能用于处理微观层面的问题。由于医保控费不仅仅是微观层面的问题，所以在应用医保智能审核系统一段时间后，各统筹区医保经办机构发现该系统的控费效果显著减退，这促使我们对医保控费体系进行思考和探索，有兴趣的读者可以参看《医保综合控费与信息化》。

医保智能审核系统的研发在信息化技术方面没有太多困难，但在业务领域，尤其是医学和医保知识库、规则库建设方面存在一定的专业壁垒，导致国内很多企业在研发医保智能审核系统时遇到了诸多困难。我们把多年从事医保智能审核系统研发的经验和教训分享出来，希望能够推动国内医保智能审核系统的不断改进和提升，促进各级医保经办机构正确认知和使用医保智能审核系统，为医保基金使用安全贡献一份绵薄之力。

本书包括医保政策简介、医保智能审核简介、系统需求分析、知识库设计、规则库设计和软件设计等内容。其中，知识库和规则库是系统设计中的重点和难点，也是产品研发者和使用者最感兴趣和重点关注的内容，所以我们以大量篇幅从知识库和规则库的基本概念、建设需求、架构设计、数据设计和算法设计等多个层面进行详细描述，以期能够抛砖引玉，促进国内相关产品的进一步提升。

在本书的编写过程中，我们得到了诸多支持和协助，在此特别感谢北京法伯宏业科技发展有限公司董事长薛林桐先生，他不仅参与和资助了本书的编写，还将医保智能审核系统中建立的各种知识体系进行了多领域的积极探索和落地实践，其秉承的"让理论产生价值、让模型变成生产力"的企业精神，使法伯科技一直走在医疗健康数据科技领域的前沿。还要感谢四川大学出版社的蒋玙和周维彬编辑，他们的耐心和严谨态度在成书过程中给予了我们极大的指导和帮助。最后要感谢曾经一起为共同理想奋斗过的伙伴们，谨以此书纪念我们曾经一起拼搏过的日子。

编委会
2021 年 9 月 12 日

目 录

第1章 医保政策简介 (1)
 1.1 医疗保险业务简介 (1)
 1.2 医保控费体系简介 (9)

第2章 医保智能审核简介 (22)
 2.1 基本概念 (22)
 2.2 人工审核面临的问题 (26)
 2.3 发展历程 (28)
 2.4 建设目标 (32)

第3章 系统需求分析 (33)
 3.1 总体需求分析 (33)
 3.2 业务需求分析 (42)
 3.3 功能需求分析 (48)
 3.4 数据需求分析 (77)
 3.5 性能需求分析 (87)

第4章 知识库设计 (90)
 4.1 基本概念 (90)
 4.2 知识库需求分析 (101)
 4.3 知识库设计 (111)
 4.4 知识库配套软件设计 (115)

第 5 章　规则库设计·····························(138)
5.1　基本概念·································(138)
5.2　规则设计·································(143)
5.3　规则算法设计·····························(152)

第 6 章　软件设计·································(157)
6.1　总体设计·································(157)
6.2　数据库设计·······························(160)
6.3　中心端软件·······························(204)
6.4　医院端软件·······························(215)

第 7 章　总结·····································(231)
参考文献··(234)

第 1 章 医保政策简介

我国医疗保险制度是我国医疗保障制度的重要组成部分,是涉及面最广、内容最复杂、实施难度最大的一项社会保险制度。本章主要对医疗保险制度的基本内容进行简单描述,以便了解医疗保险政策及医保控费相关概念,进一步引申出医疗保险控费体系建设及医保智能审核系统建设的目的和意义。

1.1 医疗保险业务简介

医疗保障制度是一个非常庞大的社会政策和立法体系。我国的医疗保障分为社会医疗救助、社会医疗保险、社会医疗福利和针对特殊人群的特殊医疗保障等(姚岚、熊先军等,2013)。从医疗保障制度的定义来看,政府是组织和实施医疗保障的主体,医疗保障的对象是全体社会成员,主要功能是弥补由于疾病风险导致的个人和家庭损失,在资金筹措方面呈现多元化模式,其中政府、企业和个人都有明确责任。医疗保障具有福利性、公平性、强制性、社会性、补偿性和基础性等特征,具有保障国民基本的健康权和生存权、促进卫生事业发展和人群健康改善、促进社会经济发展、实现收入再分配、改善社会公平性、维护社会稳定的重要作用。

医疗保险(medical insurance,以下简称"医保")是医疗保障的重要组成,是通过互助互济方式分担医疗经济风险的一种医疗保障形式。我国的医疗保险制度是以社会保险形式建立,为居民提供因疾病或意外伤害所需医疗费用资助的一种保险制度,是通过国家立法,建立医疗保险基金,当个人因疾病或意外伤害接受必需的医疗服务时,由社会医疗保险机构提供医疗费用补偿的一种社会保险制度。我国基本医疗保险制度包括城镇职工基本医疗保险（以下简称"城职医保"）、城乡居民基本医疗保险（以下简称"城乡医保"）、生育保险和补充医疗保险（如大病医疗保险等）。2017年1月19日国务院办公厅发布了《国务院办公厅关于印发生育保险和职工基本医疗保险合并实施试点方案的通知》（国办发〔2017〕6号），将生育保险与城职医保合并，要求统一参保登记、统一基金征缴和管理、统一医疗服务管理，故在后续章节中，我们将生育保险与城职医保合并统称为城职医保，除非特殊说明，不再单独提生育保险。

1.1.1 医保基本政策

医疗保险根据保险性质的不同分为社会医疗保险和商业医疗保险。根据保险层次的不同，医疗保险又可以分成基本医疗保险和补充医疗保险。其中基本医疗保险是由社会医疗保险机构提供个人因病获得符合保险范围的、必需的医疗服务而进行医疗费用补偿的一种社会医疗保险；补充医疗保险则是社会基本医疗保险范围以外的医疗保险。两者在性质、范围、内容和管理等方面有很大区别。根据保险对象的不同，还可将医疗保险分成城职医保和城乡医保。

医疗保险[①]作为社会保险的一个险种，既具有社会保险的一些共同特征，又具有与其他社会保险险种不同的特征。医疗保险由四个基本要素构成（周绿林、李邵华，2013），如图1.1所示，医疗保险具有保障对象普遍性、系统构成复杂性、保险赔付短期性和经常性、补偿形式特殊性、保费测算和控制困难性等特点。与商业医疗保险的经办原则不同，社会医疗保险在经办过程应遵循以下几个原则：一是社会化原则，即社会医疗保险的社会化要求所有社会劳动者全部成为医疗保险的保障对象，这既符合保险大数法则，又体现出医疗保险的社会公平性；二是强制性原则，社会医疗保险通过国家立法强制实施，要求所有符合参保条件的单位和劳动者都必须依照法律的规定参加医疗保险，并按相关规定缴纳医疗保险费；三是保障基本医疗原则，因为社会医疗保险的保障责任范围有限，只能提供基本医疗的保障，基本医疗以外的其他医疗服务由参保人自己承担或由其他补充医疗保险等解决；四是费用分担原则，参保人发生的医疗费用，一方面以医疗保险统筹基金形式由国家、用人单位和个人三方共同负担，另一方面要求参保个人分担一部分费

---

① 除非单独说明，本书所讨论医疗保险均指社会医疗保险。

用，有利于增强个人的费用节约意识；五是以支定收、量入为出、收支平衡、略有结余原则；六是公平与效率相结合原则。

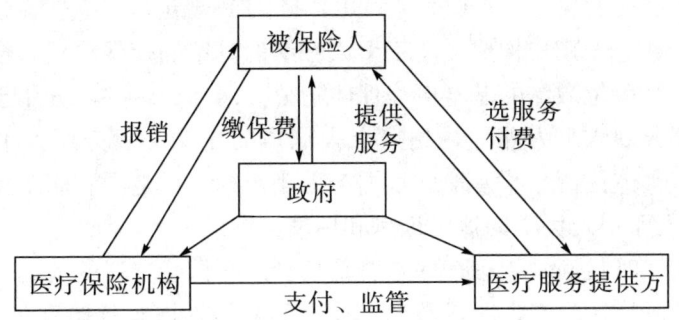

图 1.1　医疗保险的四个基本要素

由于医疗保险的社会性和强制性，政府在医疗保险中具有重要的职责和作用，主要体现在医疗保险立法、承担经济责任、宏观管理与决策、维持和提高公平性等方面，并要做好医疗保险制度改革的相关配套措施。医疗保险业务主要包括四个部分：基金筹集、待遇核定、待遇支付和基金管理。

1.1.1.1　基金筹集

医保基金筹集是医疗保险业务中的重要环节，有些地区又称其为医保基金征集、医保基金征缴等。医保基金筹集是医疗保险制度的经济基础，是医疗保险基金运行的起点。与商业医疗保险基金不同，社会医疗保险基金筹集具有强制性和非营利目的，社会医疗保险的强制性也主要体现在基金筹集的强制性上。随着社会经济水平的发展，人民的医疗风险意识逐步增强，医疗消费需求及消费水平逐年提高，逐渐意识到医疗保险的重要性。扩大医疗保险覆盖人群，符合保险大数法则，提高医疗保险基金的抗风险能力，满足人民群众的医疗服务需求和抗疾病风险能力。医保基金筹集业务流程如图 1.2 所示，包括参保登记、缴费基数核定和医保基金征收。

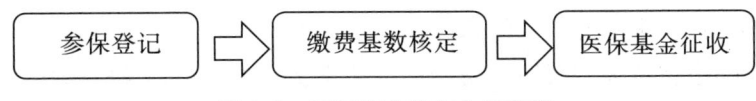

图 1.2　医保基金筹集业务流程

1.1.1.2　待遇核定

医保待遇核定是指按照医保政策对参保人的医保待遇享受时间、享受范围和支付标准等方面进行核定和确认。医保待遇核定业务包括参保人个人账户分配、待遇享受期间、医保支付范畴、医保支付标准和医保就医地点等。

医保个人账户建立仅限于城职医保，按照《国务院关于建立城镇职工基本医疗保险制度的决定》（国发〔1998〕44号）规定，"基本医疗保险基金由统筹基金和个人账户构成。职工个人缴纳的基本医疗保险费，全部计入个人账户。用人单位缴纳的基本医疗保险费分为两部分，一部分用于建立统筹基金，一部分划入个人账户。划入个人账户的比例一般为用人单位缴费的30%左右，具体比例由统筹地区根据个人账户的支付范围和职工年龄等因素确定。"个人账户划拨不同地区比例和标准不同。

参保人按时足额缴纳医疗保险费是享受医疗保险待遇的前提。城职医保是按月缴纳医疗保险费，所以待遇享受期间受缴纳医疗保险费的时间限制。一般情况下，城职医保参保人员以单位形式参保，在按时足额缴纳医疗保险费后次月开始享受医保待遇；以灵活就业形式参保，在足额缴纳医疗保险费3~6个月后开始享受医保待遇，不同统筹区有不同时间的规定。中断缴费的参保人从欠费的次月起停止享受医保待遇，连续中断缴费3个月内且补缴全部欠费后，欠费期间发生的医保待遇可由医保基金按规定标准予以支付，连续中断缴费超过3个月的，在补缴全部欠费后，欠费期间发生的职工医保待遇，统筹基金仍然不予支付。城乡医保的医疗保险费实行按年预收制，在下一个医保年度开始前（一般是每年9月1日至12月20日），办理参保手续并足额缴纳下一年度的医疗保险费后，自缴费次年1月1日起享受城乡医保待遇。学生按学年度缴纳医疗保险费，并自缴费次月起享受医保待遇。新生儿在出生后3个月内参保并缴费的，自出生之日起享受医保待遇，3个月内未参保并缴费的，只能在每年的9—12月参保缴费，并于次年1月1日起享受医保待遇。

2017年8月22日《财政部关于印发〈社会保险基金财务制度〉的通知》（财社〔2017〕144号，以下简称"社保基金财务制度"）规定，"职工基本医疗保险统筹基金待遇支出指按规定在统筹基金支付范围以内，在起付标准以上、最高支付限额以下由统筹基金支付的医疗费补偿支出，包括住院费用支出、门诊大病和门诊统筹费用支出。""城乡居民基本医疗保险待遇支出指基金对参保城乡居民医疗费用的补偿支出，主要包括住院费用支出，门诊费用纳入基金支付范围的地区也包括门诊费用支出。"由此可见，医保统筹基金支付范围主要包括住院费用、门诊大病费用和门诊统筹费用。

医保统筹基金的支付对象只能是参保人和两定机构（定点医疗机构和定点药店）。支付对象为参保人时，一般是参保人在非联网定点医疗机构发生的费用，如异地医院住院返回参保地后，在医保经办机构按照医保规定办理费用报销手续。随着医保信息化建设的深入和普及，通过网络实时结算完成医保统筹基金支付的，则支付对象为两定机构。若参保人在定点医院或定点零售药店发生费用，两定机构通过医保联网实时结算系统计算个人现金、医保统筹基金、个人账户、大病补充保险、医疗救助、其他补助等费用组成后，由两定机构现场收取个人现金部分，其他部分由两定机构垫付，完成医保支付过程。由两定机构垫付的费用，待医保经办机构审核完成后，扣除当期违规费用和暂扣金，加上需要拨付的前期暂扣金，通过医保统筹基金支付专用账户拨付到两定机构指定账户，完成医保基金结算过程。

在大部分情况下，医保参保人是在本地的两定机构就医并发生费用的。而在一些特殊情况下，参保人可以到统筹区外的医疗机构就医并发生费用，这种情况称为异地就医。异地就医是参保人获取医疗服务的一种重要形式，在遵守一定规范的前提下，医保统筹基金仍然给予支付。异地就医主要包括三种情况：一是一次性异地就医，指参保人在出差、旅游等情况下发生急性病，需要在异地进行诊疗而产生医疗费用。在这种情况下，参保人需按照医保经办机构要求，保留完整的相关资料，返回参保地后在医保经办机构办理费用报销手续。二是流动岗位、长期驻外岗位、异地安置的退休人员的就医。在这种情况下，参保人应提前在医保经办机构办理医疗保险异地安置手续，可以在安置地指定一家或多家医院作为异地安置人员的定点就医处，当异地安置人员在这些医院就医并发生费用后，按照医保经办机构要求，提交相关资料和票据办理费用报销手续。三是本地转外就医，这也是异地就医最常见的一种方式。随着国家异地就医平台建设工作的推进，参保人异地就医时也可以按照本地就医方式实时联网结算，极大地方便了参保人的医保报销手续。

1.1.1.3 待遇支付

医保待遇支付是一种保险经济补偿形式，指被保险人在获得医疗服务之后，由被保险人本人或者医疗保险机构向服务提供方支付费用，对被保险人所消耗的医疗资源进行经济补偿（周绿林、李邵华，2013）。参保人和参保单位缴纳基本医疗保险费共同形成医疗保险基金，委托医保经办机构管理，专门用于补偿参保人因疾病在医疗机构消耗医疗资源的补偿，由此形成了参保人、医保经办机构和医疗服务提供方三者之间的一种经济契约关系。医保待遇支付是这种经济契约履约的一个重要内容。医保待遇支付制度涵盖偿付机制和偿付方式两个不同内容。

偿付机制是指社会医疗保险基金偿付制度运行机制，包括医疗保险机构向医疗服务机构以多种具体方式偿付参保人医疗费用的运行机制,以及调整医疗保险参与主体各方共同分担医疗费用的机制,包括预付制和后付制。

预付制是指在医疗服务发生之前,医保经办机构按照一定标准与医疗机构协商,确定预先支付给医疗机构的年度医保基金预算总额,在该年度内,如果医疗机构实际发生的医保基金支付费用小于预算总额,医疗机构可以按照协商好的比例留存结余部分;如果大于预算总额,医疗机构应按照协商好的比例承担超出部分。

后付制是指医疗服务发生之后,医保经办机构以实际发生的医疗费用为基础,按照一定规则进行医疗费用结算并向医疗机构支付医疗费用。

偿付方法是医疗保险基金管理机构向医疗服务机构偿付参保人医疗费用的具体做法,是偿付机制运作的具体表现,又称为医疗保险费用支付方式(以下简称"医保支付方式"),包括按服务项目付费、按病种付费、按人头付费、按床日付费、按服务单元付费等。

目前国内主要的偿付机制和偿付方式是"按服务项目付费+后付制",这种组合的最大弊端是导致医疗服务机构的"需求诱导",由于医疗机构的收入与提供的医疗服务项目数量成正比,刺激了医疗机构为增加经营收入提供过多的医疗服务,导致医疗费用增长过快。当前推行的医保支付改革就是要改变这种现象,通过以按病种付费为主的多元复合式支付方式改革,一方面发挥医保支付的制约作用,控制医疗费用过快增长;另一方面通过医保支付的调剂作用,鼓励和推动医疗服务向"价值医疗"方向转变。

1.1.1.4 基金管理

保险基金(fund of insurance),也称为保险准备基金,是以法定或合同的方式,按损失分摊原则,由作为被保险人的经济单位、机关团体或个人缴纳的保险费汇集而成的,保险人组织和管理的,用于补偿被保险人受到经济损失的货币形态的后备基金(周绿林、李邵华,2013)。医疗保险基金是保险基金的一种,分为社会医疗保险基金和商业医疗保险基金。社会医疗保险基金是指国家为保障参保人在患病期间的基本医疗,由社会保险经办机构或税务部门按照国家的有关规定,在特定的统筹地区内,按一定的比例向劳动者所在单位和劳动者本人征缴的保险费以及以政府财政拨款的形式集中起来的,由专门机构管理的专款专用的财务资源。

2017年8月22日国家财政部发布《关于印发〈社会保险基金财务制度〉的通知》,将职工基本医疗保险基金、城乡居民基本医疗保险基金(以下合称"医保基金")纳入社会保险基金财务制度管理范畴,要求"职工基本医疗保险基金和城乡居民基本医疗保险基金遵循以收定支、收支平衡、略有结余的原则。新型农村合作医疗基金累计结余应不超过当年筹集基金总额的25%（含风险基金）。"同时明确指出，"生育保险与职工基本医疗保险合并实施的统筹地区，不再单列生育保险基金。"对医保基金的财务管理和会计核算采用"收付实现制"，医保基金"纳入社会保障基金财政专户（以下简称'财政专户'），实行'收支两条线'管理"。医保基金"按照险种及不同制度分别建账、分账核算、分别计息、专款专用"。并对医保基金的各项管理内容进行了明确规定。

医保政策相关内容在本书不作为重点讲解，有兴趣深入了解的读者可以参阅《医保综合控费与信息化》（曲超、陈立波，2021）。

1.1.2 医保费用构成

医疗保险待遇支付中费用构成相对复杂，充分理解不同费用构成层面和类别，如图1.3所示，对医保费用监管指标、医保费用评估等方面有重要意义。

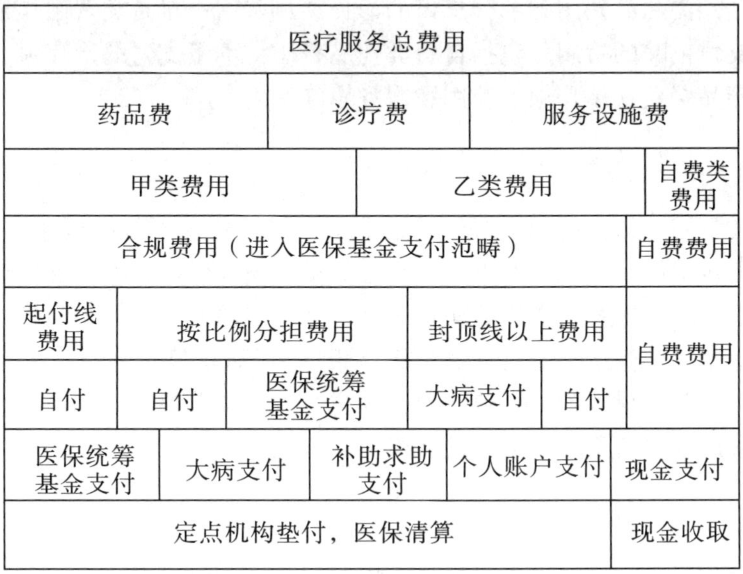

医疗服务总费用					
药品费		诊疗费		服务设施费	
甲类费用		乙类费用		自费类费用	
合规费用（进入医保基金支付范畴）				自费费用	
起付线费用	按比例分担费用		封顶线以上费用	自费费用	
自付	自付	医保统筹基金支付	大病支付	自付	
医保统筹基金支付	大病支付	补助求助支付	个人账户支付	现金支付	
定点机构垫付，医保清算				现金收取	

图1.3　医保费用构成示意图

医疗服务总费用是参保人在定点医疗机构就医期间发生的所有费用总额，是不同费用构成层面各种组成的合计总额，即无论是哪种费用构成层面，其所有费用类别合计总额必须等于医疗服务总费用。按照费用构成，医保费用分为以下六个层面：

1.1.2.1 费用类别层面

医疗服务总费用按照费用类别可以分为药品费、诊疗费和服务设施费。医保控费中的药占比就是指药品费在医疗服务费用中的比例。每一类费用还可以细分,如药品费可以细分为西药费、中成药费和中草药费等。服务设施费主要指床位相关费用,一些医保统筹区的医保目录中没有单列服务设施费,而是纳入诊疗费,也有些医保统筹区增加了医用材料费。无论采用怎样的费用类别进行划分,只存在统计分析方面的差异,不影响医保费用的支付和结算管理。

1.1.2.2 医保类别层面

医疗服务总费用按照医保类别可以分为甲类费用、乙类费用和自费类费用。甲类费用是指全部进入医保基金支付范畴的费用,包括甲类药品费用、医保基金给予支付的诊疗项目费用、在医保限价以下的医疗服务设施费用;乙类费用是指由个人先负担一部分,剩余部分再进入医保基金支付范畴的费用,包括乙类药品费用和部分支付的诊疗项目费用;自费类费用是指超出医保基金支付范畴的费用,包括自费类药品费用,不予支付的诊疗项目,超过限价的药品费用、诊疗项目费用和服务设施费用。

1.1.2.3 医保基金支付范畴层面

甲类费用、乙类费用中医保基金给予支付部分进入医保基金支付范畴,也称为合规费用,其他自费类费用和乙类费用中医保基金不予支付部分合称为自费费用。医保基金支付范畴是一个非常重要的概念,即说明了不是所有费用医保基金都会给予支付(俗称医保报销),而是只有合规费用才由医保基金按照相关支付政策,本着共担原则与个人共同承担,超出医保基金支付范畴以外的医疗费用,应由个人承担。

1.1.2.4 医保计算层面

根据起付线和最高支付限额,合规费用分为起付线费用、按比例分担费用和封顶线以上费用。其中起付线费用由个人自付;按比例分担费用根据医保统筹基金赔付比例,计算出医保统筹基金支付金额和个人自付金额两部分;封顶线以上费用由个人自付,购买了补充商业保险的参保人,这些由个人自付的费用可以由商业保险和个人共同承担,其中商业保险支付部分又称为大病支付。

1.1.2.5 支付构成层面

根据医保计算层面的结果,进入医保基金支付范畴费用扣除医保统筹基金支付和大病支付部分后,剩余部分为参保人自付部分。如果参保人还享受特定的补助和医疗救助类待遇,再计算出补助救助支付部分,从参保人自付部分扣除后的剩余部分可以通过个人账户支付,其余剩下部分加上自费费用由参保人现金支付。在支付构成层面,最终形成医保统筹基金支付、大病支付、补助救助支付、个人账户支付和现金支付五类主要支付构成,这些支付构成金额合计必须等于医疗服务总费用。不同统筹区因政策差异略有变化。

1.1.2.6 医保结算层面

根据支付构成层面结果,两定机构在实时联网结算时,只收取参保人现金支付部分,其余部分由两定机构垫付,通过医保费用审核后,由医保经办机构办理与两定机构的基金清算业务,从医保基金支出专户拨付给两定机构。

在进行医疗费用分析时,必须清楚了解各个层面的费用构成,才能准确掌握医保费用特征。大多数情况下,不同层面的数据是不能混淆的,比如需要计算药品费中医保统筹基金、大病和个人分别支付的金额,理论上是无法精确算出结果的,因为医保结算是从总体计算,而没有对每一个项目进行支付构成计算。如果必须要得到结果,就只能通过最终支付构成折算比例后进行估算。

1.2 医保控费体系简介

据国家医疗保障局发布的《2018年全国基本医疗保障事业发展统计公报》,"2018年参加全国基本医疗保险134459万人,参保率稳定在95%以上","全国基本医保基金总收入21384亿元,比上年增长19.3%","全国基本医保基金总支出17822亿元,比上年增长23.6%"。基本医保基金支出增长率已经大于收入增长率,虽然当期基本医保基金仍有结余,但是控制基本医保费用支出、确保医保基金安全已成为国家医疗保障局的工作重点。

1.2.1 医保控费基本概念

基本医疗保险费用支出控制（以下简称"医保控费"）是基本医疗保险支出管理中的重要措施之一。我们认为"只要医保存在，医保控费就是一个永恒的话题"。医保控费是一个世界性难题，由于医疗服务市场以及医疗消费市场的特殊性，单一手段很难实现控费目标，需要因地制宜地采用综合手段。另外，医保控费是一个长期性工作，控费手段需要与时俱进，不断调整应对变化。影响医保基金支出的因素众多，各地在制定相应规范和制度时，必须充分考虑地区因素和情况，建立合理的综合医保控费体系，采用多种措施和方法才能有效控制医疗费用不合理增长，实现医保控费目标。

医保基金支出主要由两个部分组成，即个人账户支出和统筹基金支出。个人账户支出主要用于门诊医疗费用和住院医疗费用中由个人承担部分，统筹基金支出主要用于住院费用（含异地就医）、门诊大病费用和门诊统筹费用。由于统筹基金支出是医保控费的重点，所以在后续章节中讨论医保控费主要针对统筹基金支出。

1.2.1.1 影响医保基金支出的因素

影响医保基金支出增长的因素有很多（周绿林，2013），根据影响因素是否能被医保政策或控费行为控制，大致将这些因素分为两类：一是不可控制因素，二是可控制因素。

不可控制因素主要是指通过医保政策或控费制度、行为无法产生影响的因素，这类因素不受主观意愿影响。常见的不可控制因素包括 GDP 增长、人口老龄化、疾病谱变化、医疗技术进步和道德风险。尤其是道德风险，从医疗保险诞生之日起，无论是基本医疗保险还是商业医疗保险，道德风险就一直存在。我们一般将基本医疗保险中的道德风险分为两类：一类是供方道德风险，另一类是需方道德风险。供方道德风险可以通过政策、机制等手段进行控制，所以将其纳入可控因素中。需方道德风险的可控性相对较难，首先，从本质上讲，医保制度中的支付由于采用共付制度，导致参保人在发生医疗服务需求时，个人支付要小于实际总支付，从心理上会诱导参保人不加约束地增加医疗服务需求。直观来说，适当提高参保人自付占比能够有效抑制个人占用公共医疗资源的欲望，从而降低需方道德风险对医保基金支出造成的影响。其次，仍有一部分人的生命价值观欠理性，轻视日常生活中的健康保养，重视患病后的治疗，尤其是患者终末期的治疗，扭曲了生存价值的投入与产出比,对社会医疗资源和个人、家庭资源造成浪费,这种价值观需要从社会层面进行重新引导和纠正(曲超、陈立波,2021)。

可控制因素是指通过医保政策、规范、制度和行为等,能够改变和控制医保基金支出的因素。可控制因素的管理是医保控费的重要内容。常见的可控制因素有医保待遇支付政策、医疗资源增长、医药产品价格、医疗行业分配机制和供方道德风险。其中医保待遇支付政策是影响医保基金支出最重要的可控制因素。一是医保支付方式,既往的按项目付费方式是最简单的一种医保支付方式,由于是按需支付,在社会信用体系未建立、医疗行业分配机制不合理、医保医疗监管机制不到位的情况下,按项目付费只会诱导医疗费用快速上涨。按项目付费带来的问题众所周知,这里不再赘述。二是医保支付参数,起付线、自付比例和封顶线是医保统筹基金支付的三个基本参数,这三个参数对医保统筹基金支付具有重大影响,任意一个参数的变化可能会引起医保统筹基金支付上千万元的变化。三是医保目录,其决定了医保统筹基金支付的范围和标准,进入医保目录意味着医保基金承担大部分费用,不进入医保目录的只能由参保人自己承担。医保目录的焦点集中在高精尖医疗项目、高值耗材和高额药品上,项目太多,医保基金承受不了,项目太少,参保人享受医疗服务的水平会下降。四是门诊慢病(又称门诊大病、门诊特病)和异地就医政策。门诊慢病的统筹基金支出占比在部分地区越来越大,个别地区门诊慢病的统筹基金支出甚至占30%以上。门诊慢病统筹基金支出的增长与该地区的门诊慢病政策密切相关,如门诊慢病是否执行起付线和最高限额、与周边地区门诊慢病政策是否存在较大差异、是否实行三定(定病种、定医院、定医生)要求、是否实现门诊统筹等。另外,部分偏远地区或与大型中心城市比较近的中小城市,其异地就医的发生概率非常高,前者因为本地就医条件较差,后者因为优质医疗资源比较近。这些都是医保政策制定时需要重点考虑的内容。

1.2.1.2 医保控费基本概念

基本医疗保险基金使用的目的是保障参保人能享受基本医疗服务,由此我们应清醒地认识到,基本医疗保险与商业医疗保险不同,基本医疗保险不以营利为目的,所以基本医疗保险控费是控制医疗费用中的不合理部分,控制医疗费用的不合理增长,绝不是控制医保基金的正常使用。医保基金要实现长期稳定运行,必须遵循"以收定支、收支平衡、略有结余"的原则。目前我国基本医疗保险基金收入随着医保扩面工作的结束,其快速增长已停滞,而人民群众的医疗服务需求是无止境的,如何有效控制医疗服务需求增长带来的费用增长是医保控费的核心内容。

要控制医疗费用中的不合理部分,就要对医疗费用的合理性进行评价,主要包括两个方面:一是医疗费用收取的合规性;二是医疗服务行为的合理性。医疗费用收取的合规性很好评判,根据相关政策规范对收取的费用在时间、频次、数量上进行检查就能明确得出结论,如氧气吸入这个临床治疗活动,按照《全国医疗服务价格项目规范》要求,氧气吸入的收费单位是小时,也就是其计价只能按照这项治疗活动开展的时间长短来计算,一天最多24小时,住院5天理论上最多收取120小时(24小时×5天)的费用。如果该患者收取的氧气吸入费用超过120小时,就一定属于违规收费。在合规性检查方面,有的比较简单,有的也非常复杂,氧气吸入的合规性检查属于简单的,重复收费、分解收费等就相对复杂,处理方式也各不相同,这里不再详述。评价医疗服务行为的合理性复杂得多,由于医疗服务的专业性,评价一个医生的医疗行为是否合理在实际操作过程中是很困难的。原则上,医生对患者的治疗最终结果负责,也对自己的医疗行为负责,对同一个患者的诊疗方案,由于每个医生的专业基础和经验不同,可以有不同的思路和方法,理论上不能对其正确与否一概而论。我们认为,以医保控费为目标的医疗服务行为合理性评价,应关注医疗服务行为结果而不应关注过程,应由医疗服务行业专家而不是由医保人员来评价,应采用医疗卫生主管部门对医疗服务行为的评价指标及结果,而不是医保自己定义的指标。

要控制医疗费用不合理增长,应更多地从政策层面调控问题。排除导致医疗费用增长的各种不可控因素后,如何针对可控因素调整相关政策是控制医疗费用不合理增长的主要手段。改进医保待遇支付政策、合理调配医疗资源、控制医药产品价格、调整医务人员薪酬分配机制都是从政策层面控制医疗费用不合理增长的重要手段和途径。在医保待遇支付政策方面,主要是医保支付方式改革,改变以按项目付费为主的支付方式,推行以按病种付费为主的多元复合式支付方式;在医疗资源调配方面,包括推行分级诊疗、远程医疗、城市医联体和县域医共体建设等;在控制医药产品价格方面,包括药品带量集中采购、基药制度、公立医院药品零差价、药品流通两票制等;在医务人员薪酬分配方面,分配机制改革启动相对较晚,前期基础工作包括医生多点执业、公立医院绩效考核等。总之,医疗费用不合理增长主要通过政策调整来控制,属于宏观层面操作范畴。

医保控费是一个长期的、不断改进的过程,医保控费相关政策和手段出台后,随着环境不断变化,控费效果也会改变,部分控费政策和手段甚至会逐渐失效,需要及时调整和更新。如前几年开展的总额预付制,在政策推行的最初几年效果比较明显,但是随着时间的推移,相应调整和措施没有跟上,医院不断突破当年预付总额,控费效果越来越差,甚至引发个别医院推诿患者并将矛盾转移给医保经办机构的现象。医保控费始终是一个矛与盾的关系,任何一个政策和手段都有其优点和不足,这需要在医保业务开展过程中根据环境变化不断调整和优化。

1.2.1.3 医保控费内容

医疗保险基金支出的多少取决于医疗费用的高低,而医疗费用分为合理的医疗费用和不合理的医疗费用,控制不合理的医疗费用及其增长是医保控费的核心。由于影响医疗费用增长的因素众多,需要针对不同因素涉及的对象、范围采取不同的手段和方法开展综合治理。

从宏观上讲,医保控费对象包括医保业务相关机构和人员,包括医保经办机构、参保人和参保单位、医疗服务机构、医药产品生产及销售机构等。从狭义上讲,医保控费对象主要是参保人和医疗服务机构。医保控费的范围包括医保和医疗政策调整、医疗服务行为监控、参保人就医行为监控、医疗费用监控、医保支付方式调整及标准测算、医药产品流通及价格监控等。医保和医疗政策调整属于医保控费工作的重中之重,任何一个政策调整都会对医保基金的支出产生极大影响(沈勤,2016),而这些政策的调整和出台,应在充分论证的基础上进行,包括:宏观层面上,借助大数据分析技术开展的各种影响因子分析、政策调整带来的影响预测等;中观层面上,各种基金运行指标变化监测及发展预估等。医疗服务行为监控包括行为监控和数据监控,涵盖医疗服务行为和数据的真实性监控、一致性监控和合理性监控等。参保人就医行为监控包括身份真实性监控、就医行为监控、全生命周期健康监控等。医疗费用监控包括医疗费用的合规性和合理性监控、与医疗服务行为一致性监控等。医保支付方式调整及标准测算主要开展以按病种付费为主的多元复合式支付方式,通过精细化支付标准测算、调整医保基金支出从而达到医保控费目的。医药产品主要包括药品、医用耗材、特殊的医疗服务项目等,通过对产品及其流通领域的监管,控制产品保持合理价格,从而实现医保控费。

医保控费的手段多种多样,总的来讲,主要分为政策调整和医保监控两类。其中医保监控又包括宏观层面上的医保基金运行分析、政策参数调整测算及预测、各种医保指标监控和变化预估等;微观层面上的费用项目合规性、合理性检查,借助现代科技技术和手段对就医行为的真实性进行监控,提升医院信息数据的采集准确性和完整度,借助医疗卫生方面的评价体系和指标对医疗服务行为进行评估,线下借助物联网、互联网技术优化和强化现场医保稽核力度,加大宣传力度和拓宽投诉举报渠道等。

1.2.2 医保控费思路

医保控费是医改工作的重点内容之一。中国医改就是针对"看病难、看病贵"问题进行的一系列改革,造成"看病难"的主要原因是医疗资源分布不均匀,尤其是高端医疗资源集中在大型城市的大型公立医院,而部分患者无论大病、小病都希望接受最优质的医疗资源,导致优质和高端医疗资源严重不足,加上分级诊疗体制的部分失能,使中基层医疗资源利用率低下,相关医疗资源投入浪费严重。"看病贵"的主要原因是医药产品价格及支付不合理,由于医药产品价格受其流通领域的严重影响,个别医药产品流通领域的"灰色"利益链,不仅败坏了医疗服务行业的道德水准,也推动了医疗服务费用的快速增长;另外,支付方式的不合理也使医疗费用产生不合理增长。

医保控费是解决"看病贵"的众多措施中的重要一项,医保控费的思路需要依从医改的基本思路和原则,围绕医改的顶层设计和规划,分别从不同角度和层面,寻求合理、有效的解决思路。

1.2.2.1 三医联动顶层设计

三医联动是医疗卫生、医保、医药三个领域联合开展医药卫生体制改革的简称,是新医改顶层设计的核心内容。我们关于三医联动的理解是三个领域的业务联动、服务联动、监管联动和信息联动(曲超、陈立波,2021),其逻辑关系如图 1.4 所示。

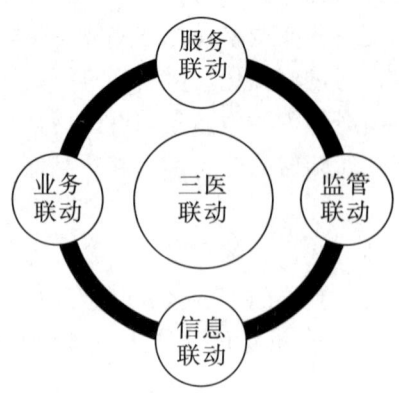

图 1.4 三医联动的逻辑关系

1.2.2.2 三医联动控费思路

信息联动结构如图 1.5 所示。信息联动的第一个重点在于整合三个行业的信息标准，本着"有标贯标，无标建标"的原则，尊重各个行业现行信息化标准，建立三医联动下的信息化标准集。第二个重点是在此信息化标准集的基础上，规范和优化各个行业的数据采集，尤其是医疗卫生行业的数据采集，推行医疗数据及时上传工作，重点和优化住院业务的数据上传，涵盖住院病案首页、住院费用日清单、临床医嘱、检测检验结果、住院电子病历等，并按照医疗卫生行业的信息标准进行检查和规范数据质量，促进医疗机构上传准确、真实的数据。第三个重点是基于集中存储在数据中心的、检验合格的各个行业数据，建立统一的监管指标体系，该体系涵盖三个行业共有指标和各自独立的指标，为三个行业的智能监控系统提供统一的指标数据来源，确保三个行业监控指标内容的一致性。第四个重点是在信息化标准集的基础上，建立统一的信息交互服务，为三医服务联动和三医业务联动奠定信息基础。

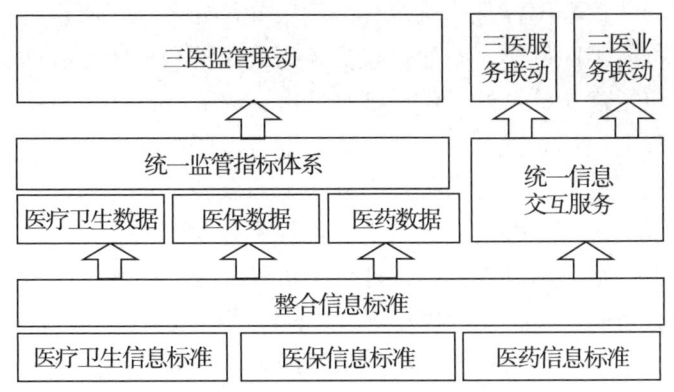

图 1.5　信息联动结构

医疗卫生、医保、医药三个领域的改革内容不同，其业务联动也不相同，如图 1.6 所示。医疗卫生方面改革的主要内容是体制与分配机制改革，医保方面改革的主要内容是支付方式改革（李绍华、柴云，2016），医药方面改革的主要内容是流通与价格改革。除各自领域的改革重点外，医疗卫生与医药的联动重点为电子处方流转及药品销售与使用监管，医药与医保的联动重点为药品带量集中采购管理，医保与医疗的联动重点为二者结合的综合控费和监管措施，包括医疗服务行为综合监控、医保门诊慢病综合管理等。

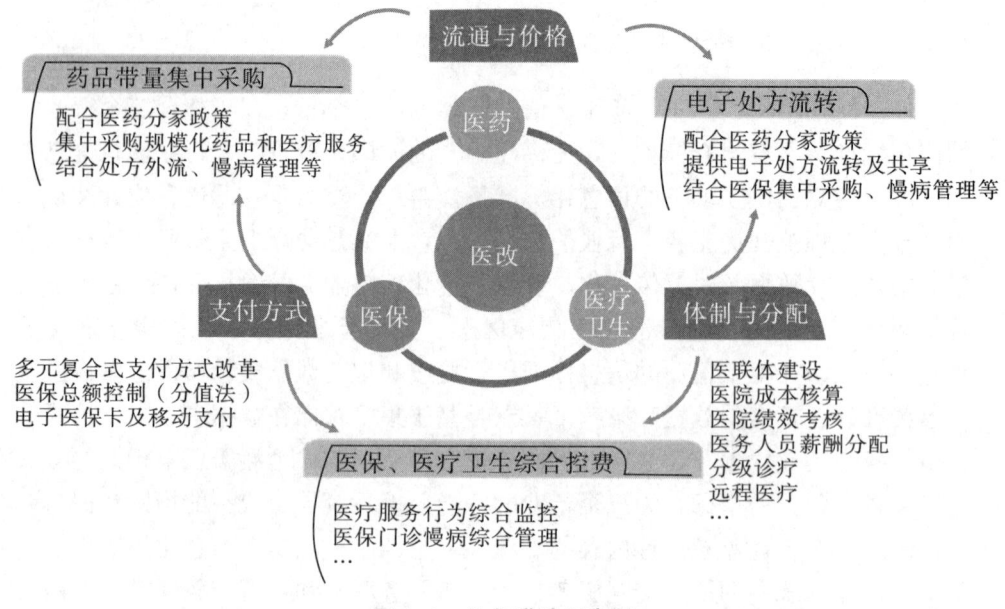

图 1.6　业务联动示意图

服务联动的核心内容是提供综合惠民服务，如图 1.7 所示。在信息联动的基础上，打通不同行业之间的信息流，为人民群众就医和购药提供便利快捷的服务，包括建立统一的身份认证和就医一卡通，以居民身份证为核心的身份认证主索引；建立就医一卡通服务，融合电子医保卡、电子健康卡、身份证、各医院就医卡、银行卡等，实现一卡通服务；建立融合支付服务，支持银行卡、手机银行、微信钱包、支付宝等多种支付功能，同时融合医保实时结算、商保一站式赔付等服务，提供手机付、诊间付和床旁付功能；融合智慧医疗服务功能，包括实现网上预约挂号及支付、提供分时段预约诊疗、院内智能导医分诊、候诊提醒、检查检验结果网上和移动查询等；融合电子处方流转服务及相关功能，提供网上药品比价、购买和药品配送到家等服务。

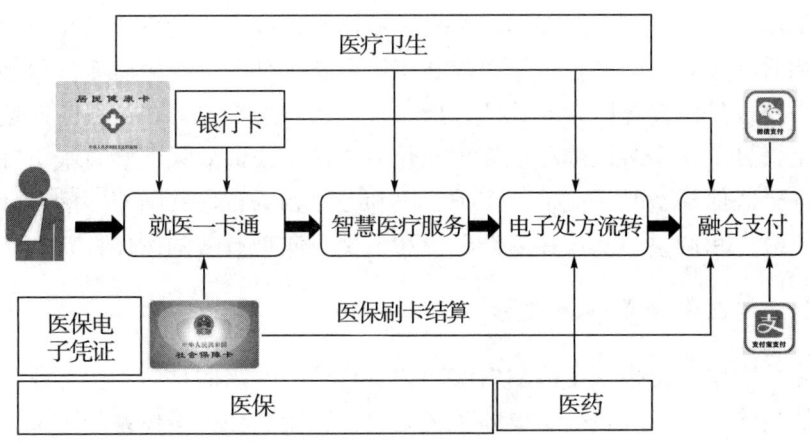

图 1.7 服务联动示意图

监管联动的构成内容如图 1.8 所示，主要包括两个方面：一是监管指标的联动，即在信息联动的基础上，建立统一的三医综合监管指标体系，整合和规范不同行业的指标数据，统一指标数据来源和输出，确保不同行业开展数据分析与统计工作时得到的分析指标是统一、规范的，避免出现不同行业间分析指标的差异性，避免不同行业监控指标的不一致性；二是联合开展监管活动，构建多部门联动监管机制，包括建立健全统一部署、联合检查、案件举报和进展及时相互通报、监管结果互认、联合惩戒等工作机制，建立健全联合行动、联合查处的工作流程等，实现对各个行业相同监管对象相关业务活动的联合监管。

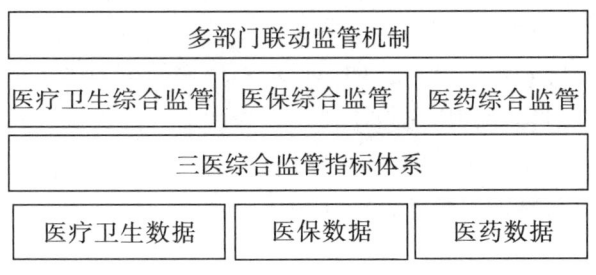

图 1.8 监管联动示意图

1.2.3 医保控费体系建设

医保控费的目的是控制医疗费用中的不合理部分，控制医疗费用的不合理增长。由于医保控费的主要目标涉及医疗机构和参保人，医保控费的手段与当时的政策、经济、人文环境密切相关，当这些条件发生变化时，医保控费的手段应跟随变化，不能一成不变，所以医保控费中的各方关系可以理解为矛和盾的关系。另外，由于医疗费用的不合理部分的产生有多种原因，不合理增长也是由多重因素导致的，所以单一手段控费只能在一段时间起到有限作用，过了这个时期或环境发生变化后，该手段的效果就会直线下降。因此，进行医保控费时，应采取多种手段和方法相结合，并随着时间和环境变化不断改进和调整，从而在复杂环境和条件下实现有效的医保控费。

1.2.3.1 医保控费体系概念

体系常用于泛指一定范围内或同类事物按照一定的秩序和内部联系组合而成的整体，是不同系统组成的系统集合。关于医保控费体系的定义，在国内还没有明确定论，我们认为，医保控费体系是为达到医保控费目的，在遵循当前政策、经济、人文等条件下，采取的一系列不同措施和手段的不同医保控费模式的有机组合（曲超、陈立波，2021）。医保控费体系不是单一的医保控费手段，而是由一系列不同的医保控费模式组合而成的一种系统性集合体，它具有以下三个特点：

一是有明确的目标，即控制医保基金支出的医疗费用中的不合理部分，并控制其不合理增长。要控制医疗费用中的不合理部分，需要先将其检查出来，然后采取有效手段进行控制。要检查医疗费用中的不合理部分，一般针对医疗费用中的明细项目进行逐条检查，判断依据既可以是医疗规则，也可以是医保政策规范；有效控制手段可以是警告、扣款和处罚等措施。控制医疗费用的不合理增长需要从政策层面引导，包括支付方式改革、加强入院指征监控、开展门诊统筹降低入院率等。

二是多重手段和措施结合，即要根据医疗费用中的不合理部分产生的原因和途径，有针对性地开展多重手段，配合相应的政策和处罚措施，而不是采用单一手段或单一政策进行处理，尤其不能采用"头痛医头，脚痛治脚"的方式，要寻求问题产生的机理，从根源上解决问题，而不是针对表象进行处理。

三是要能不断调整和改进，即医保控费体系的建立不是限制医保控费的手段和措施，而是要建立一个指导医保控费的理论基础，不是要求各地照搬体系中的每一项措施和手段，而是要根据各地的不同条件，参考体系中不同的理论和方法，制定适用于本地的政策和措施，并且在环境发生变化时，能够有一个理论基础来指导应对政策的制定和措施调整，这才是建立医保控费体系的核心思想。

医保控费体系建设的内容包括模式设计、政策制定、组织保障、制度保障、信息化支撑等多个方面。模式设计是理论基础，本书不做重点讲解，有兴趣深入了解的读者可参阅《医保综合控费与信息化》。

1.2.3.2 医保多模式综合控费体系简介

医保多模式综合控费体系就是围绕医保控费目的建立的多种控费模式相结合的、综合手段与措施并存的医保控费体系，如图1.9所示。由于造成医疗费用中不合理部分和快速增长的因素众多，每种因素的解决可能需要多种措施和方法，所以在解决医保控费问题上，需要多种手段和措施综合并举，而这些手段和措施按照其性质、内容、针对目标等可以划分为不同的医保控费模式。如采用大数据技术解决宏观决策及影响因子分析的宏观分析模式（汤羽、林迪等，2018），采用医学医保知识库基于规则的智能审核模式等，我们把这些不同类型的医保控费模式结合起来，从不同层面、不同角度针对医保控费进行分析，寻求切入点，判断优劣势，综合运用到医保控费的实际应用中，从而达到医保控费目的。

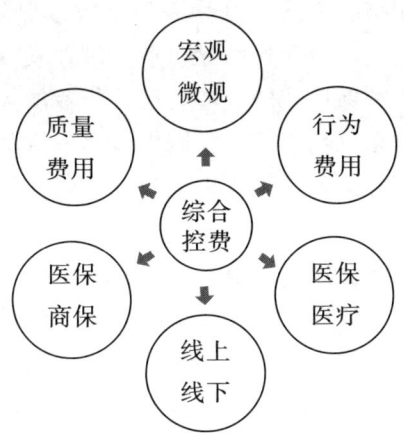

图1.9 医保多模式综合控费体系

（1）宏观与微观相结合模式，包括基于宏观、中观和微观三个层面的控费模式。其中宏观控费模式主要包括基于大数据分析的宏观决策、政策调整、影响因子分析和发展预测等；中观控费模式包括多元复合支付模式下的支付标准测算，以及基于指标体系的医保智能监控；微观控费模式是在医学和医保知识库的基础上形成医学和医保规则，对医疗费用明细进行智能审核。

（2）医疗行为与医疗费用相结合模式，重点针对医疗服务行为开展监管，从而实现对医疗费用的控制。医疗服务行为的监管包括行为真实性、数据真实性、行为数据一致性、行为合理性四个层面，把医疗行为与医疗费用的产生结合起来，从而实现医保控费。

（3）医疗质量与医疗费用相结合模式。一般而言，医疗质量监管由医疗卫生主管部门负责，这里的质量是指针对参保人提供的医疗服务质量，重点是医疗服务的效果和性价比方面。随着医保支付方式改革，尤其是当按病种支付成为医保的主要支付方式后，支付标准除患者的病种、治疗手段外，诊断合理性、治疗方案合理性、诊治性价比等医疗服务质量评价指标也成为针对医疗机构的支付标准之一。将医疗质量与医疗费用结合起来，是医保支付方式改革中不容忽视的重要内容。

（4）医保与商保（即商业保险）相结合模式。众所周知，商业保险是社会保险的一个重要补充，如何充分发挥商业保险的积极性，促进商业保险的健康发展，扩大商业保险的覆盖面，利用商业保险公司开展健康教育、健康管理等活动，提升全民健康水平，降低慢性病发病率，从而降低医疗费用，确保医保基金合理性支出，是商保与医保相结合模式的核心内容。

（5）医保与医疗相结合模式。医疗服务是医疗保险最主要的支付内容，开展医疗行业的控费措施，在保障医疗行业合理性发展的基础上，如何促进医疗行业的自我约束是医保控费的核心。医疗行业的控费重在资源整合与分配机制改革，现阶段应充分利用"互联网+医疗"的发展势头，优化医疗卫生的慢病管理业务，结合医保慢病管理政策，探索有效的医保与医疗相结合模式。

（6）线上与线下相结合模式。信息系统建设、采集数据和基于数据的各种措施都属于线上控费，但如果没有线下的稽核与处罚，任何监管和控费措施都是空中楼阁，所以必须将线下的举报、稽核及处罚工作与线上的监控结合起来，才能对医保违规行为形成全方位的监督和控制作用。

医保多模式综合控费体系不仅包括上述多种模式的结合，随着环境的不断变化，尤其是基于三医联动的新医改的推进，还会有更多的模式和方法不断涌现，以完善和改进综合控费体系的建设。

1.2.3.3 医保多模式综合控费体系建设

医保多模式综合控费体系建设不仅是政策层面的建设，还需要相应的信息化配套系统进行支撑和维持，见表1.1。在每个模式下都存在多个相关信息系统的建设需求，如在宏观与微观相结合模式下，宏观层面通过建设医保大数据分析平台实现各种影响因子分析、基金运行预测等；中观层面通过建立医保支付标准测算系统和基于指标体系的医保监控系统，对医保支付管理和基金运行情况监控进行支撑;微观层面通过建设医保智能审核系统进行控费。多个系统相辅相成,共同为医保控费提供服务。

表1.1 医保多模式综合控费体系信息化建设内容

控费模式	控费内容	信息化建设项目或系统	本书介绍
宏观与微观相结合模式	宏观控费	医保大数据分析平台	
	中观控费	医保支付标准测算系统	
		基于指标体系的医保监控系统	
	微观控费	医保智能审核系统	√
医疗行为与医疗费用相结合模式	医疗行为真实性控费	医保智能行为监控系统	
	医保数据真实性控费	医院监管数据实时上传系统	
	医疗行为数据一致性控费	医疗费用数据一致性监控系统	
	医疗行为合理性评价	医疗行为合理性评价系统	
	医保经办行为合规性控费	医保业务经办合规性监管系统	
医疗质量与医疗费用相结合模式	医疗质量评价	医保医疗质量评价系统	
	患者满意度调查	医保患者满意度评价系统	
	医疗资源评估	医保医疗资源管理及评估系统	
医保与医疗相结合模式	医保门特病管理	医保门诊慢病智能管理系统	
	医保参保人健康档案	医保参保人健康档案管理系统	
医保与商保相结合模式	商保综合服务	医保商保一站式赔付系统	
	医保大病管理	医保大病综合管理系统	
线上与线下相结合模式	医保线下稽核	医保稽核综合管理系统	
	医保举报管理	医保举报管理系统	

本书介绍的医保智能审核系统,属于医保多模式综合控费体系建设中宏观与微观相结合模式的微观控费内容。

第 2 章　医保智能审核简介

2020 年以前，我国绝大部分统筹地区的医保支付方式为按项目付费，所以在医保费用审核上也主要采用按项目审核模式，即医保费用审核人员针对参保人在两定机构中发生且进行了医保结算的费用，按照住院、门诊和药店购药等方式产生的结算单及其明细，逐笔进行审核。由于医保统筹基金支出是审核的工作重点，所以医保费用审核主要针对住院费用和门诊慢病发生的、有医保统筹基金支出的结算单进行审核，普通门诊和药店购药只涉及个人账户，不涉及医保统筹基金支出，大多数地区一般不再审核。所以，后续所讲医保费用审核主要是指对住院费用和门诊慢病费用的审核。

医保智能审核系统是随着医保费用审核业务工作的开展而提出和发展起来的，其出现主要解决了医保费用审核中面临的困境。同时，随着医保多元复合式支付方式改革和医保控费工作的推进，基于微观层面的医保智能审核系统也会经历诞生、高速发展、瓶颈和转变发展的过程。

2.1　基本概念

医保智能审核是从微观层面上，针对医疗服务产生的医疗费用明细，借助医学和医保知识库与规则开展的控费工作。这种微观层面上的控费，涉及医疗机构和医务人员、患者、疾病、诊疗项目和药品耗材等，是按项目计算费用（简称按项目计费）方式下一个非常重要的控费手段，不仅适用于按项目付费的医保支付方式，也适用于其他以按项目计费为基础的医保支付方式。

2.1.1 医保审核概念

参保人在医院发生医疗费用进行医保结算时,医院需要通过医保结算接口将相关诊断及医疗费用明细上传到医保业务系统,由后者对医疗费用数据进行计算并分解出医保基金支付、个人账户支付、商业保险大病支付、各种补贴和个人自付部分(包括个人自费和个人自付),然后由医院收取患者现场缴纳的自付部分后,剩余部分由医院垫付。医保经办机构会定期对医院上传的医疗费用明细数据进行审查,发现其中不合理和违规的项目及费用,并将这些费用从准备拨付给医院的统筹基金中扣除,这一检查过程称为医保审核。传统业务中的医保审核延迟于医保结算,由于参保人已经结算并离开医院,所以医保经办机构查出的不合理和违规项目,以及由此产生的费用将由医院自己承担。很多统筹地区在扣除不合理与违规费用的同时还采取了惩罚性措施,按一定倍数增加扣除违规费用。

2.1.2 医保智能审核概念

医保智能审核是指利用计算机技术,建立医学、药学和医保知识库,构建对应的规则,并按照这些规则从微观层面上对医保相关医疗费用的每一条明细进行的医保审核。医保智能审核系统其实就是一个专家智能系统,其最大的特点就是使用知识库和规则库,利用计算机先对费用进行审核,再由人工对审核结果进行检查和判断,从而大幅提高审核效率,统一审核标准,并为后续数据分析打下基础。医保智能审核与传统人工审核有较大差异,由此引申出一些新的概念。

2.1.2.1 机器审核与人工审核

机器审核(以下简称"机审")是指将医保费用及其相关数据导入医保智能审核系统,按照医保智能审核系统的格式存储,然后根据预先设定的规则进行审核运算,并记录审核结果的过程。

人工审核(以下简称"人审")是指人工对机审结果进行检查与核对,对机审结果的正确性进行判断。一般而言,人审可以包括初审、复审和终审等若干流程,人审结果分为认同机审结果和不认同机审结果两种情况。机审查出异常结果,人审可以认同,也可以不认同。不认同的机审结果将不再作为扣罚依据。同理,机审未查出异常的费用,人审发现有不合理和违规部分,可以作为对机审结果不认同的方式处理,并以人审结果作为扣罚依据。无论哪种情况,人审结果将作为审核最终结果。

2.1.2.2 查出率

查出率是指机审结果中发现异常的费用记录条数(或金额)占总费用记录条数(或金额)的比例,公式为

$$查出率(记录数) = \frac{A}{B}$$

$$查出率(金额) = \frac{C}{D}$$

式中　A——机审发现异常的费用记录条数;
　　　B——总费用记录条数;
　　　C——机审发现异常的费用总金额;
　　　D——全部费用总金额。

2.1.2.3 误审率

误审率是指机审结果经人审后,以机审发现异常的费用记录条数(或金额)为分母,以机审发现异常的费用记录条数(或金额)减去人审确认异常的费用记录条数(或金额)为分子,计算出的比例,公式为

$$机审误审率(记录数) = \frac{A - B}{A}$$

$$机审误审率(金额) = \frac{C - D}{C}$$

式中　A——机审发现异常的费用记录条数;
　　　B——人审确认异常的费用记录条数;
　　　C——机审发现异常的费用总金额;
　　　D——人审确认异常的费用总金额。

误审率是反应医保智能审核系统审核精准率的一个非常重要的指标。我们判断一个医保智能审核系统的有效性,主要看误审率的高低,误审率越低,表明审核系统的精准度越高,越接近人审效果。

2.1.2.4 医保目录对码

各统筹区的医保经办部门为实现医保计算机化结算,都制定了一套本地医保目录编码库,由于每个地区的医保目录编码库的内容不同,编码方式也有较大差异,如有的地区医保目录编码库只有1万多条,有的地区则有

3万~4万条,个别地区甚至多达20多万条,这样就会导致医保目录的多样性。以药品目录为例,医院实际使用的药品一般不会超过1万种,且各个医院的药品编码各不相同,医院为实现医保结算,会建立一个医院药品编码与医保目录编码的对码表,将医保目录与医院药品目录关联起来,称为医院对码表,如图2.1所示。在进行医保智能审核时,采用的药品编码是基于药监局公布的药品本位码,其又与医保目录和医院药品目录不同。这样就存在三套编码目录,且需要建立起相互对应关联的对码表。

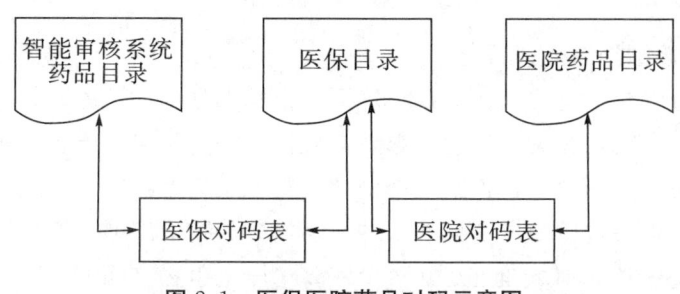

图 2.1 医保医院药品对码示意图

一般情况下,医院对码表由医院完成,医保对码表由医保智能审核系统的开发公司完成,这个过程称为医保目录对码。

2.1.3 知识库与规则概念

知识库与规则建设是医保智能审核系统中非常重要的组成部分,掌握知识库与规则的基本概念,才能对系统建设有深入理解。

2.1.3.1 知识库概念及分类

众所周知,知识是对于一个主题或一个领域在理论或实践上的理解,知识也是对该主题或领域认知的总和。我们认为知识库是指利用信息化技术,将知识以计算机能够识别的形式进行组织和存储,建立的用于特定主题和领域辅助发现和解决问题的数据形式。

医保智能审核系统的知识库一般分为两类:医学知识库和医保知识库。其中医学知识库又包括临床医学知识库和临床药学知识库。临床医学知识库以临床诊疗指南为核心,包括临床诊断、临床诊疗、临床路径等内容;临床药学知识库以合理用药为核心,包括药物药品、适应证、禁忌证、相互作用等内容。医保知识库以医保目录和医保政策为核心,包括医保三目、国家和地方的医保政策、门诊慢病等内容。知识库除上述内容外,还包括一些基础字典类数据，如《疾病和有关健康问题的国际统计分类》(第10次修订版)(International Classification of Diseases，ICD-10)、险种信息、人员类别、两定机构目录、医疗机构类别和等级等。

2.1.3.2 规则概念及分类

规则是知识库在应用中的外在体现形式之一，规则不能脱离知识库而单独存在，也不能替代知识库。医保智能审核中的规则按照性质划分为不同类型。

1. 按规则组织形式区分

规则分为约束类规则、关系类规则和指标类规则，比如，某些诊疗项目的开展与性别密切相关，如前列腺液常规检查一定是男性患者，阴道分泌物检查一定是女性患者，这种限定性别的规则就是典型的约束类规则。关系类规则是医保智能审核中最常见的一种规则，如药物适应证、禁忌证等都属于关系类规则，其规则是通过建立2个或2个以上事物之间的关联关系而构成的。指标类规则较少，更多见于医保智能监控系统中，比较典型的指标类规则就是分解住院规则。

2. 按审核结果的刚性区分

规则分为刚性规则和非刚性规则，其中刚性规则多与医保知识库相关，而非刚性规则多与医学知识库相关。违反刚性规则的医疗费用基本上可以视为违规费用，而违反非刚性规则就需要更多的人工干预和核定。如中成药生脉注射液，在医保药物目录中虽为甲类，但限定了二级及以上医疗机构并有急救抢救临床证据的患者使用，一个一级医院在任何情况下使用了该药物，且按照甲类药物进行费用结算，则被认为违反了医保项目限定医院级别使用规则，该规则属于刚性规则，可以直接办理扣罚。也有不同地区和公司将非刚性规则再次细分为高度疑似违规和疑似违规，形成更细致的分类。

根据既往经验，我们在管理规则时往往采用分类及组合方式进行。把知识库数据组织形式相近、数据相互依赖关系相似、规则算法相同的规则组合在一起，采用同一套数据格式和算法进行处理，能够更有效地管理、维护和使用规则。

2.2 人工审核面临的问题

医保经办部门开展的费用审核工作都是非常专业的工作，由于涉及医学、药学和医保等多个学科的专业知识，绝大部分费用审核工作由医学或药学专业人员完成，在没有医保智能审核系统之前，基本是采用人工审核方式。随着医保扩面工作开展，传统的人工审核工作面临越来越大的压力，主要表现在以下几个方面。

1. **专业人员匮乏**

目前医保经办部门具有医学、药学和医保专业知识及技能的人员很少，且以药学、护理等专业为主，具有医师资格证书者更少，有些地方的医保经办部门甚至没有此类人员，从而导致医保经办部门在审核医院的医疗费用时存在较大的专业方面的困难，在与医疗机构沟通时往往处于弱势。

2. **审核工作量巨大**

一个管理 300 万参保人数的医保经办部门，其医保费用审核人员最多有二三十个人，至少有十来个人。如果按参保总人数 15% 的住院率计算，年住院结算单的审核量在 45 万张左右，分摊到每个审核人员，每天每人需要审核 80~100 张结算单，每张结算单有 400~2000 条费用明细数据，这样巨大的审核量，任何一个审核人员都不可能完成。所以在绝大多数地区，医保费用审核工作采取抽查的方式进行，通常按照高额、重点人群、重点疾病、重点医院等原则随机抽取 5% 的住院结算单进行审核，发现违规费用后再扩大 20 倍扣罚。这样，工作量虽然减少了，但又带来了另外一个问题，即扩大倍数扣罚导致误扣的情况必然存在，这也是导致医院抗拒情绪比较严重的重要原因之一。

3. **审核标准不统一**

由于参与医保费用审核的人员有不同的专业背景和经历，专业知识的熟练度也不相同，对同一问题的看法也不一样，而医疗过程是非常复杂的，同一种疾病在不同医院、由不同医生针对不同患者可能采用的诊疗方案不同，再加上费用审核中信息的不对等性、缺少有效的二次审核工作等因素影响，导致在传统医保费用人工审核过程中，即便是同一个问题，也会因不同审核人员使审核结果产生较大差异。所以不时会有同一个患者因同一种疾病在不同医院甚至相同医院的不同时期住院，同一笔费用上次可以报销，这次又不能报销的情况发生，这往往都是由不同审核人员，甚至同一个审核人员在不同时间段的不同判断导致的。

4. **缺乏有效的监控机制**

传统医保费用审核采用人工审核，必然会导致人为因素对审核结果的重大干预。由于审核工作及人员缺乏，有的地区是在已审核结果的基础上再次按 5%~10% 抽查，有的地区的复审工作形同虚设，导致对一线审核人员的审核结果缺乏有效的监控，是否漏审和缺审完全取决于审核人员的责任心。

5. 缺少信息化手段

由于缺少信息化手段及工具，医保经办部门在人工审核模式下，对提升审核效率、监督审核质量、分析和挖掘审核数据就无从谈起，更无法为医保政策制定和决策层管理提供准确、可靠的数据依据，也无法在线动态实时监控医保资金在医疗领域的使用状况。

在这种情况下，基于知识库的医保智能审核系统孕育而生。

2.3　发展历程

任何管理信息系统的产生都是为了满足业务经办需要，医保智能审核系统也是为满足医保费用审核业务的发展需求而开发建立的，经历了设想预研、高速发展、瓶颈和转变发展的过程。本节以作者自身经历对医保智能审核系统的发展历程进行回顾，并对未来发展进行预估。

2.3.1　设想预研期（2012年以前）

2012年以前，作者在和部分医保经办部门的医保费用审核人员及管理人员接触和交流的过程中，就多次谈到人工审核存在的问题，并探讨解决方案。由于作者同时有医学、医保和信息化专业背景，曾提出能否借助信息化手段，将医学、药学和医保的相关规则和政策规范引入医疗费用审核工作中，建立具有知识库与规则库的医保费用审核专家系统，采用机器审核和人工审核相结合的方式，引入合理的管控机制，彻底解决人工审核中面临的各种问题。这一想法得到了绝大多数地区医保经办部门相关人员的认同。

2012年以前，市场上还没有针对医保费用审核所用的知识库与规则库，所以在建设医保费用审核专家系统前，必须解决知识库与规则的问题。当时能够借鉴的知识库主要是药学方面的合理用药知识库。国内医学方面建立最早和最全面应用的知识库就是合理用药知识库，作者因工作性质和工作内容，不能直接开展医保费用审核相关知识库的建设工作，所以作者和国内一个合理用药知识库建设专家联合建立了一个课题兴趣小组，利用业余时间开展相关基础理论探讨和研究工作。这段时间基本建立了医保智能审核系统的原理、工作流程、数据组织方式、规则和算法基础等核心理念，以及前期技术预研工作。

2.3.2 高速发展期（2012—2017 年）

2012 年，由于作者工作调整，有机会开展医保智能审核系统的前期研发工作，利用工作环境能够接触一些脱敏后的医保实际费用数据。作者利用合理用药知识库，初步开发了一套基于住院结算单及费用明细、ICD-10 和合理用药知识库的医保药品费用审核原型系统，针对医保结算单中的西药费用，从药品适应证、禁忌证和相互作用三个方面进行筛查。从筛查结果来看，原型系统通过知识库与规则能够快速找出医疗费用中不合理用药的问题，证明医保智能审核这条路是可行的，为下一步具体实践提供了现实基础。但因工作调整，该项研究工作停滞，直至 2014 年年底才重新启动。2013 年，国内已经有公司着手利用合理用药知识库建立医保智能审核系统并推向市场，思路和方法与作者前期预研基本一致。2014 年，国内已经出现多家专业从事医保智能审核系统研发和推广的公司，比较典型的包括中公网、卫宁科技、平安医保科技、北京华数康、深圳循证医学、海南鹰海等，以及医保核心业务平台商，如东软、久远银海等，这标志着医保智能审核系统开始进入发展期。作者也在 2014 年年底组织团队开始研发第一代医保智能审核系统，并于 2015 年上半年在国内一些城市应用推广。

2015 年人力资源社会保障部（以下简称"人社部"）办公厅发布《人力资源社会保障部办公厅关于全面推进基本医疗保险医疗服务智能监控的通知》（人社厅发〔2015〕56 号），要求"用两年左右时间，在全国所有统筹地区普遍开展智能监控工作。"明确提出"引入医学知识库（包含诊疗知识和药学知识），帮助发现疑似违规和确定违规诊疗及就医行为"，人社部最初推动的智能监控系统是以医保费用指标监控为主、基于知识库的智能审核为辅的系统，由于在实际使用中，医保智能审核系统的效果明显，与审核业务结合比较紧密，所以在后续推广中，医保智能审核系统逐步成为建设重点，掀起了医保智能审核系统的建设高潮。

随着商业保险公司承接基本医保中的大病保险，各地医保经办机构在招标大病保险时，往往会加上建设医保智能审核系统的要求，导致各商业保险公司对医保智能审核系统的需求快速增加，进一步推动了医保智能审核系统的建设和发展，2017 年医保智能审核系统建设达到高潮，大部分医保统筹地区都在运用医保智能审核系统协助医保费用审核工作。

2.3.3 瓶颈期和未来（2017 年之后）

医保智能审核是利用知识库和规则，从微观层面上对费用的合规性和合理性进行审核，这个理论基础也意味着医保智能审核系统是用于处理微观层面问题的。但是医保费用增长不仅是微观层面的问题，而且涉及其他方面的更多问题。所以在应用医保智能审核系统一段时间后，各地区的医保经办机构开始发现，医保智能审核系统的效果在下降，主要体现在两个指标上。

2.3.3.1 误审率偏高

误审率越高意味着医保智能审核的精准度越低，一般来讲，如果误审率超过 10%，就意味着医保智能审核系统基本失去了智能审核的意义了，因为人工审查所付出的代价已经开始超过最初人工抽查方式了。导致误审率高的原因主要有以下几个方面。

1. **诊断不完整**

由于智能审核的数据来自医保结算单数据，不是医院的病案首页数据，而医保结算单主要是为医保结算服务的，加上信息系统建设的缺陷，早期的医保结算单往往只有一个主要诊断，缺少次要诊断，即便后来增加了多个次要诊断数据项，但由于没有严格要求和审查，医院常出现没有上传次要诊断的情况，导致一些针对次要诊断的诊疗行为被判断出超适应证，这是导致误审率偏高的最常见因素。

2. **ICD-10 编码不规范**

ICD-10 编码不规范是第二大影响因素。对国内绝大多数医院而言，患者住院诊断应以病案首页上的诊断及其 ICD-10 编码为准，而医院内普通患者的病案首页会在出院后 3 日内由临床科室交付病案室，死亡患者的病案首页在 7 日内交付病案室，再由病案室的专业编码员进行 ICD-10 编码，形成最终的病案首页文书。但是由于大多数地区的医保结算采用了实时结算，在患者出院当日进行医保结算时就必须上传住院诊断及 ICD-10 编码，很多医院就采用了由医生编制 ICD-10 编码，甚至由收费员编制 ICD-10 编码的方式，难免会发生 ICD-10 编码不规范问题。再加上国内 ICD-10 编码版本多、差异大，使 ICD-10 编码不规范的情况更加严重。

3. **编码体系与对码缺陷**

由于工作量问题，一般不会建立医保智能审核系统药品编码与每个医院药品编码之间的对码表，所以在审核时一般采用医保对码表来参与审核。如果医院对码表存在缺陷，比如医保目录中同一药品通用名的口服常释剂，在医院的药品编码中对应不同厂家、不同规格（如胶囊、片、分散片等）的不同药品，其适应证、禁忌证和用量用法存在一定差异性，导致通过医保对码表去判断医院具体药品的使用合理性就存在先天性的缺陷。

4. 费用明细不规范

费用明细不规范主要体现在医院上传医保数据时，为了加快上传速度和计算速度，采用上传费用项目合计形式，而不是医保经办部门一般要求的日清单形式。这就导致费用明细中的数据是合计数而不是明细数，在审核时无法区分使用天数、单次和单日使用量、使用时间等信息，也无法进行重复用药、二线用药等判断。

除上述原因外，还有一些其他因素，如知识库建设的完整性、准确性，规则制定的合理性、算法的准确性等，都是导致误审率升高的影响因素。

2.3.3.2 查出率下降

查出率越高不一定代表不合理费用越多，如果查出率下降，说明医保智能审核系统在实际应用中起效了，不合理费用和违规费用在减少，但也代表着医保智能审核系统的效果在减弱。一般情况下，在没有使用医保智能审核系统的地区，采用刚性规则进行审核，在最初的几个月中，查出率可以达到2%～3%，按每月2亿医保统筹基金支出计算，每月能审查出400万～600万元的不合理费用，但随着时间推移和整改工作的推进，刚性规则的查出率会逐步下降到1%及以下。这反映了医疗服务行为及收费中，不合理和违规行为在下降，同时也有可能是医疗服务提供者采取了其他手段回避了审核规则，导致查出率下降。

查出率下降和误审率偏高是医保智能审核系统运行中存在的最大的两个缺陷，由于先天理论的不足，在解决途径上只能从不断完善知识库的内容和准确度、提升算法的准确性、提升医院数据质量等方面下手，虽然取得了一定成效，但在面对医疗保险费用不断上涨的形势下，医保智能审核系统的应用效果达到"天花板"，开始进入瓶颈期，需要更多的理论突破。尤其是随着多元复合式支付方式改革启动，我们需要在新形势下探索更多、更有效的控费手段来弥补医保智能审核系统的短板。

医保智能审核系统的未来发展在哪里？作者深度思考过，也与各地医保经办机构、部分医保智能审核系统专业公司的负责人探讨过，总的来讲有以下几个方面可以探索：首先，在审核精准度上进一步加强，引入人工智能及机器学习，提升审核效果，虽然多元复合式支付方式改革后按项目付费的比率会大幅下降，但仍然会继续存在，所以微观层面上的费用审核还是有必要存在的；其次，利用现有的知识库与规则体系，向医疗服务质量评价方面发展，多元复合式支付方式的支付标准测算不仅是以费用为基础，而应该是以医疗费用＋医疗质量的方式共同评估和确定支付标准，即医疗费用与医疗质量相结合的模式；最后，利用现有的知识库与规则体系，向医疗服务行为的合理性评估方向发展，将行为监管与费用监管结合，利用临床诊疗指南等，提升对临床治疗行为和治疗方案合理性评估能力，即医疗费用与医疗行为监管相结合的模式。

2.4 建设目标

医保智能审核系统以医学和医保知识库为基础，建立医保审核规则库，针对每张医保结算单及其费用明细，从微观层面上进行逐条检查和审核，采用机审和人审相结合的模式，先由计算机全面扫描并查出费用中不合理、不合规的部分，再交由人工复查并最终确定违规扣减费用。根据医保费用产生的生命周期，医保智能审核系统应对医保费用开展事前提示、事中预警、事后审核的全生命周期监控与审核管理，并根据审核结果开展数据统计与分析功能，为医保控费提供决策依据。

所以医保智能审核系统的总体建设目标就是：面对医保费用全生命周期，在医疗费用发生之前通过医院端软件提供事前提示；在医疗费用发生当时提供费用审核事中预警，将不合理费用和违规费用在发生之前进行拦截；在医保费用结算之后进行全面审核，确保医保基金安全支出，同时在医保经办部门的中心端提供人机结合的审核模式，减轻审核人员工作量，统一审核标准，实现医保费用审核全覆盖。医保智能审核系统还应向医疗机构开通申诉通道，为合理的医疗行为提供解释途径，最后应提供全面的数据分析为医保决策层提供决策依据。

第3章 系统需求分析

医保智能审核系统是一个相对复杂的IT软件系统,在系统设计前应按照系统建设目标,对系统所需功能进行全面分析。本章将从总体需求、业务需求、功能需求、数据需求和性能需求五个方面展开分析。

3.1 总体需求分析

根据系统建设目标,医保智能审核系统需求构成包括系统相关的组织机构及角色、业务总体流程、业务构成、数据构成和功能构成五个方面。

3.1.1 组织机构及角色

医保智能审核系统组织机构及角色如图3.1所示,其中组织机构包括医保经办机构和定点医疗机构,以及其相关科室。医保智能审核系统的使用角色包括:医保经办机构的管理者、审核人员、知识库维护员和系统管理员等,审核人员又分为初审员、复审员、终审员;定点医疗机构的包括医保专员、收费员、临床医生和临床护士。

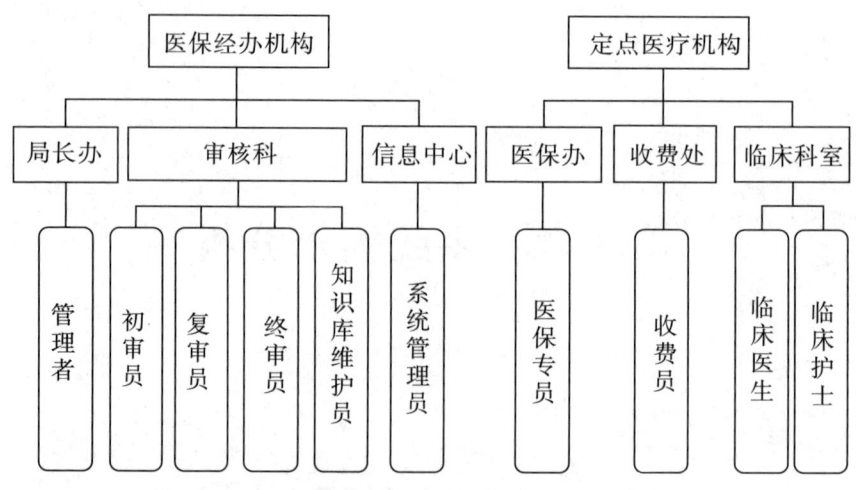

图 3.1 医保智能审核系统组织机构及角色

3.1.2 业务总体流程

医保智能审核系统总体设计涉及两个不同的机构，在不同机构内部的业务流程不同，医保经办机构以事后审核处理为主，定点医疗机构以事前提示和事中预警处理为主。

3.1.2.3 医保经办机构业务流程

医保经办机构开展医保智能审核的业务流程如图 3.2 所示，医保智能审核系统的数据来自医保业务系统，一般按照一个结算周期（如一个结算月度）从医保业务系统中批量抽取需要审核的结算单，有条件的统筹区可以每天抽取。将抽取的结算单及明细数据导入医保智能审核系统的交换区后进行数据质量检查和转换处理。处理合格的数据放入医保智能审核系统中的待审数据区，由系统自动调用审核算法，按照预先设定好的审核策略对每张结算单及明细数据进行审核，形成机审结果。审核人员查看机审结果，对机审结果无异议的进行认同，对机审结果有不同意见的进行否定，并适量抽查机审无法做到或容易遗漏的内容进行人工检查，记录人工审核结果。审核人员的审核结果通过医院申诉系统向定点医疗机构提供查询和申诉处理，定点医疗机构对人工审核结果存在异议的，可以在申诉系统中进行申诉和解释，并提交相关说明资料。医保经办机构审核人员对定点医疗机构提交的申诉材料进行审阅，接受申诉的则撤销扣罚并记录处理信息。申诉期过后由医保经办机构终审人员对最终审核结果进行检查和确认，形成审核结果，通过接口交付给医保清算系统，作为后者与定点医疗机构的清算依据。

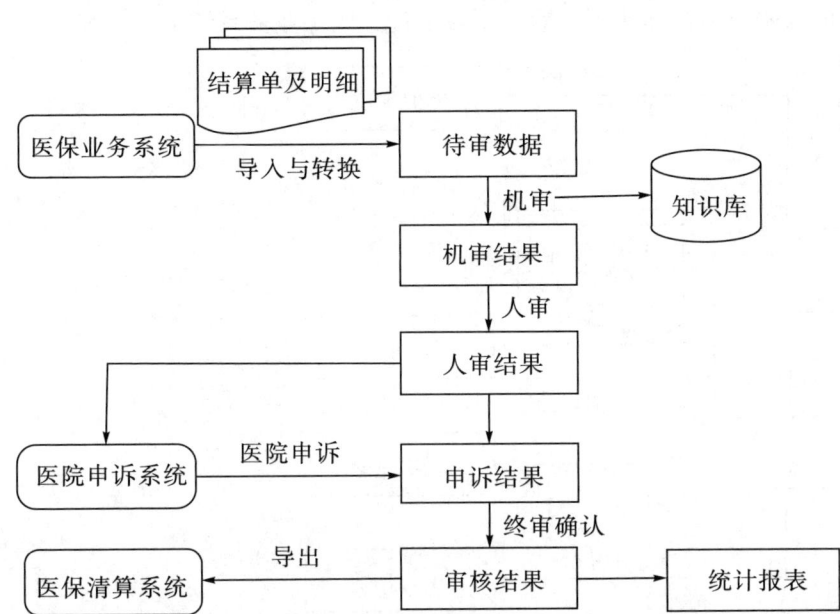

图 3.2　医保经办机构开展医保智能审核的业务流程

3.1.2.4　定点医疗机构业务流程

定点医疗机构开展医保智能审核的流程如图 3.3 所示，其数据来自医院信息系统（Hospital Information System，HIS），包括医院收费系统和临床医嘱系统等。一般情况下，医保智能审核系统通过接口形式向医院信息系统提供服务，首先在医生下达医嘱或护士计费前，医院信息系统可以通过接口获取各种医保相关的提示信息，称为事前提示。这些提示信息包括参保人基本信息、医保三目信息、医院科室和医生个人的医保相关指标信息等，如查询科室的医保患者的平均床日费用、医生管辖患者的药占比等，为医生下达合理医嘱提供事前提示。在医生下达医嘱时，将医嘱内容传递给医保智能审核系统进行检查，发现其中不合理和不合规的医嘱，并将审核结果及时预警给医生，如果医生坚持使用，可以在使用说明中进行备注说明。事中预警不能干涉医生的正常医疗行为和治疗方案，只是对医生的医嘱给予合理性和合规性警示。医生确认医嘱后存储到医院信息系统中，医保办的医保专员可以通过医保智能审核系统随时查看医生下达的医嘱审核情况，并对其中存在预警但医生坚持使用的医嘱进行人审，再次确保医疗费用的合理性和合规性。在参保人办理出院结算时，医院信息系统还可以通过接口对即将结算的费用调用医保智能审核系统再次进行自动审核，这是医疗机构最后一道审核关卡，可以避免不合理或不合规费用被上传到医保业务系统进行结算。

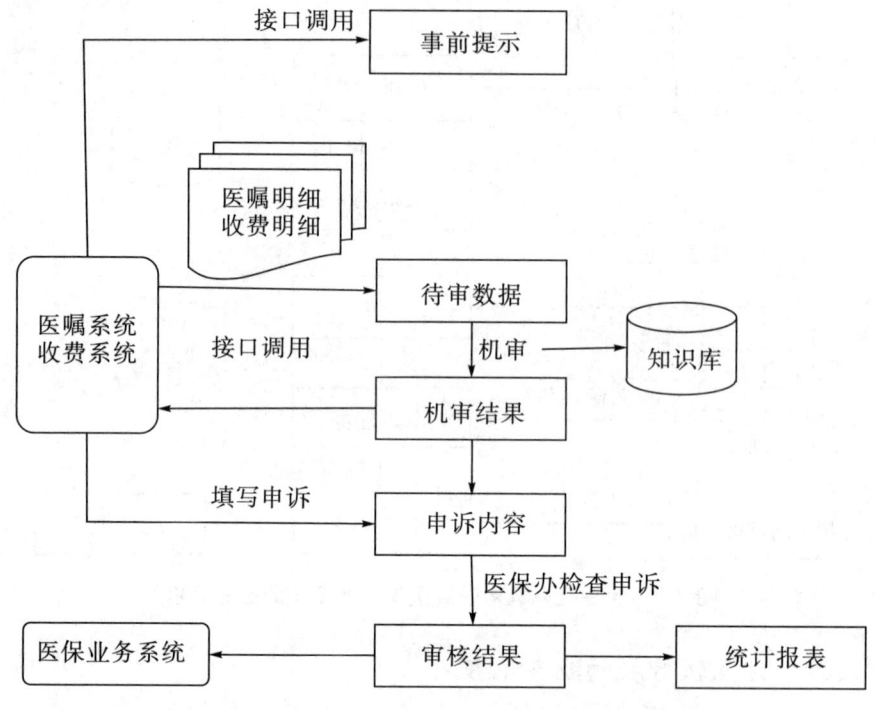

图 3.3 定点医疗机构开展医保智能审核的业务流程

3.1.3 业务构成

医保经办机构开展智能审核后，需要改变既往的一些业务流程，主要包括以下三个方面。

3.1.3.1 机审业务

机审业务由系统自动开展进行，一般情况下医保业务系统的数据导入并转换完成后，机审业务将自动进行。对机审的控制主要是机审的规则范围，可能存在不同医院采用的规则范围不同，部分医院可能要单独开展一些规则，而另外一些医院可能不开展；机审规则中的部分规则针对部分医院的指标不同，需要单独设置等。对机审的控制还包括审核时间、异常错误的记录和处理等。

3.1.3.2 人审业务

人审业务将人工抽查改变为人工对机审结果的全面审查。人审业务一般会采用初审、复审和终审的业务流程进行处理，也有一些地区采用更少的审核流程，还有一些地区采用更多的审核流程，所以在系统设计时不能把审核流程固定，必须能够灵活配置。每个审核流程上的权限、审核结果、审核通过与回退等操作需要进行管控。另外，由于人审工作改变，部分地区会改变医院专职审核员模式，采用随机分配结算单方式进行人工审核，即对机审结果由计算机在全部结算单中对审核人员进行随机分配，某个审核人员分配到的结算单可能存在于多个医院，以此避免审核人员与医院的关联。

3.1.3.3 申诉业务

人工审核结果通过申诉系统提供给医院查询，医院的医保专员定期检查医保智能审核系统的审核结果，并将其中存在的不合理、不合规费用过滤出来逐条核实，对无法确认的数据交付或授权给临床医生或护士处理。对其中认为合理但被审核认为违规的费用，逐条或批量填写情况说明，上传相关证明资料，交由医保经办机构审核人员进行核实，如果核实通过则由医保经办机构的审核人员撤销违规标志，不能通过则继续保留违规标志。申诉过程可以是双向多次的沟通过程，所以系统在设计时不能做成单一交互模式。

3.1.4 数据构成

医保智能审核系统的数据类型及说明见表 3.1。

表 3.1 医保智能审核系统的数据类型及说明

序号	类型	说明
1	A	字符串类型
2	I	整数类型
3	F	浮点类型
4	D	日期时间类型
5	B	二进制数据类型

数据按内容主要由四个部分组成，即基础数据、费用数据、审核数据、统计数据。

3.1.4.1 基础数据

基础数据是整个系统运行的基础，包括各种字典、目录、数据关联关系及配置数据等。主要基础数据内容及说明见表3.2。

表3.2 主要基础数据内容及说明

分类	数据内容	说明
字典类	公共字典	通用型字典表，如性别字典等，包括字典类别和字典内容
	医保字典	包括险种、参保人员类别、费用类别、报销类别等
	医疗字典	包括医院类型、等级、ICD-10、医生类别、处方权等级等
知识库	临床药学类	包括药物分类、药品通用名、药品、禁忌证、适应证、相互作用等
	临床医学类	包括临床病症、临床路径、诊疗项目及分组等
	医保类	包括医保三目、门诊慢病、医保特殊项目及分组、医保项目使用限制等
规则库	审核规则字典	包括规则分类、规则及其子规则等
	审核规则配置	包括规则配置参数、按定点医疗机构、险种等配置
业务配置	机审配置	包括机审范围、机审时间、机审规则参数等配置
	人审流程配置	包括人审流程定义、人审常用术语等
系统管理	机构字典	以树状管理的医保经办机构字典
	用户及权限	包括用户、角色、模块、权限，其中权限包括功能权限和数据权限等
	日志	包括模块操作日志和业务经办日志等
	个性化配置	包括自定义报表、打印格式、网格格式定义

3.1.4.2 费用数据

费用数据是医保智能审核系统主要处理的数据对象，根据业务划分为普通门诊、门诊慢病、住院和药店购药等环节，对应的费用数据内容及说明见表3.3。

表 3.3 费用数据内容及说明

分类	数据内容	说明
普通门诊	门诊就诊记录	包括参保人、医疗机构、医生基本信息等
	门诊诊断	本次门诊就诊时医生给出的诊断及疾病编码等
	门诊结算单	结算单数据,包括费用总额及医保支付信息
	门诊结算单明细	费用明细记录数据
门诊慢病	门诊慢病登记	参保人进行门诊慢病登记的信息
	门诊慢病就诊记录	门诊慢病就诊信息,主要内容与门诊就诊记录相同
	门诊慢病结算单	同门诊结算单数据,增加门诊慢病病种
	门诊慢病结算单明细	门诊慢病费用明细记录数据,同门诊结算单明细
住院	住院登记	参保人办理住院登记的信息,包括参保人、医疗机构、出入院日期、是否异地就医等信息
	住院诊断	包括住院诊断及手术相关信息
	住院结算单	一次住院可以有多次结算,每次结算产生一张住院结算,包括费用总额及医保支付信息
	住院结算明细	本次结算时的明细费用,一般要求日清单
	病案首页	可选内容,病案首页中诊断和手术数据更准确
	住院医嘱	可选内容,用于判断医嘱与费用关系
	检查检验报告	可选内容,用于判断临床医疗服务行为的合理性
药店购药	药店购药结算单	参保人、零售药店、处方医生和药师基本信息等,包括费用总额及医保支付信息
	药店购药明细	费用明细记录数据

3.1.4.3 审核数据

审核数据是医保智能审核系统的输出结果,主要内容及说明见表 3.4。

表 3.4 审核数据内容及说明

分类	数据内容	说明
机审数据	机审规则数据	同一费用明细可能存在多个规则违规,在此记录全部违规内容
	机审结果数据	根据审核规则的等级和权重,判断等级最高、权重最大的违规规则,记录其审核结果作为最初机审结果
	机审标志	包括机审状态、时间等
人审数据	人审基本信息	包括人审流程、审核人、审核时间等
	人审结果数据	人审结果内容,包括是否认同、人工确认的违规规则或没有违规的判断、扣罚金额及相关扣罚说明等
申诉数据	申诉标志	包括医院申诉的标志、是否允许申诉、申诉是否超期、申诉是否完成等
	申诉内容	提交的申诉内容、申诉人、申诉时间等
	申诉材料	作为附件提交的申诉材料
	申诉处理结果	医保经办机构审核人员对医院申诉的处理结果

3.1.4.4 统计数据

统计数据能全面反映费用情况、审核情况及基金运行情况等,主要内容及说明见表 3.5。

表 3.5 统计数据内容及说明

分类	数据内容	说明
基金支出	基金支出总体情况	按不同维度和指标反映基金支出情况
	人员构成及支出	按人员不同类别及构成,反映不同人群的基金支出情况
	医疗机构构成及支出	按不同医院类别及构成,反映不同类型医院的基金支出情况
	医保项目构成及支出	按医保项目类别及构成,反映不同项目的费用占比情况
	…	…
费用构成	费用类别统计	按费用不同类别划分进行相关构成统计分析
	费用时间、地点统计	按费用发生时间和地点进行构成统计分析
	…	…

续表

分类	数据内容	说明
费用审核	机审统计	机审处理相关统计，包括按规则的违规情况统计等
	人审统计	人审处理相关统计，包括人员工作量统计等
	申诉统计	申诉内容及结果出来统计，包括申诉处理工作量统计
	审核结果统计	最终审核结果统计
	…	…

3.1.5 功能构成

医保智能审核系统从总体功能上分为中心端软件和医院端软件，中心端软件部署在医保经办部门，其功能架构如图 3.4 所示，主要提供事后审核和知识库与规则定义。

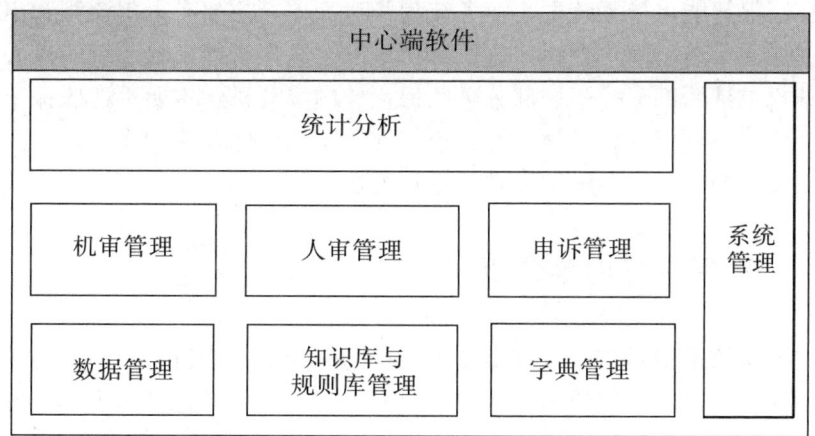

图 3.4 医保智能审核系统中心端软件功能架构

医院端软件部署在医疗机构，其功能架构如图 3.5 所示，主要提供医院端的事前提示、事中预警功能，其使用的知识库与规则库通过数据接口从中心端软件中同步获取，确保医院端软件的知识库与规则库和中心端软件保持一致。另外医院端软件还通过 HIS 接口方式嵌入医院信息系统中，为医生工作站、护士工作站、收费处等业务站点提供事前提示、事中费用审核预警功能。

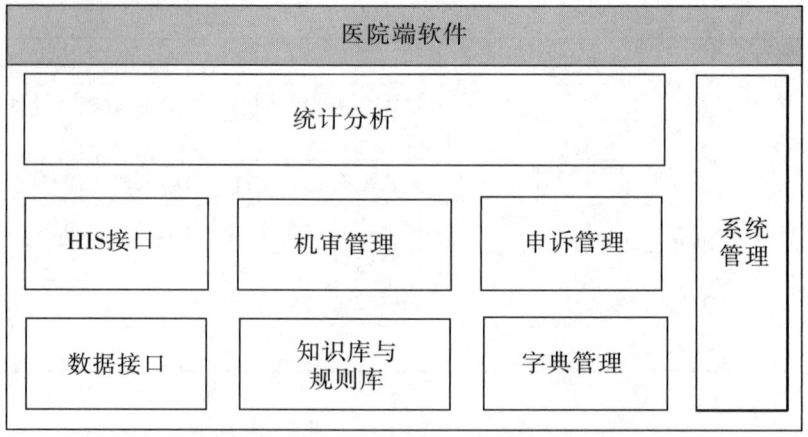

图 3.5 医保智能审核系统医院端软件功能架构

3.2 业务需求分析

在医保智能审核系统中，业务流程相对简单，主要有人审流程和申诉流程，在前面章节已简单介绍，这里不再重复。医保智能审核系统的核心业务需求分析包括两部分，第一部分是医保审核内容分析，主要论述医保审核的对象、范围、要求、结果处理等；第二部分是知识库与规则库维护，主要论述知识库的涵盖内容、维护要求、维护方法等。

3.2.1 医保审核内容分析

医保审核是指对与医保基金支出相关的医疗费用进行合理性、合规性检查，确保医保基金合理使用和医保基金安全。医保审核包括以下三个方面。

3.2.1.1 医疗行为与费用的医保合规性审核

参保人在医疗机构发生医疗费用，需要符合一定条件才能由医保基金支付，包括就医的医疗机构是否为定点医疗机构、参保人是否在待遇享受期间、发生的医疗项目是否扣除了自费和部分自费等，并按照一定的政策和要求，对纳入医保基金支付范畴的费用进行计算，最终得到医保基金支付、个人账户支付、个人自付和大病保险支付等不同支付方式的费用构成。这部分合规性审核属于医保规范范畴，其审核与计算目前都由医保业务系统完成，智能审核对这一部分不再做进一步的合规性审核。

3.2.1.2 医疗行为的医疗合理性审核

在医保多模式综合控费体系中，将医疗行为监管划分为四个层面，即行为真实、数据真实、行为和数据一致、行为合理。医疗行为合理性在第四个层面，其审核内容包括以下几个方面：首先是医疗行为是否符合医疗常规，如重复就诊、重复入院、频繁就诊、住院天数异常等行为就属于医疗行为不合理，需要进行重点监管。其次是诊断是否合理，重点检查主诊断的合理性和次要诊断的完整性，判断诊断合理性主要检查诊断依据是否充分、鉴别诊断是否完整，其中诊断依据主要来源于电子病历文书，包括门诊病历、住院病历、检查检验结果等。另外，还要检查临床诊断内容与病案首页上给出的 ICD-10 疾病编码的一致性。最后是临床诊疗方案是否合理，尤其是诊疗内容与主要诊断疾病的常规诊疗方案一致，比如患者以冠心病入院治疗，主诊断是冠心病，但诊疗方案中大量出现糖尿病类的诊疗项目，则存在诊疗方案不合理问题。由于医疗行为的复杂性和特殊性，使医疗行为合理性审核中发现的问题一般很少作为刚性问题进行处理，需要结合临床其他资料，在充分核实与论证的基础上再做判断处理。所以医疗行为的医疗合理性审核更多的是找出疑点和审核重点，提供给人工做进一步核实和处理。

3.2.1.3 医疗费用合理性审核

医疗费用合理性审核是审核重点，主要内容及说明见表 3.6。由于临床医疗费用的产生全部依赖于临床医嘱，而临床医嘱又属于医疗文书，具有一定的法律效应，所以临床医嘱数据对医疗费用审核的重要性不言而喻，但非常遗憾的是，既往医保费用审核的大部分场景都是在缺少临床医嘱的情况下进行的，这也是医保智能审核系统使用效果不理想的一个重要影响因素。

表 3.6 医疗费用合理性审核内容及说明

序号	审核内容	说明
1	医保项目一致性审核	检查医疗费用项目对应的医保项目编码与医院对码表在医保局已申报注册的内容是否一致
2	医疗费用项目价格审核	检查医疗费用项目的单价是否超过对应限制范围
3	医疗费用项目总金额/总数量审核	检查医疗费用项目的总金额或总数量是否超过对应限制范围，包括单个医疗费用项目和特定一组医疗费用项目的总和

续表

序号	审核内容	说明
4	医疗费用项目限定使用条件审核	检查医疗费用项目在医保三目或医保政策中的限定使用条件，包括限定险种、限定医疗机构类型、限定医疗机构等级、限定就医方式、限定特殊疾病、限定特殊人群、限定疾病范围、限定诊疗场景等
5	医疗费用项目用量/频次审核	检查医疗费用项目的单次使用量和使用频次，药品类医疗费用重点检查日剂量和按诊疗指南要求的治疗周期总剂量，诊疗类医疗费用重点根据计价单位计算频次及总量
6	医疗费用项目临床使用条件审核	检查医疗费用项目的特定使用条件是否符合情况，如限定性别、限定年龄、限定特殊科室、限定特殊时间段等
7	医疗费用项目关联使用审核	检查医疗费用项目使用是否符合相互关联前提，关联方式包括联合使用和禁止联合
8	医疗费用项目的临床路径审核	按照临床路径规范对医疗费用项目进行合理性审核
9	医疗费用项目的门诊慢病审核	按照医保门诊慢病管理政策和项目使用范围，对门诊慢病的医疗费用项目进行审核
10	临床合理用药审核	包括药品适应证、禁忌证、相互作用、抗生素、毒麻精等临床药物使用审核

3.2.2 知识库与规则库维护

由于知识库与规则库的建设是一个长期过程，需要不断完善和更新，所以将知识库与规则库的维护作为医保智能审核系统的重要组成。由于知识库与规则库维护需要专业人员操作，大部分情况下不是 IT 技术人员能够胜任的，所以需要提供符合专业人员使用习惯的软件功能及便捷操作，提高系统的使用和维护效率。

知识库与规则库维护的基础操作包括增加、修改、作废、导出、导入、打印、过滤、查找等，操作后有相应的操作日志记录。按照管理信息系统（Management Information System，MIS）建设惯例，一旦进入系统并确认保存后的数据，原则上不能再删除，尤其是字典类数据，所以在基础字典维护中，一般采用作废方式进行处理，作废后的数据在正常查看情况下被过滤，在指定查看作废数据或全部数据条件下才显示，在其他参照引用情况下不能被再次使用,但已使用的不受影响。关于维护基础操作的具体功能需求见后续章节。

3.2.2.1 基础字典维护

知识库与规则库涉及很多基础字典,如药品剂型、医院等级、ICD-10等,见表3.7。这些字典数据需要在统一或单独的字典管理模块中进行维护。

表3.7 基础字典内容及维护要求

序号	内容	维护要求
1	标准值域字典	用于维护多个类别的值域内容,包括值域分类和值域内容。如性别值域(GB/T 2261.1—2003)、行政区划代码(GB/T 2260—2007)等
2	医院等级字典	按照国家卫生健康委员会的医院等级划分,包括三级十等
3	医保险种类型字典	包括城职、城乡、工伤、生育等险种
4	药品剂型字典	针对剂型维护基本信息,包括用药途径等特殊信息

3.2.2.2 知识库维护

知识库包括药物、药品、诊疗项目、医用材料、临床病症、临床路径、临床诊疗指南等内容,见表3.8。这些知识库因组成内容和维护要求各不相同,在处理上也存在一定的个性化差异。

表3.8 知识库内容及维护要求

序号	内容	维护要求
1	药物分类字典	以树状结构维护药物分类数据,针对每一个药物分类节点,在列表中展示该药物分类下属的药物分类列表。可以在树状结构中进行药物分类节点的拖拽以更改相互关系,在列表中选择药物分类进行编辑、查看详细内容等操作。可以从药物分类字典进一步钻取查看对应的药品通用名字典内容。药物分类与药品通用名之间是多对多关系
2	药品通用名字典	以列表形式维护药品通用名数据,药品通用名字典为药品的通用名+剂型模式,以国家药品监督管理局发布的注册药品名称为准。在列表中选择药品通用名进行编辑、查看详细内容等操作。可从药品通用名字典进一步钻取查看对应的药品字典和药物分类字典内容。从药品通用名字典可以进一步引申出药品说明书、药品处方权、药品禁忌证、药品适应证、药品相互作用、抗生素分类、毒麻精分类、医保对码表等管理内容

续表

序号	内容	维护要求
3	药品字典	以列表形式维护药品数据，药品字典为药品通用名在每个生产厂家的注册情况，以国家药品监督管理局发布的注册药品为准，包括药品的本位码等唯一标识信息。在列表中选择药品进行编辑、查看详细内容等操作。药品字典可以钻取查看对应的药品通用名字典内容
4	诊疗项目分类字典	以树状结构维护诊疗项目分类数据，以不同版本建立根节点，针对每一个诊疗项目分类节点，在列表中展示该诊疗项目分类下属的诊疗项目分类列表。可以在树状结构中进行诊疗项目分类节点的拖拽以更改位置，在列表中选择诊疗项目分类进行编辑、查看详细内容等操作。可以从诊疗项目分类字典进一步钻取查看对应的诊疗项目字典内容
5	诊疗项目字典	以列表形式维护诊疗项目数据。在列表中选择诊疗项目进行编辑、查看详细内容等操作。可以从诊疗项目字典进一步钻取查看对应的诊疗项目分组、对应的诊疗项目分类字典内容。从诊疗项目字典可以进一步引申出医保对码表、临床路径、诊疗指南等管理内容
6	诊疗项目分组	以列表形式维护诊疗项目分组数据，分组与分类不同，我们按临床常见的组合收费项目对诊疗项目进行分组，如血常规、肝功检查等，目的是为后续知识库维护提供便捷操作方式。同一个诊疗项目可以在不同分组中，但分组内的项目不能重复。在列表中选择诊疗项目分组进行编辑、查看详细内容等操作。可以从诊疗项目分组字典进一步钻取查看对应的诊疗项目字典内容
7	医用材料分类字典	以树状结构维护医用材料分类数据，以不同版本建立根节点，针对每一个医用材料分类节点，在列表中展示该医用材料分类下属的医用材料分类列表。可以在树状结构中进行医用材料分类节点的拖拽以更改位置，在列表中选择医用材料分类进行编辑、查看详细内容等操作。可以从医用材料分类字典进一步钻取查看对应的医用材料字典内容
8	医用材料字典	以列表形式维护医用材料数据，医用材料以国家药品监督管理局发布的注册医用材料为准，包括医用材料准字号、生产厂家等唯一标识信息。在列表中选择医用材料进行编辑、查看详细内容等操作。从医用材料字典进一步钻取查看对应的医用材料分类字典内容。从医用材料字典可以进一步引申出医保对码表、临床路径、临床诊疗指南等管理内容

续表

序号	内容	维护要求
9	临床病症字典	临床病症是将临床常见疾病诊断及其ICD-10编码进行组合编制，便于在适应证、禁忌证、使用范围限制等情况下，采用批量组合方式加入ICD-10编码，而不需要再逐条录入，实现快捷方便的处理操作方式，且便于查看。临床病症内涵可以是多种的，可以是适应证，也可以是某个症状可能存在的疾病，还可以是某一组疾病组合等。在列表中选择临床病症进行编辑、查看详细内容等操作。可以从临床病症字典进一步钻取查看对应的ICD-10字典内容，引申出药品适应证、禁忌证、医保项目使用限制等管理内容
10	临床路径字典	临床路径字典是按照国家卫生健康委员会发布的临床路径相关指南编制，以列表形式编辑和维护。与临床信息系统中临床路径管理要求不同，医保智能审核系统更关注临床路径的结果而不是过程，所以临床路径字典中的内容包括对应疾病、对应药品和诊疗项目范围。在列表中选择临床路径进行编辑、查看详细内容等操作。可以从临床路径字典进一步钻取查看对应的诊疗项目、药品、临床病症或ICD-10字典内容。
11	临床诊疗指南字典	临床诊疗指南字典是以各种公开出版发行的临床疾病诊疗指南手册为依据编制，以列表形式编辑和维护。与临床路径字典类似，临床诊疗指南字典的内容包括对应疾病编码、对应诊断依据、不同治疗方案的药品和诊疗项目范围等。在列表中选择临床诊疗指南进行编辑、查看详细内容等操作。可以从临床诊疗指南字典进一步钻取查看对应的诊疗项目、药品、临床病症或ICD-10字典内容。

3.2.2.3 规则库维护

规则库是知识库的具体应用形式，根据知识库组织差异，划分为不同的规则库，其组织方式及维护要求见表3.9。

表3.9 规则库组织方式及维护要求

序号	组织方式	维护要求
1	规则字典管理	规则字典管理包括规则分类字典、规则及子规则字典管理，其中规则分类字典管理同一般字典管理，不再详细描述。规则及子规则管理是以主从列表形式管理规则及其子规则，子规则是同一个规则下不同情况的变异，一般由于不同约束条件或范围变化情况下产生的，比如诊疗项目使用数量审核规则，在一般情况下根据一个周期内单个项目总量进行判断，但在个别地区，需要对部分诊疗项目进行组合，按照项目组合后的所有项目进行总量判断，这就是子规则

续表

序号	组织方式	维护要求
2	规则配置管理	规则使用在不同地区有不同要求,这就需要在具体使用时对规则进行配置,配置内容包括使用规则范围、规则与医疗机构范围、与人群和险种范围、每个规则的特殊限定条件,比如再次入院的判断标准是多少天、同一种疾病还是不同疾病、再入院的科室是否一致等,以及是使用主规则还是子规则等。通过灵活配置规则的使用范围和条件,能够灵活调整审核范围和内容
3	规则表达管理	规则是知识库在审核时的具体外在表现形式,但其实质内容仍然存在于知识库中,为了在审核结果中查阅违反的规则内容,需要按照规则提取知识库内容,组合并显示为审核人员能够理解的表达形式。出于知识库维护便捷性考虑,我们一般将知识库内容集中在一起维护,比如对某个药品通用名字典进行维护,我们会把其基本信息、适应证、禁忌证、相互作用等放在一个界面维护,而规则查看是针对单个内容,如违反适应证时,就需要将该药品通用名的适应证文字说明展示给审核人员,并将适应证对应的临床病症范围以列表形式展示,便于查看。这个规则表达可以是实时组合完成,也可以是在知识库内容编辑完成后同时生成

3.3 功能需求分析

医保智能审核系统围绕医保智能审核提供相关信息化服务,既包括信息化的基础功能,又包括知识库与规则库建设,以及中心端和医院端的需求等。本节重点围绕中心端信息化服务所需软件功能进行介绍。

3.3.1 总体功能需求

医保智能审核系统总体功能需求包括基础功能及操作、应用及数据接口、系统安全管理、机审管理、人审管理、申诉管理、统计分析及其他功能,其架构关系如图3.6所示。医保智能审核系统作为一个应用软件系统,首先具备软件操作的一般功能要求,这是所有功能操作的基础和模式;其次对系统内的数据和功能必须进行安全管控;最后审核所需数据的来源及流出通过数据接口完成,另外为医院信息系统提供的服务通过应用接口完成。在这三个基础之上,实现业务功能,包括机审、人审和申诉管理,以及其他功能操作（如知识库的维护等）。最后在业务基础上实现数据的统计分析及报表输出等。

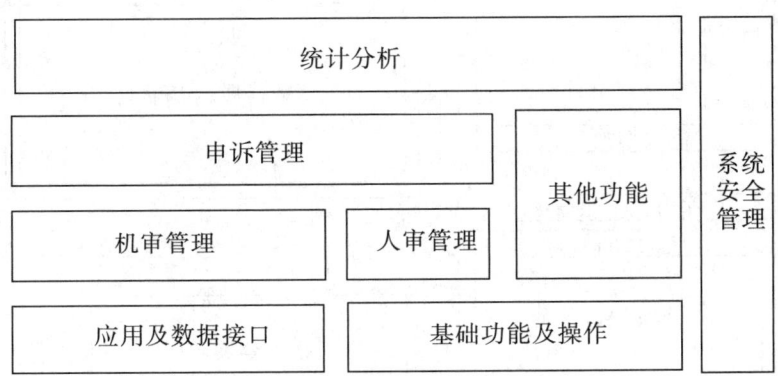

图 3.6　医保智能审核系统架构关系

3.3.2　基础功能及操作需求分析

医保智能审核系统的基础功能及操作包括界面布局、基础功能两部分。

3.3.2.1　界面布局

医保智能审核系统采用统一界面布局，如图 3.7 所示。主界面上包括标题区、菜单区、工作区和模块切换区，每个业务模块以嵌入方式在工作区中显示，模块通过菜单调用，打开的模块在模块切换区显示名称并能够快速进行切换。每个模块在工作区中包括功能按钮区、查询条件区、数据展示/编辑区三个部分，其中数据展示/编辑区既可以作为数据展示区域，也可以成为数据编辑区域，或二者处于同一个界面，进入编辑状态就可以进行数据编辑，保存后进入浏览状态进行数据展示。通过按钮功能可以针对当前数据进行编辑，或设置条件后进行查询。针对当前数据的编辑或查询一般采用弹出式参照界面处理，包括过滤条件区、参照数据区和功能按钮区。参照界面一般采用置顶模式的弹出式窗体，也就是弹出式窗体不关闭，不能操作窗体后面的其他窗体。弹出式窗体可以无限级叠加，即在一个弹出式窗体的基础上再显示另外一个弹出式窗体，返回时必须逐级关闭返回。一些与客户的简单交互采用弹出式对话框，包括对话内容展示区和功能按钮区。

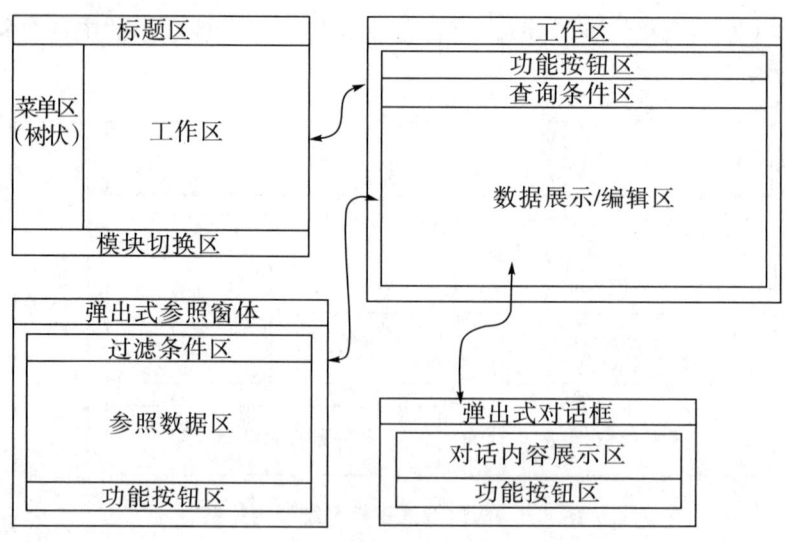

图 3.7　医保智能审核系统总体界面布局

医保智能审核系统主界面典型案例如图 3.8 所示，一般需要包括以下几个区域。

图 3.8　医保智能审核系统主界面典型案例

1. 标题区

标题区包含系统名称、操作员名称、密码、帮助文件等内容和功能，图 3.9 展示了一个典型的标题区。

图 3.9　主界面标题区案例

2. 菜单区

菜单区是功能模块的调用入口，菜单以树状显示在菜单区，点击菜单项后启动该功能模块，如果模块已经在工作区打开，则直接切换到该模块并在工作区显示；如果没有打开该功能模块，则启动后放入工作区显示。由于菜单区一旦打开模块后就不常用，所以菜单区应支持锁定和解锁功能，锁定时始终显示，解锁后菜单区自动缩小到左侧隐藏为一个图标，点击后重新打开菜单区。图 3.10 展示了一个典型的菜单区。

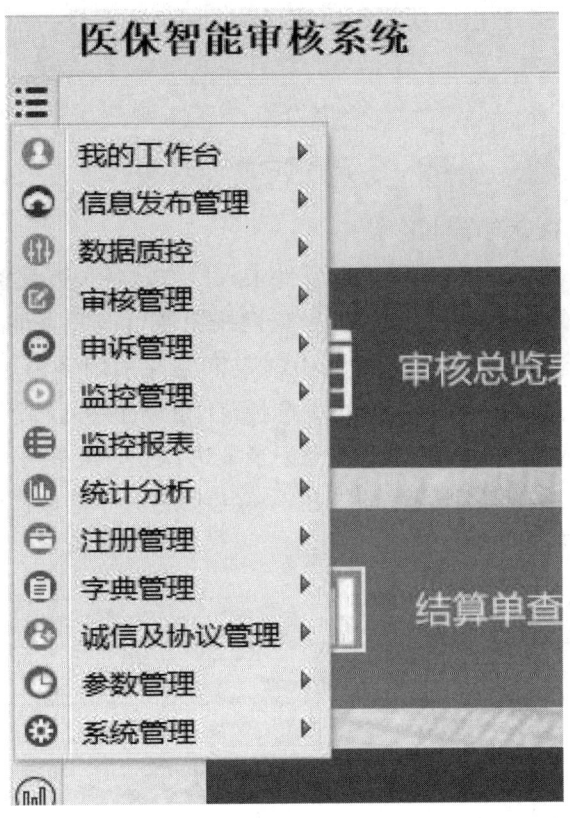

图 3.10　主界面菜单区案例

3. 模块切换区

模块切换区以 Tab 形式显示每个已打开的功能模块名称，点击功能名称 Tab 后切换到对应的功能模块。功能模块中的数据和未保存内容应缓冲在前端，不能因为模块之间的切换而改变状态或丢失未保存数据。图 3.11

展示了一个典型的模块切换区。

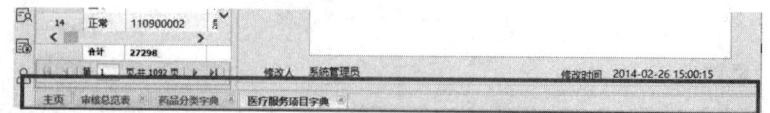

图 3.11　主界面模块切换区案例

4. 工作区的功能按钮区

工作区的功能按钮区为工作区提供功能操作，包括基础通用功能，如查询、保存、打印等公共功能，以及模块的特殊操作，如结算单查看等。按钮排列采用从左到右的顺序，公共功能按钮在前，特殊功能按钮在后。图 3.12 展示了一个典型的功能按钮区。

图 3.12　主界面功能按钮区案例

5. 工作区的查询条件区

工作区的查询条件区提供查询条件录入操作，各种查询条件按照一定顺序排列，设置相关查询条件后，点击查询按钮便可按照查询条件获取数据，并在数据展示区显示。查询条件区中的查询条件采用多种形式设置，对日期、名称等采用编辑框模式，对较少选择范围的条件可以采用下拉列表形式设置，当需要从成百上千甚至上万条记录中选择一条或多条时，一般采用参照模式，通过点击编辑框旁边的按钮，弹出参照窗体选取。图 3.13 展示了一个典型的查询条件区。

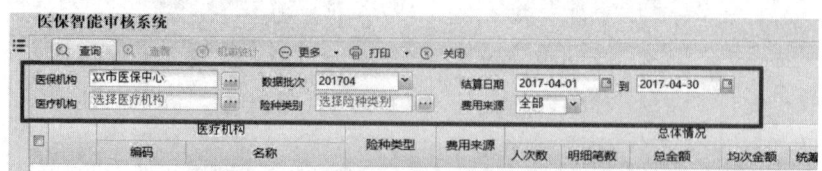

图 3.13　主界面查询条件区案例

6. 工作区的数据展示区

工作区的数据展示区是整个界面最重要的部分，常见的数据展示形式包括列表、图表等。图 3.14 展示了一个典型的数据展示区。以列表形式展示时，可以同时展示多列数据，在网格左侧显示选择框进行单行或多行勾选，最下方显示数据量及分页情况，以及相关列的合计值等内容。

第 3 章 系统需求分析

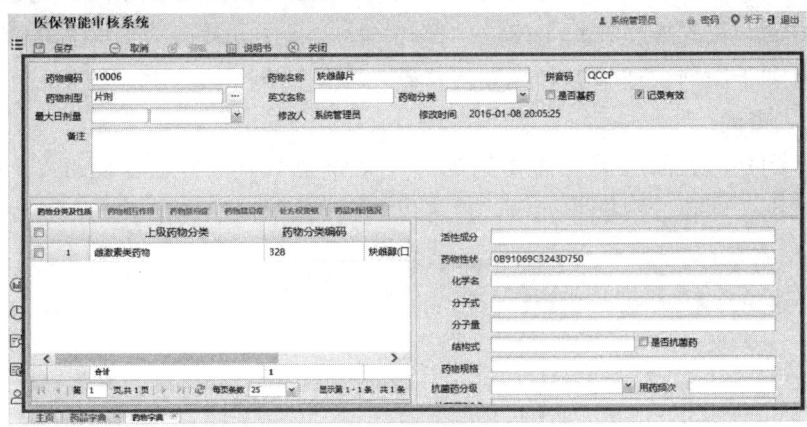

图 3.14 主界面数据展示区案例

7. 工作区的数据编辑区

数据编辑区也嵌入在工作区内，其内容与数据展示区不同，包括与数据编辑相关的内容，图 3.15 是一个典型的数据编辑区。为减少代码开发量，一般情况下把记录内容展示与数据项编辑放在同一个界面中，通过编辑按钮和保存/取消按钮控制数据项是否编辑。

图 3.15 主界面数据编辑区案例

8. 参照窗体

当需要从众多记录中选择一条或多条记录时，需要使用参照界面，图 3.16 是一个典型的参照界面。其中可在过滤条件区通过输入过滤条件、点击过滤按钮来过滤数据，也可以点击定位按钮定位到最近一条记录上。双击

053

数据展示区中某条记录或左侧勾选多条记录并点击下方确定按钮，可返回已选择的记录内容。

图 3.16　主界面参照界面案例

3.3.2.2　基础功能

基础功能是指大部分业务界面具有的相同功能。这些功能在功能模块中的作用、操作方式相同，得到的效果相同。通过基础功能的统一，可以简化操作界面，相同操作在每个模块中都在同一个地方出现，且有相同的操作方式，有利于用户快速掌握和培训。基础功能主要包括以下几个方面。

1. 查询

查询是绝大部分模块需要用到的一个重要基础功能，如图 3.17 所示。根据查询条件获取数据并展示，也可以起到数据刷新作用。

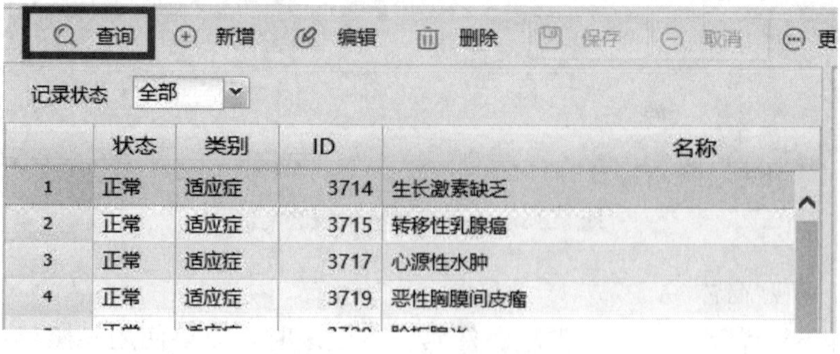

图 3.17　查询功能案例

2. 新增

新增是在当前数据集中增加一条记录的操作，如图 3.18 所示。点击新增按钮后，可以在数据网格中直接增加记录，也可以通过转入数据编辑区进行新增记录的编辑。此时的数据集进入新增记录状态，不允许滚动，只有在保存或放弃后才能重新进入数据集浏览状态。

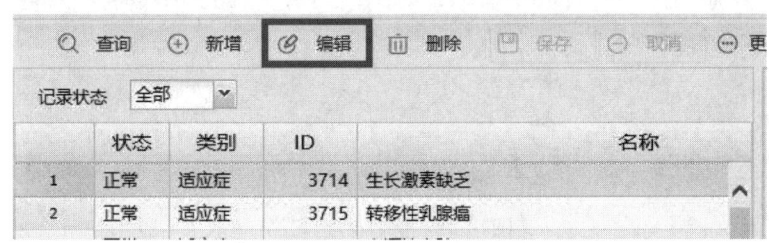

图 3.18　新增功能案例

3. 编辑

编辑是对数据集中当前一条记录的操作，如图 3.19 所示。点击编辑按钮后，可以在数据网格中直接修改记录各个字段内容，也可以通过转入数据编辑区进行当前记录的修订。此时的数据集进入编辑记录状态，不允许滚动，只有在保存或放弃后才能重新进入数据集浏览状态。

图 3.19　编辑功能案例

4. 删除

删除是对数据集中当前一条记录的操作，如图 3.20 所示。点击删除按钮后，可删除数据集缓冲区的当前记录，但此时的数据库中并未删除该条记录，只有在点击保存按钮后才执行数据库中的删除动作；或者点击放弃按钮放弃删除动作，在数据集缓冲区恢复已删除的数据。删除按钮按下后，数据集进入删除记录状态，不允许滚动，只有在保存或放弃后才能重新进入数据集浏览状态。

大部分情况下不会对普通用户配置删除权限，原则上已经保存到数据库的数据不允许删除，可以将其记录标识为作废。所以在业务事件处理时，后端一般针对需要删除的数据进行作废处理而不是实际删除数据。

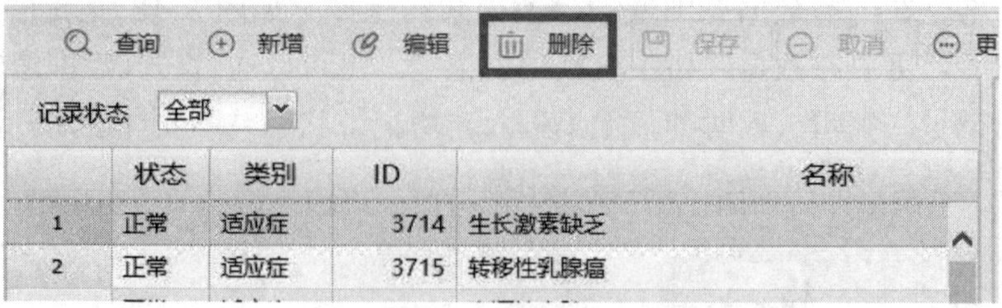

图 3.20 删除功能案例

5. 保存

当新增记录、编辑记录或删除记录动作操作完成后，需要进行数据保存，如图 3.21 所示，此时数据集处于新增记录、编辑记录或删除记录状态，不允许滚动，所以网格和其他操作按钮都锁定成灰色，以防止用户误操作，待保存按钮按下后，数据传递给后台数据库服务进行保存处理，成功后恢复数据集的正常操作。

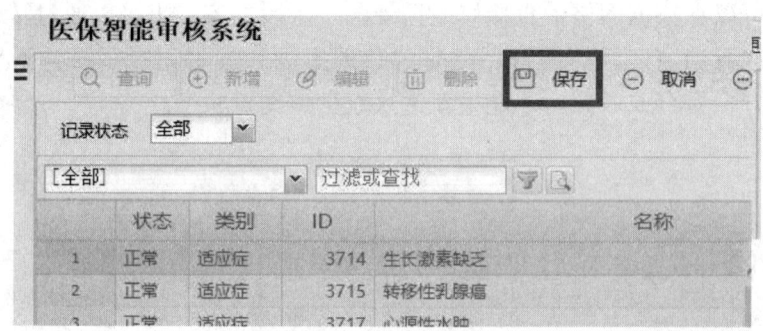

图 3.21 保存功能案例

6. 取消

当新增记录、编辑记录或删除记录操作完成后，如果用户要放弃数据保存，则通过取消按钮撤销数据的录入和处理工作，如图 3.22 所示。与保存按钮一样，此时数据集处于新增记录、编辑记录或删除记录状态，不允许滚动，所以网格和其他操作按钮都锁定成灰色，防止用户误操作，待取消按钮按下后，实际上只是在前段数据集缓冲区恢复了数据集之前的状态，并恢复数据集的正常操作。

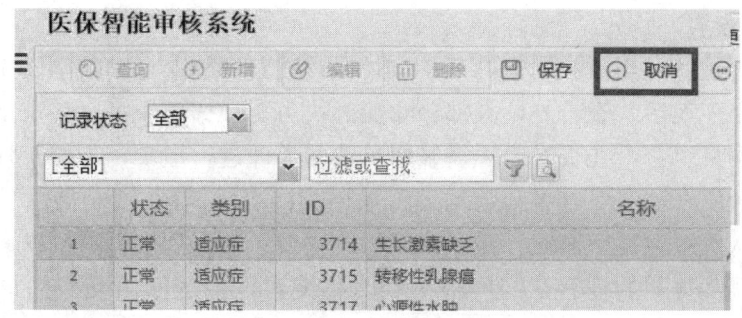

图 3.22　取消功能案例

7. 导出

导出是将当前数据展示区或编辑区的数据按照一定文件格式导出到外部，如图 3.23 所示。常见的导出文件格式为 Excel 表格。为增加导出数据内容的灵活性，允许用户选择部分列的数据导出，更友好的操作还包括指定导出文件模板等。

图 3.23　导出功能案例

8. 打印

打印是将当前数据展示区或编辑区的数据按照一定的模板输出到打印机，如图 3.24 所示。打印可以做成自定义模式，打印范围可以是全部数据或选择的数据，打印格式可以是网格的所见格式，这种打印称为快速打印；也可以选择预先定义好的打印模板进行打印，称为选择打印。

图 3.24　打印功能案例

9. 查看

查看是针对当前数据集的某条记录，查看其详细信息。除字段比较少的单表采用列表形式查看外，大部分功能模块由于数据项众多，甚至是主从关系的数据集组合，在查看时往往采用单独的界面进行显示，为便于管理和减少代码开发量，一般查看与数据编辑采用相同界面。图 3.25 展示了一个典型的主从关系数据字典表，左侧以网格形式展示数据列表，右侧以数据编辑框形式显示每列的内容，当网格滚动时，编辑框内容随滚动后的记录而变化。右侧下方以分页＋列表形式展示从表记录。如图 3.25 所示，临床病症字典是主表，对应的疾病编码、药物适应证和禁忌证等内容是从表，通过参照后选取加入等方式进行操作。

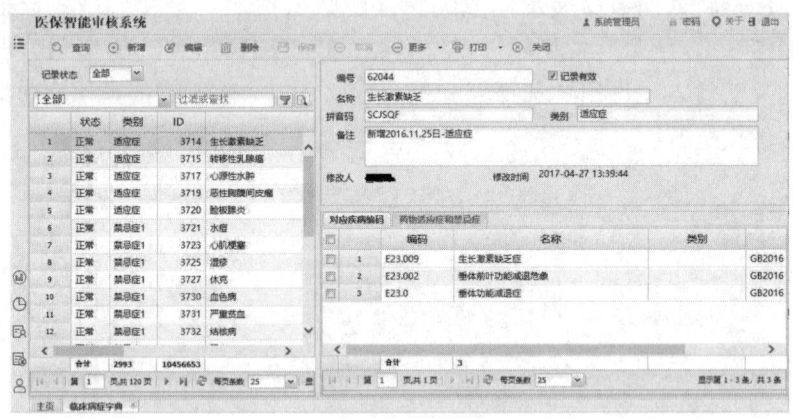

图 3.25　主从关系数据字典表案例

10. 返回

返回是指关闭本模块，返回主界面或返回最后一个调用的模块。返回后并没有实际关闭和释放该模块资源，只是对该模块进行了隐藏，当通过主菜单重新调用该模块时，可以从缓冲区载入。这样能够减少浏览器与服务器之间的交互，通过缓冲方式减少服务器的压力。

11. 网格设置

在数据展示区，我们经常使用网格对数据进行列表展示，对于同一个模块，不同用户对展示的数据项可能有不同要求，对数据项展示的先后次序也有不同要求，这就需要对网格展示进行设置，如图 3.26 所示。网格设置包括需要显示的数据列、数据项目的前后次序等。

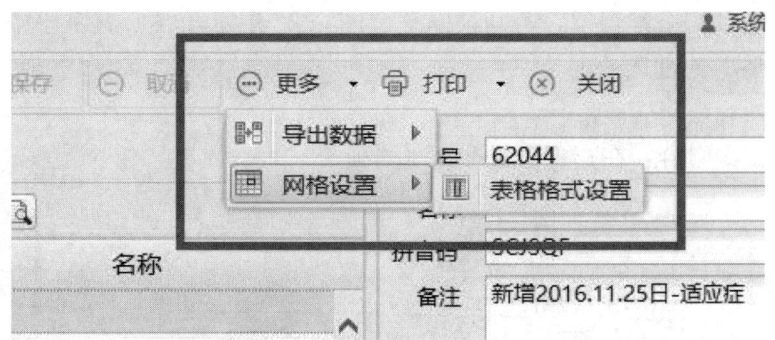

图 3.26 网格设置功能案例

网格设置采用弹出式窗体，对网格中每个字段进行维护，如图 3.27 所示。

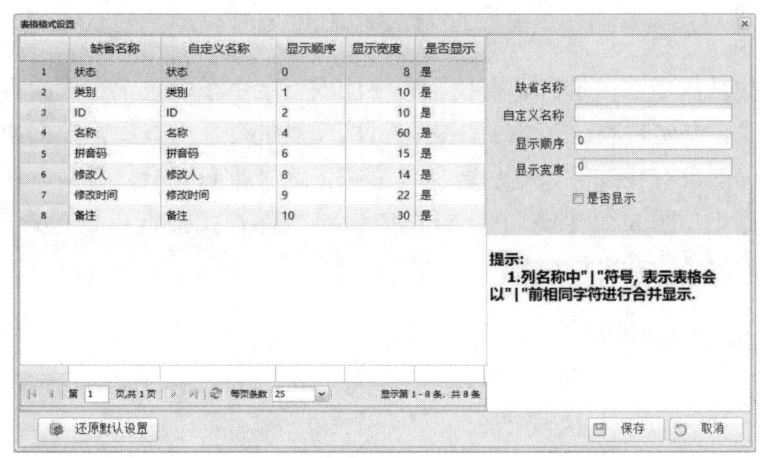

图 3.27 网格设置界面案例

网格设置维护包括每个网格列是否显示、显示顺序、显示宽度和标题名称等内容。保存后成为用户个人定义的格式，下次载入该模块时，如果用户有自己定义的网格设置，则按该设置处理网格显示格式，否则使用系统缺省格式。

12. 过滤与查找

过滤与查找是针对当前已经查询出来的数据集进行本地缓冲区的过滤和查找动作。查询是将条件传递给后端服务器从数据库重新获取数据的操作，而过滤与查找是针对本地缓冲区数据进行的，不会产生与服务器之间的交互，能够有效降低服务器压力。

过滤是按过滤条件，在所有字段或指定字段中进行过滤，包含过滤条件文字内容的记录被保留，否则被隐藏。图 3.28 展示了在所有字段中过滤含有"水肿"关键词的记录。

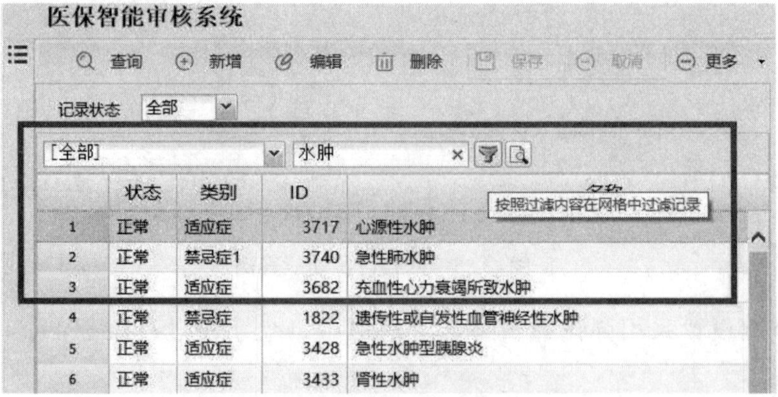

图 3.28 数据过滤功能案例

查找是从当前记录向下查找所有字段或指定字段中包含查找内容的最近一条记录，并定位在该记录上。查找可以反复进行，当查找至数据集最后一条记录仍然没有找到时，则从数据集第一条记录重新开始，直到重新到达当前记录停止。图 3.29 展示了针对临床病症名称查找最近一条包含"水肿"关键词的记录，并定位在其上。

图 3.29 数据查找功能案例

3.3.3 系统安全需求分析

医保智能审核系统的系统安全主要分为三个部分：一是对系统功能的操作安全（即功能安全）；二是对数据范围的操作安全（即数据安全）；三是操

作审计。其他方面的安全要求相对较低，如接口安全，由于中心端常采用数据批量导入导出模式，并采用中间库方式，对接口安全的要求大幅降低。另外医院端采用动态库和 WebService 服务模式，以数据审核运算为主，基本不涉及深层次的数据处理，所以采用在简单安全认证基础上实现即可。因此，重点就功能安全、数据安全和操作审计三个方面进行阐述。

3.3.3.1 功能安全

功能安全是指操作员在系统中使用功能模块的权限和范围。软件系统中功能模块的划分采用如图 3.30 所示的多级树状结构。

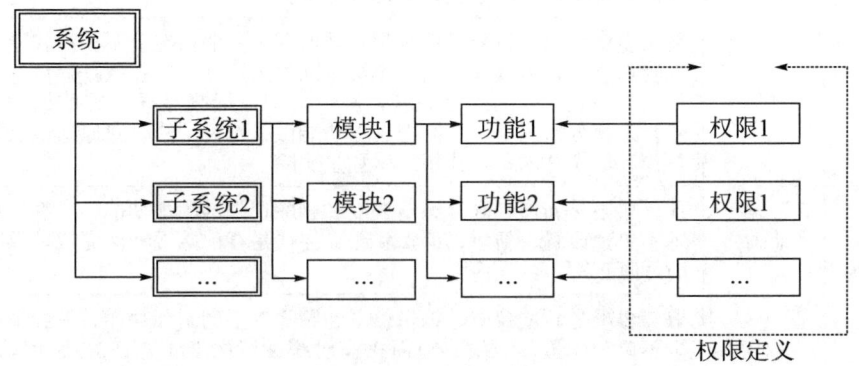

图 3.30　功能模块划分示意图

将功能模块的权限细分到每个模块下的每个功能上，有利于对系统的功能权限进行控制。每个功能对应一个预先定义好的权限，这样在设置权限时可以做到更精细化的管控，如图 3.31 所示。

图 3.31　模块权限管理界面案例

我们总结了管理信息系统中的常见权限，具体名称及说明见表 3.10。

表 3.10　管理信息系统中常见权限及说明

序号	名称	权限说明
1	浏览	浏览权限是最基本的权限，如果一个模块没有浏览权限，则不允许进入该模块，即使拥有了其他权限，所以浏览权限是进入一个模块的最低权限。拥有浏览权限后可以进入该模块界面并进行数据查询。浏览权限还隐含一个参照权限，也就是模块对应的参照功能能够在其他模块中使用
2	新增	在该模块可以进行数据记录新增并保存
3	编辑	在该模块可以进行数据记录修改并保存
4	删除	在该模块可以进行数据记录删除并保存。一般情况下不要授权除系统管理员以外的其他任何操作员删除权限，并且要在数据库设计上建立表与表之间的外键关联，避免由于数据删除导致脏数据的产生。大部分情况下，我们把删除功能做成作废功能，对原始记录进行作废标识并隐藏，让用户感觉是删除
5	保存	保存权限是新增权限、编辑权限和删除权限的附加功能，一般情况下不单独设置。新增、编辑和删除往往是在前端缓冲区完成，保存时才真正写入数据库
6	取消	取消权限是新增权限、编辑权限和删除权限的附加功能，一般情况下不单独设置，即放弃前面操作对缓冲区的变更，恢复缓冲区内容，不涉及数据库操作
7	导出	将模块中展示的数据按照预先设定的格式导出到文件
8	导入	将预先设定格式的文件导入模块的数据中，导入权限的必要前提是先拥有新增或编辑权限；而拥有新增或编辑权限，不一定拥有导入权限
9	打印	将模块中展示的数据按照预先设定的格式输出到指定打印机
10	打印设计	针对当前模块进行打印格式设计，可以形成系统级和个人级的打印格式，个人级打印格式只能自己使用，系统级打印格式可供所有人使用。打印设计同时拥有打印格式记录的新增、编辑和删除权限。一般情况下，操作员只能对自己创建的打印格式进行编辑操作，不允许对别人设计的格式进行编辑操作，但可以浏览和使用

对模块下每个功能设置权限，就形成了功能安全的基础，将这些功能权限授权给操作员，控制操作员在每个模块中的操作。在操作权限处理上可以形成类似于权限树的表现形式，采用勾选操作进行授权，可采用如图 3.32 所示的多级树状结构勾选模式。

图 3.32　操作权限多级树状结构勾选模式

在操作员管理方面，采用操作员与角色结合的模式进行，每个操作员是具体实体，而角色是虚拟实体，一个操作员可以拥有 $0 \sim n$ 个不同角色，一个角色也可以赋予 $0 \sim n$ 个不同操作员。如图 3.33 所示，每个操作员拥有本位权限，即操作员独立设定的权限，角色也拥有权限范围。一个操作员最终的操作权限是其本位权限和所拥有的所有角色权限的并集。

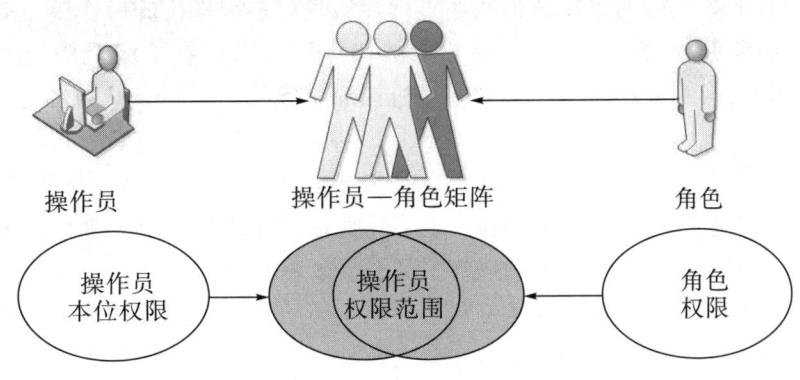

图 3.33　操作员与角色关系

3.3.3.2　数据安全

数据安全是指操作员能够操作数据的范围。操作员拥有某个模块的功能权限后并不意味着他拥有在该模块下操作所有相关数据的权利，而有一定的数据范围限制。数据安全主要根据业务需求来确定，在医保智能审核系统中主要的数据范围控制包括医保经办机构范围和管辖医院范围。如图 3.34 所示，考虑到医保经办机构的省、市、县等多级机构可能在同一套系统中运行，所以建立树状多级机构层级。

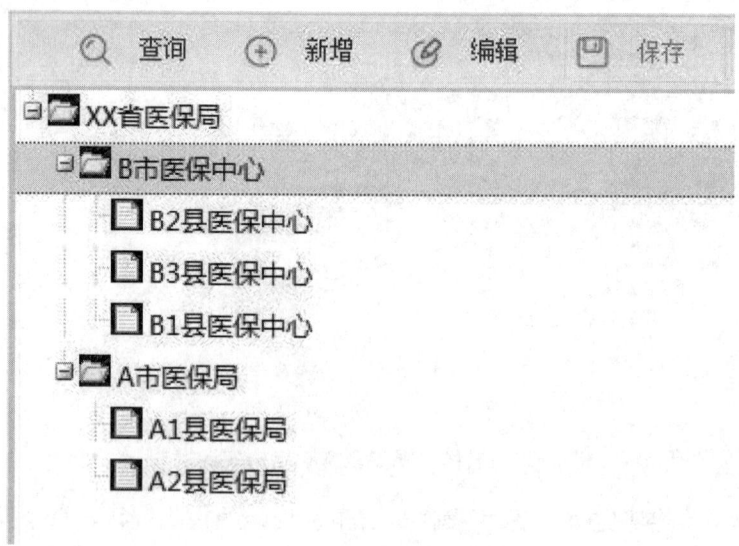

图 3.34 树状多级机构层级

将操作员和各种数据与机构层级关联，形成一种以树状层级为基础的数据安全管理。在数据上区分业务数据和公共数据。对于公共数据，本级机构及其所有下级机构的操作员都能够查询，但只有本级机构的操作员才能进行编辑。而业务数据相反，即上级机构的操作员可以查看下级机构的业务数据，下级机构的操作员不能查看上级机构的业务数据，同级机构之间一般不能相互查看。

另外，由于医保智能审核业务的特殊要求，操作员可以划分专管医院，在这种模式下，操作员只能操作自己专管医院范围内的数据，超出范围的医院数据不能操作。所以需要为操作员单独设置专管医院。

一个操作员能够查看的数据包括所有上级机构、本级机构和下级机构的公共数据，不包括其他同级机构和分支机构的公共数据；能够查看本级机构和下级机构的业务数据，不能查看上级机构和其他同级机构的业务数据。无论是公共数据还是业务数据，只有本级机构的操作员才能对数据进行编辑，其他只能浏览。

3.3.3.3 操作审计

操作审计是对操作员模块功能操作及数据操作的记录。如图 3.35 所示，记录内容主要是操作员什么时间，从哪台设备进入某个模块，对哪些数据进行了哪个功能操作。这种记录包括两个方式：一是针对功能操作的记录，一般采用流水账的方式记录；二是针对数据操作，由于每一次操作影响的数据记录数量不可控，导致记录量非常大且没有实质性意义，所以我们在该操作影响的数据记录上进行批量处理，用特定字段来记录最后一次操作情况，不再单独用其他表格存储所有数据操作信息。如图 3.36 所示，在操作记录中反映了最后修改情况。

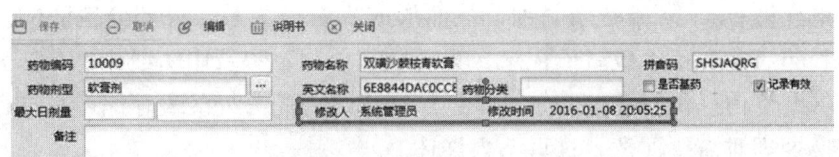

图 3.35　操作员操作日志记录

图 3.36　操作记录内容

针对部分特殊情况的记录，如针对知识库内容的修改记录，在条件允许的情况下，用单独表格记录变化情况及内容，这需要单独处理，这里不再详述。

3.3.4　数据接口需求分析

医保智能审核系统的数据来源主要是医保结算数据和医保基础数据，数据输出主要是经过人工审核确定的违规数据。医保结算数据包括普通门诊结算单、药店购药结算单、门诊慢病结算单和住院结算单。由于普通门诊结算单和药店购药结算单大多不涉及医保统筹基金支出，所以重点考虑门诊慢病结算单和住院结算单。违规数据主要是针对上述结算单及其明细的违规信息及扣款数据。医院端主要针对待结算数据进行审核处理，所以数据接口处理相对更简单。

3.3.4.1　医保业务系统的数据结构

医保业务系统针对门诊和住院结算单进行数据结构设计时，主要从结算角度考虑，所以在结构上将门诊、住院部和药店的结算单设计在同一套表格中，其数据结构关系如图 3.37 所示。

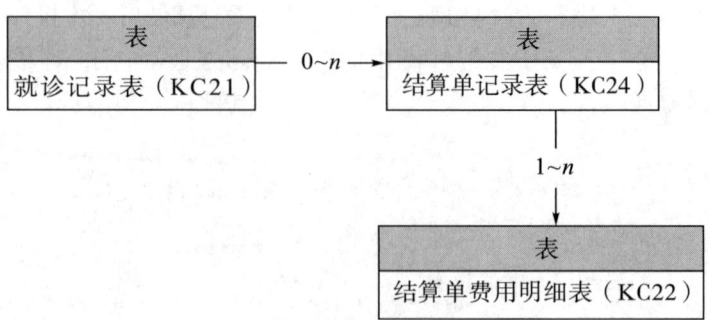

图 3.37　医保结算数据结构关系

一次就诊对应一条就诊记录，一条就诊记录允许 1~n 张结算单，每张结算单允许有 1~n 条费用明细，从而形成一对多关系。大部分地区的普通门诊和药店购药不生成就诊记录，只有结算单记录和费用明细。也有部分地区医保结算信息没有存储在结算单记录表中，而用另外的表存储，在进行数据转换处理时需要注意，这里不再详述。

3.3.4.2　住院和门诊慢病结算单数据结构

医保智能审核系统为便于审核的运算，尤其是借助数据库技术对结算单及其明细数据进行批量处理时，不建议直接使用医保的数据结构，因为其中部分数据，尤其是诊断数据的组织结构非常不利于数据库存储过程的编制处理。如果采用服务器程序代码或在数据库中逐条处理的方式则影响不大，但是逐条处理较批量处理在性能上差很多，所以在进行医保智能审核前要对结算单结构进行调整。门诊慢病结算单数据结构关系如图 3.38 所示。

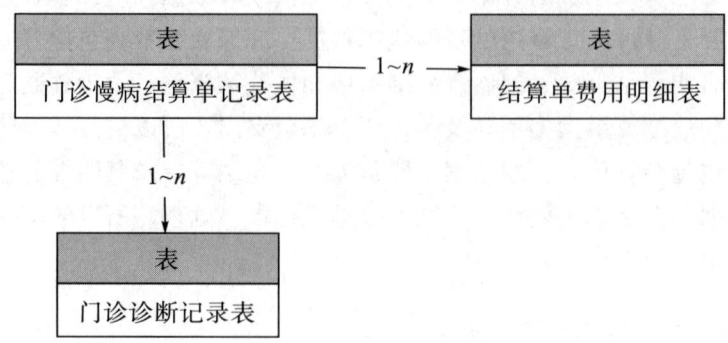

图 3.38　门诊慢病结算单数据结构关系

门诊慢病结算单记录表中记录就诊记录及结算单数据，对应医保 KC21

和 KC24；在结算单费用明细表中记录费用明细，对应医保 KC22，将 KC21 中的诊断信息逐条抽取到门诊诊断记录表中。

与门诊慢病结算单记录表不同，住院结算首先是生成住院登记记录，且住院诊断与住院登记相关而不与结算单相关，其他内容与门诊慢病相似，所以我们将住院结算单调整成如图 3.39 所示的数据结构关系。

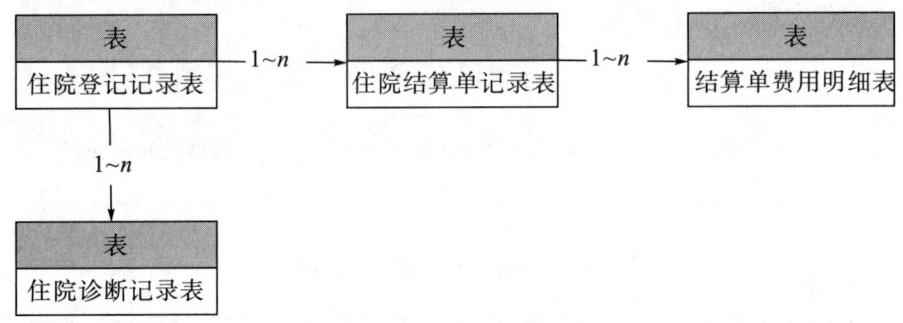

图 3.39　住院结算单数结构关系

数据结构的调整与审核算法密切相关，不是一成不变的，只要数据内容不丢失、有利于算法编制和运行效率，其结构可以有不同的组织方式。

3.3.4.3　数据来源和输出接口方式

医保智能审核系统的数据来自医保业务系统，输出结果也会传递给医保清算系统，所以在数据获取与输出时，根据不同的安全要求可以采用不同的方式，主要有数据库方式、WebService 方式和动态库方式。

数据库方式需要建立中间交换数据库（简称中间库），如图 3.40 所示，医保业务系统将需要审核的数据定时复制到中间库相同表格中，由医保智能审核系统定时抽取进行处理，处理完成后将输出结果复制到中间库中，由医保清算系统提取。这种模式的最大优势是安全性好、接口改动量少、运行速度快、效率高。由于医保智能审核系统往往也运行在医保业务内网中，所以在中心端建议采用这种处理方式。

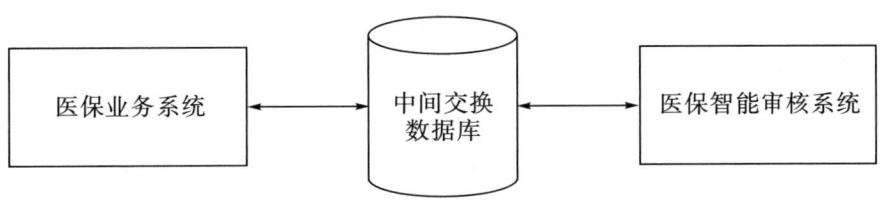

图 3.40　中间库数据交换模式

WebService 方式一般在医院端采用，如图 3.41 所示，由医保智能审核系统提供统一的 WebService 服务，医院信息系统在进行费用录入和医嘱录入时，对费用数据或医嘱数据按照服务接口要求调用医保智能审核服务，开展事中审核及预警。这种方式下，所有医院端界面都由医院信息系统负责完成。其优点是针对单个结算单处理比较简单、快捷，缺点是医院信息系统的改动量较大。

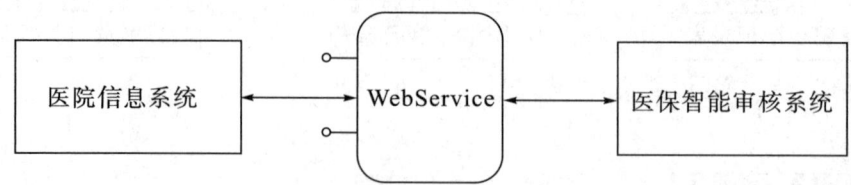

图 3.41 WebService 数据交换模式

动态库方式主要用于医院端，是 WebService 方式的一种变化，在动态库中封装了 WebService 和部分客户端界面。其优点是接口简单，医院信息系统的改动量少，缺点是只适合于 Windows 下的富客户端程序。

3.3.5 机审功能需求分析

机审业务是由系统自动开展进行的，医保业务系统的数据通过接口导入系统中，需要进行一系列处理和转换，完成后机审动作自动开始，机审结果放入数据库中供下一步人审核对。对机审的控制主要有以下几个方面的内容。

3.3.5.1 机审流程

由于机审是系统自动进行的，所以我们常常把数据导入与机审同时处理。如图 3.42 所示，当数据导入时，需要对数据进行质量检查，剔除不符合要求的数据，然后对数据内容和格式进行转换，剔除无法转换的数据，最后以医保智能审核系统的数据结构存储到数据库中，再调用机审功能进行审核处理，最终形成审核结果并保存数据库。

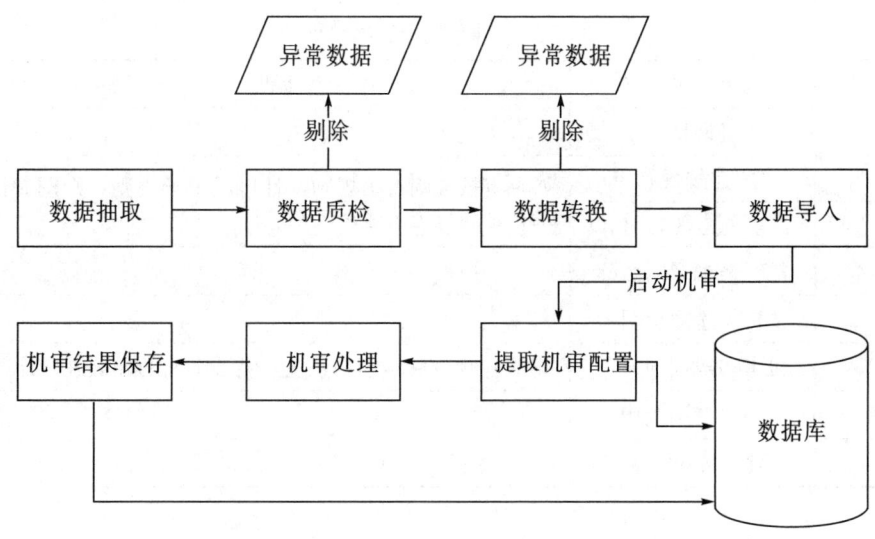

图 3.42　机审流程示意图

3.3.5.2　机审规则范围配置

为提高算法编制效率和规则运算效率，我们一般采用按照规则分类方式编制机审算法，绝对不能按照每个医保项目编制。另外需要注意的是，在硬件条件不太理想的情况下，尽量按批量审核方式处理，不要逐条处理。虽然逐条处理的算法比较容易理解和编制，但处理性能较差；如果硬件条件较好，则采用多线程＋内存对象＋逐条处理也是可以的。

由于审核规则的多样性，不同地区可能存在不同医院采用规则范围不同、参数不同的情况，所以需要对部分医院单独配置一些规则和参数。机审处理时可以采用按医院逐个处理的方式进行，在机审处理开始前需要读取这些医院的配置和参数，然后进行机审处理。

3.3.5.3　机审结果处理

同一张结算单、同一条费用明细在不同的审核规则下可能有不同的审核结果。在机审过程中我们会面临一种情况，即同一条费用明细同时违反了多个审核规则，这就会出现一个问题：最终应按哪个规则进行扣款处理？在处理这种情况时，要遵循"最重最多"原则。我们为每个审核规则设定了一个权重等级，等级越高说明违规严重度越重，比如刚性规则的权重最大，非刚性规则的就要小很多，扣款金额越多的越靠前。将二者结合计算，决定最终违规规则和扣款金额。机审结果最终写入结算单或费用明细的记录中，主要包括的信息及说明见表 3.11。

表 3.11 机审结果信息及说明

序号	机审结果信息	说明
1	机审日期	
2	机审违规规则 ID	如果审核规则有子规则，且违反了子规则，则同时记录；否则只记录违规规则
3	机审子违规规则 ID	
4	机审违规规则名称	
5	机审违规说明	
6	机审违规规则权重	记录违规规则当前的权重，结合下面的金额进行计算
7	违规费用金额	
8	违规扣款金额	

3.3.6 人审功能需求分析

人审是对机审结果开展检查、核对和确认的过程。传统的人工审核由于工作量巨大，常采用抽查方式，比如，抽取 5% 的结算单进行人工审核，发现违规问题后按照 20 倍（100% 除以 5%）进行扣款。这样虽然减少了工作量，起到了违规处罚的作用，但难免有误检和漏检。另外，传统的人工审核还面临审核标准不统一、审核人员个人专业知识依赖重等问题。采用医保智能审核系统后，所有结算单通过统一标准进行审核，彻底解决传统人工审核面临的一系列问题，通过人机结合方式，由机审完成全面基础的审核工作，由人审对机审结果进行核对，并针对重点项目、重点人群、重点医疗机构、重点疾病的结算单进行重点检查，减少了传统人工审核的工作量，提升了工作效率。

人机结合改变了传统人工审核的一些思路和流程，审核人员的工作主要是针对机审结果进行检查和核对，这就存在一个新的概念，即"是否认同机审结果"。对机审结果认同就通过，不认同则进行修订，修订方式包括撤销机审结果和修改机审结果。修改机审结果包括不认可机审判断的违规规则，进行违规规则调整；认可机审判断的违规规则，但违规扣款金额需要进行调整等。

3.3.6.1 人审入口

由于人工审核的处理变成以针对机审结果开展核查、判断、调整为主的工作，因此在进行功能设计时，需要充分考虑从不同角度切入机审结果和结算单中，便捷、快速地进行处理，而不再是传统的逐单处理模式。我们在处理人审入口时考虑了多种情况和角度进行切入，最终通过一层一层钻取到费用明细的逐条处理，如图 3.43 所示，可以有多个人审入口。

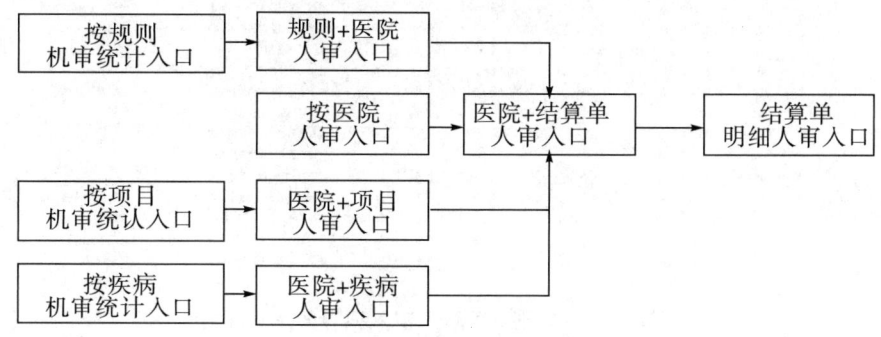

图 3.43　人审入口示意图

以“按规则机审统计入口”为例，审核人员看到的机审总体情况如图 3.44 所示。

	规则编号	规则名称	规则类型	违规结算单		违规费用明细		违规费用金额		备注
				数量	数量%	笔数	笔数%	金额	金额%	
1	052	住院项目使用疾病范围审核	疑似	701	22.42	1132	0.43	529,120.56	2.98	
2	032	住院项目限定频次审核-1	违规	1111	35.53	1537	0.59	89,928.03	0.51	
3	016	住院项目限定险种使用审核	违规	191	6.11	236	0.09	33,154.70	0.19	
4	043	门诊重复用药审核	疑似	84	0.45	170	0.19	25,151.39	0.47	
5	022	住院项目限定医院级别使用...	违规	27	0.86	75	0.03	5,439.37	0.03	
6	018	住院项目限定儿童使用审核	违规	23	0.74	23	0.01	1,899.54	0.01	
7	026	住院项目限定性别使用审核	违规	9	0.29	9	0.00	729.00	0.00	
8	027	门特项目限定性别使用审核	违规	1	0.01	1	0.00	58.32	0.00	
9	009	门特药品一致性审核	违规							

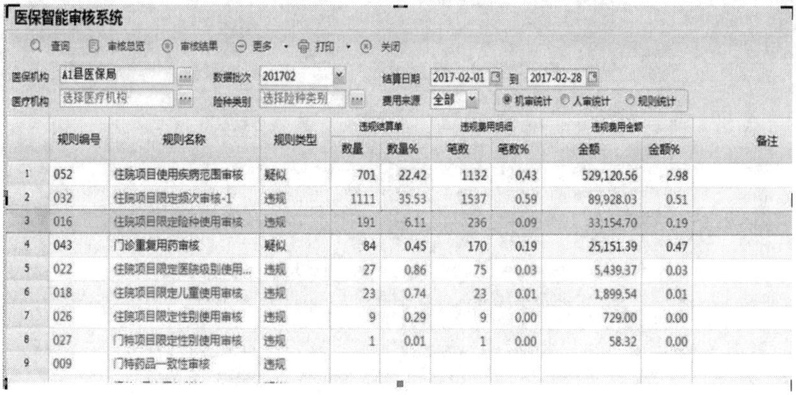

图 3.44　机审总体情况示意图

点击某个规则后钻取到规则+医院人审入口界面，如图 3.45 所示。

	医保机构		医疗机构		费用...	规则信息			
	编码	名称	编码	名称		编号	名称	结算单数	数量%
1	3301	A1县医保局	0101	3300012演示医院	住院	016	住院项目限定险种使用审核	58	10.92
2	3301	A1县医保局	0201	3300013演示医院	住院	016	住院项目限定险种使用审核	39	4.85
3	3301	A1县医保局	0102	3300014演示医院	住院	016	住院项目限定险种使用审核	7	2.51
4	3301	A1县医保局	0501	3300015演示医院	住院	016	住院项目限定险种使用审核	32	12.60
5	3301	A1县医保局	0202	3300024演示医院	住院	016	住院项目限定险种使用审核	2	4.44
6	3301	A1县医保局	0204	3300027演示医院	住院	016	住院项目限定险种使用审核	2	5.00
7	3301	A1县医保局	0604	3300048演示医院	住院	016	住院项目限定险种使用审核	5	3.31
8	3301	A1县医保局	0322	3300079演示医院	住院	016	住院项目限定险种使用审核	9	31.03
9	3301	A1县医保局	0606	3300096演示医院	住院	016	住院项目限定险种使用审核	8	12.70
10	3301	A1县医保局	0324	3300107演示医院	住院	016	住院项目限定险种使用审核	1	2.38
11	3301	A1县医保局	0325	3300131演示医院	住院	016	住院项目限定险种使用审核	25	71.43
12	3301	A1县医保局	0327	3300144演示医院	住院	016	住院项目限定险种使用审核	1	3.03
13	3301	A1县医保局	0345	3300215演示医院	住院	016	住院项目限定险种使用审核	1	5.00
14	3301	A1县医保局	0252	3300217演示医院	住院	016	住院项目限定险种使用审核	1	25.00

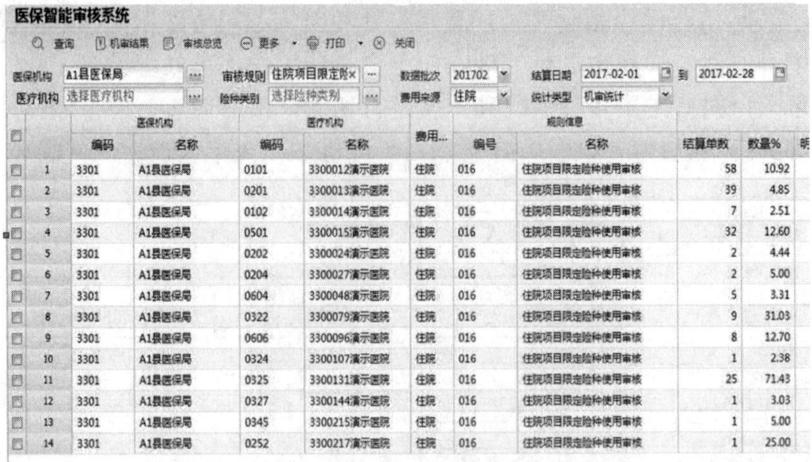

图 3.45　规则＋医院人审入口界面示意图

再针对某个医院钻取，可以看到具体的结算单及明细，如图 3.46 所示。

	医疗机构			险种类别	参保人信息						
	编号	名称	等级		人员类别	姓名	性别	身份证号	年龄	费用发生日期	入院诊断
1	0102	3300014演示医院	一级甲等	城职医保	退休人员	**元	男	**************6011	74	2017-02-24	
2	0102	3300014演示医院	一级甲等	城职医保	退休人员	**辉	男	**************0733	83	2017-02-15	肺癌术后
3	0102	3300014演示医院	一级甲等	城职医保	在职人员	**贞	女	**************0542	29	2017-02-20	妊娠伴瘢痕子宫
4	0102	3300014演示医院	一级甲等	城职医保	在职人员	**秀	女	**************5169	30	2017-02-14	稽留流产
5	0102	3300014演示医院	一级甲等	城职医保	在职人员	**超	男	**************8190	44	2017-02-15	脑梗死
6	0102	3300014演示医院	一级甲等	城职医保	在职人员	**丽	女	**************1621	29	2017-02-05	羊水过少
7	0102	3300014演示医院	一级甲等	城职医保	在职人员	**雪	女	**************6027	34	2017-02-14	人工流产

	结算单信息		费用项目信息					用法用量	机审信息	
	费用金额	扣减金额	医保项目编码	医保项目名称	单价	数量	金额	用法说明	规则名称	机审说明
1	191.73	172.56	11206032206...	依达拉奉	27.3900	7	191.73		住院项目限定险种...	限二级以上医院和工伤保险

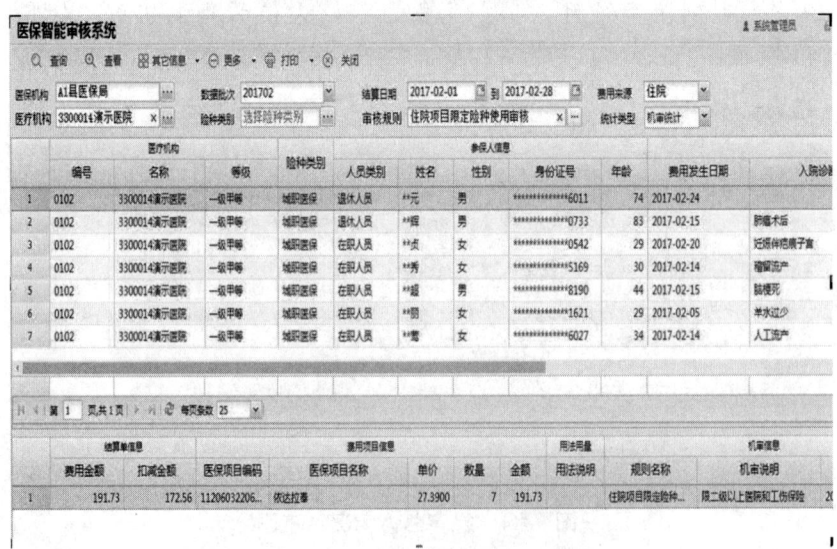

图 3.46　结算单及明细示意图

最终进入结算单费用明细审核界面进行处理，如图 3.47 所示。

图 3.47 结算单费用明细审核界面示意图

3.3.6.2 人审流程

人审流程一般包括初审、复审和终审三个阶段，如图 3.48 所示，不同地区可能有所不同，有 2 个或更少流程，或 3 个以上更多流程的情况。审核通过后可以通过回退方式将审核状态恢复到上一个阶段，并撤销当前阶段的审核结果。

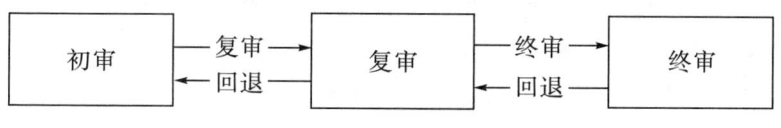

图 3.48 人审流程

每个审核操作和回退操作应该是能够批量操作的，可以针对一个或多个医疗机构、全部医疗机构进行批量操作，如图 3.49 所示。人审流程可以采用流程引擎进行管理，这里不再详述。

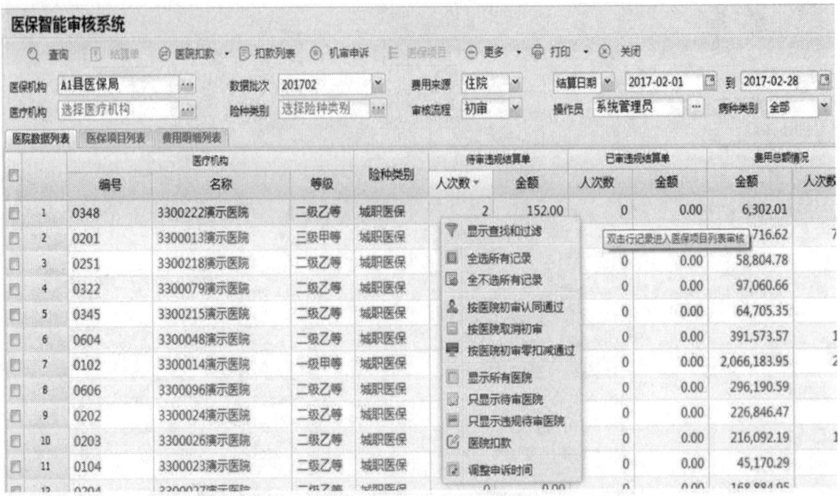

图 3.49　人审操作示意图

3.3.6.3　人审工作内容及处理

人审工作由于与机审的结合，审核内容有一定变化，对机审结果的确认成为主要内容，所以人审主要工作内容变为核查机审结果是否符合预先定义的规则要求，如果认可机审结果就认同通过，如果不认可机审结果就进行零扣减通过。无论是认同通过还是零扣减通过，都可以使人审进入下一个流程。对机审结果，尤其是扣款结果需要进行人工调整时，就应进入结算单明细，对需要处理的结算单明细项目单独调整，包括调整违规扣款的规则、扣款金额、扣款说明等内容。人审结果最终写入结算单或费用明细的记录中，包括的信息及说明见表 3.12。

表 3.12　人审结果信息及说明

序号	人审结果信息	说明
1	人审日期	
2	人审操作员	
3	人审流程阶段	初审、复审、终审等
4	人审状态	正常、作废（回退后，前审核结果作废）
5	机审结果处理	认同通过、零扣减通过、手工处理
6	人审违规规则 ID	如果审核规则有子规则，且违反了子规则，则同时记录；否则只记录违规规则。如果与机审相同则复制过来
7	人审子违规规则 ID	

续表

序号	人审结果信息	说明
8	人审违规规则名称	
9	人审违规说明	
10	违规费用金额	
11	违规扣款金额	

在结算单和费用明细上记录的是最后一个阶段的状态和结果，而中间审核过程及其结果应该用流水表进行记录。在批量操作时也应记录每一条结算单及费用明细在不同审核流程中的处理及结果，以便今后业务回溯和查询。

3.3.7 申诉功能需求分析

申诉是医院对医保智能审核系统的审核结果进行解释的功能。医保智能审核认为不合规的费用项目，医院可以通过申诉功能进行解释并提交相关证明材料，说明其费用项目使用的必要性，经医保审核人员再次检查和确认后，可以对不合规费用撤销扣款。

3.3.7.1 申诉流程

一般情况下提供给医院进行申诉的费用项目都是通过人审确认不合规的，原则上机审结果在人审未确认前，不交付给医院进行申诉。医院申诉结果返回中心端后，允许审核人员与医院端多次交互、确认申诉是否有效，或补充更多的证明材料，如图3.50所示。审核人员根据申诉内容最终决定不合规费用是否撤销扣款并提交下一个审核流程。

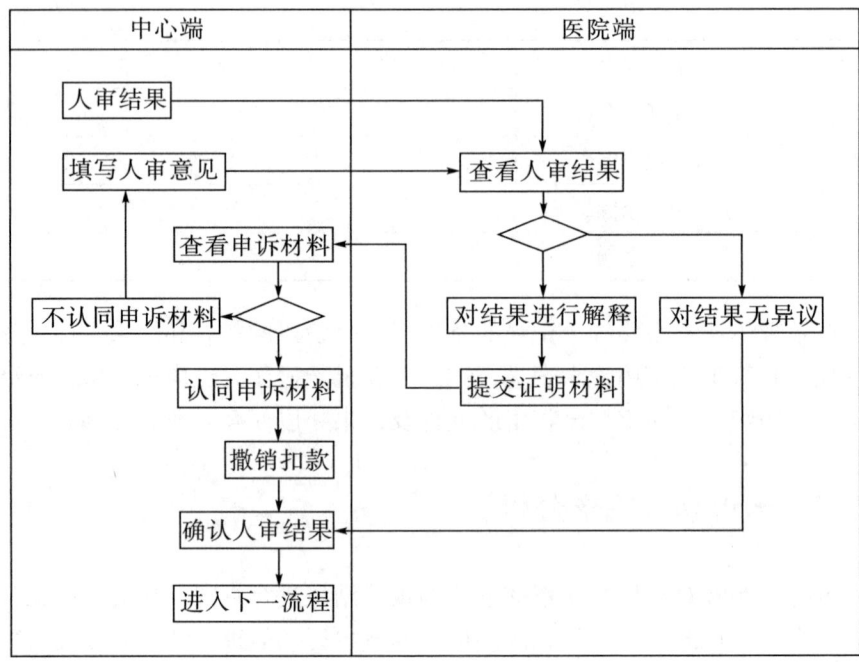

图 3.50 申诉流程

3.3.7.2 申诉数据及内容

医疗机构对人审结果按照结算单和费用明细分别进行申诉，申诉内容包括申诉单位、申诉人、申诉时间、申诉的解释及相关附件等，中心端对申诉内容进行确认，包括是否认同、人审意见、确认时间、确认人员等内容。申诉内容和人审意见等放入结算单和费用明细中共同存储，包括的主要信息及说明见表 3.13。

表 3.13 申诉信息及说明

序号	申诉信息	说明
1	申诉日期	
2	申诉科室	
3	申诉人	
4	申诉内容	以文字形式描述费用使用的必要性、迫切性等
5	申诉附件	二进制文件，允许多个
6	申诉确认日期	
7	申诉内容确认状态	认可、不认可

续表

序号	申诉信息	说明
8	申诉确认操作员	
9	申诉确认意见	
10	申诉确认违规费用金额	最终确认的违规费用金额
11	申诉确认违规扣款金额	最终确认的违规扣款金额

3.4 数据需求分析

医保智能审核系统所需数据包括医保业务系统的数据、知识库的数据、审核结果及医院申诉数据等,为确保系统完整、安全运行,还涉及系统安全方面的数据。这些数据在结构、组织和管理方面各有特点。

3.4.1 医保数据结构分析

医保数据是医保智能审核系统的主要数据来源,与医保费用相关的数据包括门诊结算记录和住院结算记录,其数据关系如图 3.51 所示,在医保业务系统中,这些记录都存储在就诊记录表(KC21)、结算单记录表(KC24)和费用明细表(KC22)中,其核心字段及说明见表 3.14。

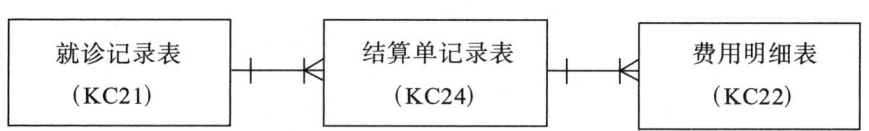

图 3.51 医保结算数据表关系

表 3.14 医保结算记录核心字段及说明

表名	字段名	字段说明	数据类型	备注
就诊记录表(KC21)	AAA027	统筹区编码	VARCHAR2	一般为联合 PK 的主要组成部分,也有用独立 ID 字段做 PK 的情况
	AKB020	医疗服务机构编号	VARCHAR2	
	AKC190	住院号(门诊号)	VARCHAR2	
	AAC001	参保人编码	NUMBER	
	AKC021	医疗人员类别	VARCHAR2	如退休、在职等

续表

表名	字段名	字段说明	数据类型	备注
	AKA101	医院等级	VARCHAR2	如三级医院、二级医院等
	BKC192	入院日期	DATE	
	BKC194	出院日期	DATE	
	AAE139	异地标志	VARCHAR2	是否异地就医结算
	AKA042	住院类型	VARCHAR2	如普通入院、急诊入院等
	AKA130	医疗类别	VARCHAR2	如普通门诊、门诊慢病、住院等
	AKC193	入院诊断疾病编码	VARCHAR2	不同地区提供的诊断字段数量不同
	AKC196	出院诊断疾病编码	VARCHAR2	
	AKC188	次要疾病诊断编码1	VARCHAR2	
	AKC189	次要疾病诊断编码2	VARCHAR2	
结算单记录表（KC24）	AAA027	统筹区编码	VARCHAR2	一般为联合PK的主要组成部分，也有用独立ID字段做PK的情况
	AKB020	医疗服务机构编号	VARCHAR2	
	AKC190	住院号（门诊号）	VARCHAR2	
	AAE072	单据号	VARCHAR2	
	AKE010	结算日期	DATE	
	AAE140	险种类型	VARCHAR2	如城镇职工、城乡居民等
	AKA030	结算类别	VARCHAR2	
	AKC264	医疗费总额	NUMBER	
	AKE051	自费金额	NUMBER	

续表

表名	字段名	字段说明	数据类型	备注
	AKE047	西药费	NUMBER	反映费用构成情况，各个地方的字段数量和内容可能不同，合计应与医疗总费用一致
	AKE049	中草药费用	NUMBER	
	AKE050	中成药费	NUMBER	
	AKE037	化验费	NUMBER	
	AKE033	放射费	NUMBER	
	AKE016	输氧费	NUMBER	
	AKE045	手术费	NUMBER	
	AKE046	输血费	NUMBER	
	AKE040	检查费	NUMBER	
	AKE030	材料费	NUMBER	
	AKE044	其他费用	NUMBER	
	AKE026	企业补充医疗基金支出	NUMBER	反映费用支付构成情况，各个地方的字段数量和内容可能不同，合计应与医疗总费用一致
	AKE029	大额救助医疗基金支出	NUMBER	
	AKE038	基本医疗个人账户支出	NUMBER	
	AKB067	个人现金支付金额合计	NUMBER	
	AKE039	基本医疗基金支出	NUMBER	
	AKE042	公务员补助基金支出	NUMBER	
	AKE043	离休专项医疗基金	NUMBER	
费用明细表（KC22）	AAA027	统筹区编码	VARCHAR2	一般为联合 PK 的主要组成部分，也有用独立 ID 字段做 PK 的情况，明细 ID 的字段名各地区可能不同
	AKB020	医疗服务机构编号	VARCHAR2	
	AKC190	住院号（门诊号）	VARCHAR2	
	AAE072	单据号	VARCHAR2	
	AAZ213	人员医疗费用明细 ID	NUMBER	
	AKE001	社保三大目录编码	VARCHAR2	
	AKE002	社保三大目录名称	VARCHAR2	
	AKE006	医院收费项目名称	VARCHAR2	
	AKE003	收费项目种类	VARCHAR2	药品、诊疗项目、服务设施
	AKA065	收费类别	VARCHAR2	甲类、乙类和自费
	AKC225	单价	NUMBER	一般应保留 4 位小数

续表

表名	字段名	字段说明	数据类型	备注
	AKC226	数量	NUMBER	
	AAE019	金额	NUMBER	等于单价乘以数量，一般保留2位小数
	AKA069	自付比例	NUMBER	
	AKC228	自付金额	NUMBER	
	AKA070	剂型	VARCHAR2	药品剂型
	AKA074	规格	VARCHAR2	药品和材料的规格说明
	AKE007	费用发生日期	NUMBER	

从表3.14可以看出，医保业务系统为便于管理结算数据，把在定点医疗机构的门诊和住院结算数据及药店购药的结算数据均存储在相同的表中，通过就诊记录表（KC21）中的医疗类别（AKA130）字段进行区分，且在该表中存储了本次就诊的诊断数据。从结算数据管理的角度来看，这样设计没有问题，但从智能审核角度分析，这样的数据结构设计对算法程序的编制可能存在一定限制。

如果审核算法采用高级程序语言编写，如采用Java编制审核算法，则需要先从数据库中将数据载入内存，然后对结算数据进行逐条审核，对诊断数据的提取也采用循环方式逐条读取，然后逐条审核每一张结算单及每一条费用明细数据。采用Java编制审核算法是目前比较流行的一种做法，一方面，Java是程序员比较熟悉的开发语言；另一方面，采用Java编制的审核算法容易理解和改进。但缺点是需要把数据载入服务器内存中进行逐条处理，采用多重循环运算消耗的时间较长，这种情况下也可以采用多线程方式发挥服务器的性能。在采用Java编制审核算法的模式下，对数据结构的要求不大，现有医保业务系统的数据库结构能够基本满足需要。

由于审核算法中存在大量的集合运算，而关系数据库的集合运算能力非常强，所以也可以用SQL编制审核算法。这种模式的优点是运算性能较好，数据原本就在数据库中，利用数据库SQL直接读取和运算，可以批量处理数据，在相同数据量采用相同设备的情况下，采用SQL编制审核算法的运算速度要高于Java程序。但其缺陷也比较明显：一是用SQL编制的算法程序不如Java易懂，需要对SQL和算法原理有深入理解；二是对数据库表结构有较强的要求，比如前述医保业务系统的数据结构采用SQL来编制算法就存在非常大的难度，尤其是诊断数据需要进行列转行的变换；三是 SQL 编制的算法性能受表索引影响非常大，不合理的表结构加上不合理的表索引，会导致 SQL 编制的算法性能很低，所以一般情况下不建议采用 SQL 编制算法。

3.4.2 知识库数据结构分析

知识库包括医学知识库和医保知识库，其中医学知识库还分为临床医学知识库和临床药学知识库。按照规则类知识库特点，其内容主要采用结构化数据，将规则维护在不同数据记录中，涉及的主要数据见表 3.15。出于对知识库的维护工作量、使用者容易理解和算法编制便捷等因素考虑，不建议建立和维护每一条规则细则，而是通过知识库中数据的内涵和相互关系来体现规则。

表 3.15 知识库设计的主要数据表

序号	归类	数据表	说明
1	公共字典类	公共字典分类表	包括性别、区域等公共字典
2		公共字典表	
3		疾病编码（ICD-10）字典	
4		医院等级字典	
5		医院类型字典	如综合、专科等
6		医院等级类型字典	如省级、市级、县级等
7		…	
8	注册类	医疗机构注册表	
9		医务人员注册表	
10		医务人员处方权注册表	
11		医生多点执业注册表	
12		医疗科室注册表	
13		医疗设备注册表	
14		医院收费项目注册表	含医院收费项目与医保项目对码表
15		参保人基础数据表	
16		参保人门特登记表	
17		…	

续表

序号	归类	数据表	说明
18	临床医学知识库	医疗服务项目分类字典	
19		医疗服务项目字典	
20		医疗服务项目分组字典表	常见医疗服务项目分组，如血常规、肝功能等
21		医疗服务项目临床病症关系表	建立医疗服务项目与临床病症的关联
22		医用材料分类字典	
23		医用材料字典	
24		医疗材料临床病症关系表	建立医用材料与临床病症的关联
25		临床病症字典	含临床病症与ICD-10关系表
26		医疗设备分类字典	
27		医疗设备字典	
28		医疗设备与医疗服务关联表	建立医疗设备与医疗服务项目的关联
29		临床路径字典表	含医疗服务项目、用药、诊断疾病等关系表
30		...	
31	临床药学知识库	药物剂型字典	
32		处方权等级字典	
33		药物分类字典	
34		药品通用名字典	药品的通用名+剂型
35		药品分类与通用名关系表	建立药品通用名与药物分类字典的关联
36		药品处方权等级限制表	
37		药物相互作用表	
38		药物禁忌证表	
39		药物适应证表	
40		药品表	同一个药品（通用名+剂型）在不同厂家的产品
41		药品说明书表	
42		...	

续表

序号	归类	数据表	说明
43	医保知识库	医保险种字典	如城职、城乡等
44		医保人员类别字典	如在职、退休、儿童
45		医保就医方式字典	如门诊、住院
46		医保就医地点字典	如本地、异地
47		医保项目目录表	
48		医保项目分组表	含医保项目分组关系表
49		医保项目医院等级限价表	
50		医保项目限制使用表	分别对险种、临床病症、医院等级、医院类型、医院等级类型等进行限制，互不干扰
51		医保项目关系表	医保项目相互之间的关系，如限抢救类
52		门诊特殊疾病字典	含门诊特殊疾病与ICD-10关系表
53		门特病医保项目范围表	
54		…	
55	规则管理类	审核规则分类表	
56		审核规则子类表	审核规则分类下的子分类
57		审核规则除外项目表	
58		审核规则除外医院表	
59		机构审核规则表	不同医保机构采用的审核规则分类
60		…	

以药品适应证为例，相关结构化数据的构成如图 3.52 所示。

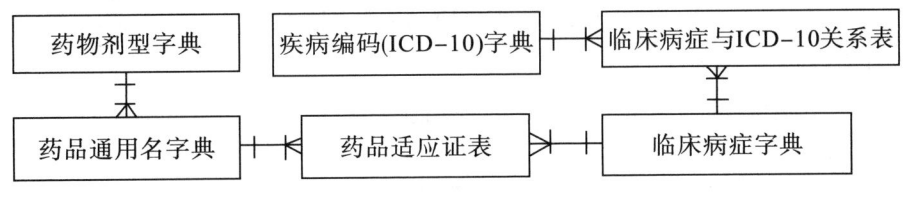

图 3.52 药品适应证数据表关系

涉及的关键数据项见表 3.16。

表 3.16 药品适应证关键数据项及说明

药物剂型字典			
序号	数据项	类型	说明
1	药品剂型编号	VARCHAR2	
2	药物剂型名称	VARCHAR2	
3	用药途径	VARCHAR2	如口服、注射、吸入、外用等
4	药物作用范围	VARCHAR2	如全身、局部等
疾病编码（ICD-10）字典			
序号	数据项	类型	说明
5	ICD 编码 ID	NUMBER	主键
6	ICD 编码	VARCHAR2	
7	ICD 名称	VARCHAR2	
8	ICD 英文	VARCHAR2	
9	拼音码	VARCHAR2	
10	ICD 版本号	VARCHAR2	
临床病症字典			
序号	数据项	类型	说明
11	临床病症 ID	NUMBER	主键
12	临床病症类别	VARCHAR2	如禁忌证、适应证、过敏、生理状态等
13	临床病症编号	VARCHAR2	
14	临床病症名称	VARCHAR2	
15	拼音码	VARCHAR2	
临床病症与 ICD-10 关系表			
序号	数据项	类型	说明
16	临床病症 ID	NUMBER	
17	ICD 编码 ID	NUMBER	
药品通用名字典			
序号	数据项	类型	说明
18	药品通用名 ID	NUMBER	主键
19	药物剂型 ID	NUMBER	关联药物剂型字典

续表

药品通用名字典				
序号	数据项	类型	说明
20	药品通用名编码	VARCHAR2	
21	药品通用名	VARCHAR2	
22	药品通用名英文名	VARCHAR2	
23	药物活性组分	VARCHAR2	
24	药品剂量单位	VARCHAR2	
25	是否基本药物	NUMBER	是/否
26	抗菌药分级	VARCHAR2	
27	抗菌药频次	VARCHAR2	
28	抗菌药DDD	VARCHAR2	
29	儿童忌用	NUMBER	是/否
30	老年人忌用	NUMBER	是/否
31	孕妇忌用	NUMBER	是/否
32	哺乳期忌用	NUMBER	是/否
33	妊娠安全性分级	VARCHAR2	
34	药物性状	VARCHAR2	
35	化学名	VARCHAR2	
36	分子式	VARCHAR2	
37	分子量	VARCHAR2	
38	结构式	VARCHAR2	
39	用法	VARCHAR2	文字说明
40	药物相互作用	VARCHAR2	文字说明
41	药物过量	VARCHAR2	文字说明
42	药理毒理	VARCHAR2	文字说明
43	药代动力学	VARCHAR2	文字说明
44	拼音码	VARCHAR2	
药品适应证表				
序号	数据项	类型	说明
45	药品通用名ID	NUMBER	

续表

药品适应证表				
序号	数据项	类型	说明
46	临床病症 ID	NUMBER	
47	作用结果	VARCHAR2	适应证
48	作用结果说明	VARCHAR2	

通过这些多表之间的关联，得到适应证最终的规则记录，其数据项见表 3.17。

表 3.17 药品适应证规则记录数据项及说明

序号	数据项	类型	说明
1	药品通用名 ID	NUMBER	
2	ICD 编码 ID	NUMBER	
3	药品通用名	VARCHAR2	
4	药物剂型名称	VARCHAR2	
5	ICD 编码	VARCHAR2	
6	ICD 名称	VARCHAR2	
7	ICD 版本号	VARCHAR2	
8	作用结果	VARCHAR2	适应证
9	作用结果说明	VARCHAR2	

3.4.3 审核与申诉数据结构分析

医保数据根据知识库及规则审核后，需要记录审核相关内容。审核结果提交医疗机构后可以接收医疗机构的反馈意见和申诉，这部分内容与结算单和费用明细关联，包含数据项见表 3.18。

表 3.18 审核与申诉结果数据项及说明

序号	数据项	类型	说明
1	机审违规规则 ID	NUMBER	关联审核规则分类表
2	机审违规子规则 ID	NUMBER	关联审核规则子类表

续表

序号	数据项	类型	说明
3	机审违规规则名称	VARCHAR2	
4	机审违规费用金额	NUMBER	
5	机审说明	VARCHAR2	
6	机审日期	DATE	
7	人审违规规则 ID	NUMBER	关联审核规则分类表
8	人审违规子规则 ID	NUMBER	关联审核规则子类表
9	人审违规规则名称	VARCHAR2	
10	人审违规扣款金额	NUMBER	
11	人审操作员	VARCHAR2	
12	人审日期	DATE	
13	人审说明	VARCHAR2	
14	申诉医疗机构	NUMBER	
15	申述类型	VARCHAR2	
16	申述内容	VARCHAR2	
17	申述时间	DATE	
18	申述科室	VARCHAR2	
19	申诉人姓名	VARCHAR2	
20	申述处理时间	DATE	
21	申述处理结果	VARCHAR2	
22	申述处理内容	VARCHAR2	
23	申述处理人	VARCHAR2	

3.5 性能需求分析

医保智能审核系统使用者包括医保经办机构（中心端）和医疗机构（医院端），一个地区的医保经办机构从事医保费用审核工作的人员往往不会超过 50 人，所以中心端软件同时在线用户的并发量不高，其性能瓶颈主要集中在每月或每天的医疗费用导入、转换和机审上。医院端部署在每个医院的独立服务器上,其性能取决于该医院的最大并发业务量,不同医院等级的差异较大,需要在总体分析基础上具体考虑。

3.5.1 中心端性能需求

在测算中心端性能时,需要根据城市的参保人数来估计业务数据量,再根据业务数据量测算审核数据量并确定性能。在以下需求分析中,以 300 万参保人数的城市为例进行分析,按年 15% 的住院率计算,一年有 45 万张住院结算单,平均每张住院结算单有 500 条费用明细,全年共计 2.25 亿条费用明细,每条费用明细记录按 1 KByte 计算,全年共计约 225 GByte 数据。

3.5.1.1 总体情况

中心端的性能需要根据审核数据来源方式确定,如果中心端是按日审核,则医保结算系统每日将结算数据通过接口传递给医保智能审核系统,每日有 0.123 万张(45 万张/365 日)住院结算单,约 61 万条(2.25 亿条/365 日)费用明细,总数据量约为 615 MByte(225 GByte/365 日)。

如果中心端是按结算周期审核,由于大部分统筹区按月进行结算,则医保结算系统每月将结算数据通过接口传递给医保智能审核系统,每月有 3.75 万张(45 万张/12 月)住院结算单,约 1875 万条(2.25 亿条/12 月)费用明细,总数据量约为 18.75 GByte(225 GByte/12 月)。

3.5.1.2 性能要求

中心端在接收医保结算系统的数据时,一般情况下建议采用中间数据库模式。不同的数据处理阶段对性能要求不同,我们给出能够接受的最大性能要求,参考表 3.19。

表 3.19 中心端数据处理性能要求

序号	性能要求	按日审核	按月审核
1	数据通过中间库采集到审核系统中	<3 分钟	<60 分钟
2	数据质控检查及标准化转换	<5 分钟	<100 分钟
3	按照规则进行自动机审	<8 分钟	<160 分钟
4	人工审核中对全部数据批量审核通过	<1 分钟	<20 分钟
5	审核结果指标统计	<5 分钟	<100 分钟

一般情况下，中心端没有采用实时审核模式，最多做到按日审核，大部分情况下采用按月审核。在这种情况下，人工审核安排在白天，而数据采集、数据质控及标准化转换、自动机审、指标统计等工作都安排在晚上进行，因此对中心端的性能要求不高。另外，医保智能审核系统中心端的操作用户大部分是医保审核人员，一个参保人数为300万的城市，医保审核人员一般不超过50人，所以日常业务操作并发用户数定在50~80个即可满足。

3.5.2 医院端性能需求

医院端的性能与中心端要求不同，医院端不仅要审核住院费用，还要对门诊费用进行审核。在测算医院端性能需求时，一般根据三甲医院的情况进行测算。三甲医院在医保费用审核时涉及医嘱和费用，我们按照日门诊15000人次，住院床位数3000的规模来测算，预估每日总业务18000笔，每天按照上午9:00—11:00（高峰期）的70%工作量计算，120分钟内峰值并发用户数为105笔。由于系统的设计必须满足未来3~5年业务快速增长的需要，因此，峰值并发用户数设计为200笔/分钟。根据这些指标，对医院端的性能要求见表3.20。

表3.20　医院端数据处理性能要求

	指标	数量
用户数	峰值并发用户数	200
	指标	交易量
吞吐量	费用单据主表	1.8万笔/天
	费用单据明细	18万笔/天
	日志	18万笔/天
	指标	累计存储容量（MByte）
数据容量	最大数据表的年记录数	5000万条左右
	每年总数据量	25 GByte
响应时间	在整个网络软硬件环境满足的情况下，200个用户并发系统，数据业务处理的响应时间应在3 s之内，查询时间在5 s之内	

医院端审核以门诊结算单审核为主，由于门诊结算单数据量远大于住院结算单数据量，所以医院端的数据总量要大于中心端。

第 4 章 知识库设计

知识库是医保智能审核系统的核心内容之一,知识库利用效果的好坏和性能的高低,除与知识库内容的完整性和准确性有关外,还与知识库的结构设计密切相关。一个良好的知识库结构设计,能够极大地提升知识库的维护效率和使用效率,减少对规则的维护量和算法编制量,所以知识库设计在整个系统设计中占有重要地位。

4.1 基本概念

知识是对于一个主题或一个领域在理论或实践上的理解,也是所有已知的总和。知识库(Knowledge Base)的定义是指一定业务域范围内将各种知识进行整理,形成以计算机软件技术组织和管理,能够为计算机软件识别和利用的数据集合,包括术语、模板(规则)、动作(算法)和记录(事件)等。简单来讲就是将业务领域中的知识(术语和规则)整理为计算机能够识别的形式(算法和记录),辅助业务活动开展(Michael Negnevitsky,2015)。知识库的由来可以追溯到专家系统。未来,知识库发展将成为人工智能系统的重要基础。根据知识库构建方式和内容划分,常见的几种知识库类型如下:

(1)基于文献的知识库,该类知识库更接近于日常对知识库的理解,其基本原理就是将行业中各种文献、材料进行归纳和存储,提供多种手段的查询,以及相关指标的分析和统计。

(2)基于规则的知识库,是目前行业应用最常见的知识库。基本原理就是基于文献知识库进行数据抽取和规则抽象,形成术语和业务规则,建立规则算法，针对业务活动及其产生的记录进行判断，为业务活动提供支撑。

（3）混合智能型知识库，没有特定明确分类，具备上述各种知识库的特征，取长补短，混合使用相关技术和标准。这也是知识库系统发展的一个重要趋势。

（4）其他类型的知识库，例如，用于语言识别的基于模糊理论的知识库、用于知识表达的基于框架的知识库（如维基百科等）。

医保智能审核系统的知识库属于基于规则的知识库。

4.1.1 知识库发展历程

医保智能审核系统的知识库建设的理论基础是逐步形成的，医保智能审核系统所使用的知识库发展经历了与医保智能审核系统相似的几个阶段。

4.1.1.1 初创和建设阶段

2012年，部分软件公司开始逐步搭建自己的知识库，这时的知识库均以合理用药为基础改建，都经历从临床药学知识库到临床医学知识库、医保知识库的建立和逐步完善过程。

4.1.1.2 高速发展阶段

2015年，受医保控费政策推动，知识库建设进入高速发展阶段。各软件公司对知识库的投入力度明显加大，但是由于理念的差异性，不同公司在投入的侧重点上有所不同。大多数软件公司仍然将知识库建设的重点放在临床药学知识库和临床医学知识库上，也有少数公司将医保知识库作为建设重点。从我们的观点来看，由于受医保智能审核理论基础的限制，医保知识库更利于医保对医疗费用的控制管理。

4.1.1.3 平稳阶段

2018年以后，知识库的发展逐步进入平稳阶段，主要表现在知识库作为医保控费的有效手段受诸多因素的影响，尤其是受医疗数据的真实性、准确和完整性的影响最大，加上医保欺诈及骗保行为监控成为医保工作重点，而就医行为真实性等问题运用知识库是无法解决的，再结合医保多元复合式支付方式改革，基于微观层面的医保智能审核作用将越来越低，医保控费的发展需要借助更多的有效手段，而不仅仅是借助知识库与规则库，所以可以预见，知识库的建设将进入一个平稳阶段。

4.1.2 医学知识库

医学知识库包括临床药学知识库和临床医学知识库。临床药学知识库以药物分类、药品通用名、药品为基础，实现药品的适应证、禁忌证和相互作用等相关内容，并进一步实现抗菌药管理、毒麻精放类药物的管理评价。临床医学知识库以临床诊断、疾病诊疗方案为核心建设，其中临床诊断涉及诊断依据、鉴别诊断等，疾病诊疗方案以疾病为中心建立诊断和治疗所需项目的整体方案。与临床所需医学知识库不同，医保的临床医学知识库对诊疗方案以结果为重点，而不是以过程为重点，最典型的临床疾病诊疗方案是单病种的临床路径，目前，卫生健康委员会（以下简称"卫健委"）已经颁布了1000多种疾病的临床路径可以借鉴。

4.1.2.1 药物分类、药品通用名和药品

药物是用以预防、治疗及诊断疾病的物质。从宏观角度讲，凡是能影响人体生理生化功能的化学物质都属于药物。药物的分类根据不同行业应用，划分方式有所不同，《国家基本医疗保险、工伤保险和生育保险药品目录（2019年版）》中，药物分类的划分就与《中华人民共和国药典》（以下简称《中国药典》）略有不同，同样是阿莫西林，在《中国药典》中的分类是抗微生物药物—抗生素—青霉素类，而在《国家基本医疗保险、工伤保险和生育保险药品目录（2019年版）》中的分类是全身用抗感染药—全身用抗菌药—β-内酰胺类抗菌药，青霉素类—广谱青霉素类。所以药物分类会因不同的应用场景采用不同版本的药物分类方法。《国家基本医疗保险、工伤保险和生育保险药品目录（2019年版）》将药物分为三类——西药类、中药饮片类和中成药类，其中西药类和中成药采用"准入法"，列举西药1322个（含协议谈判药43个），中成药1321个（含民族药93个，协议谈判药5个）；中药饮片部分改变既往的"排除法"，与西药和中成药统一为"准入法"，列举的中药饮片892个。一般情况下，药物分类采用树状结构进行管理，每种药物分类下有若干按照药品化学或药理属性独立的药品通用名。药品通用名指由药典委员会按照药品通用名称命名原则，组织制定并报相关管理部门备案的药品的法定名称，是同一种成分或配方组成相同的药品在中国境内的通用名称，具有强制性和约束性。药品是不同生产厂家具体的产品，每种药品有唯一的药品通用名，该药品通用名可以有若干厂家的若干产品。以阿莫西林胶囊为例列举其相互关系，如图4.1所示。

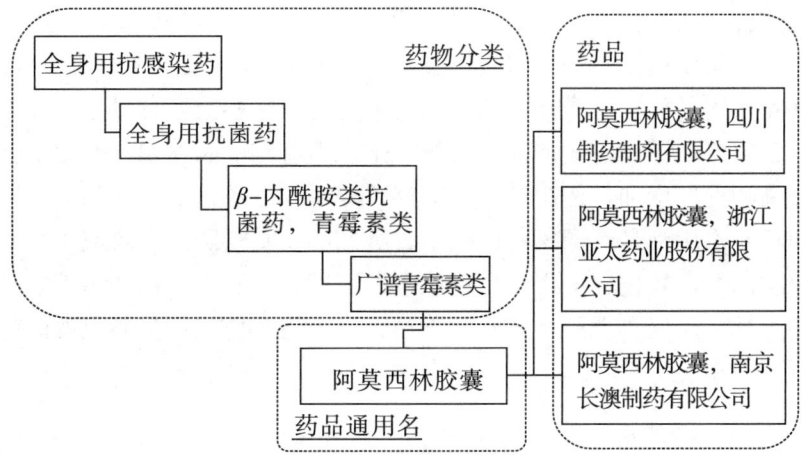

图 4.1 阿莫西林胶囊的药物分类、药品通用名与药品

药物分类与药品通用名之间是一个多对多的关系，即一个药品通用名在不同的药物分类体系中可以同时存在，即便是在同一个药物分类体系中，也有可能某个药品通用名在不同药物分类下，最典型的例子是阿司匹林片，大剂量制剂是解热镇痛药，小剂量制剂是抗血栓形成药，所以在建立药物分类与药品通用名之间的数据关系时要注意这个特点。

使用药物分类与药品通用名的目的，很大部分是减少知识库在维护上的工作量，例如，做药品相互作用的知识库维护时，一般是某个药品通用名与另外一个药品通用名的相互作用，也存在某个药品通用名与另外一个药物分类的相互作用，甚至出现某个药物分类与另外一个药物分类之间的相互作用。如果全部用药品去维护其相互作用关系，这个维护量是非常巨大的，尤其是维护与某个药物分类下所有药品的相互关系时，可能是成千上万条记录需要维护，而采用药物分类进行维护则可能只需要维护一条记录。

在维护药品通用名时，一般将通用名和药品剂型联系在一起进行管理，并且这个药品通用名可以通过药监局审批通过的药品名称进行去重后得到，这样一来，既保证了药品通用名的唯一性，也减少了药品知识库的维护量。

4.1.2.2 药品适应证、禁忌证和相互作用

药品适应证是指该药品可用于哪些疾病的治疗或症状的改善，中成药的"功能与主治"是根据中医药学理论注明药物的功能和能够治疗的病症。药品禁忌证与药品适应证相反，是指药物不适宜应用于某些疾病、生理情况或

特定的人群（如儿童、老年人、孕妇及哺乳期妇女、肝肾功能不全者等），在这些情况下使用该药物会引起不良后果，在具体给药上应予禁止或顾忌。药品相互作用是指同时或在一定时间内先后使用两种或两种以上药品后所产生的复合效应，导致药效加强或减弱，出现不应有的副作用。作用加强包括疗效提高和毒性增加，作用减弱包括疗效降低和毒性减少。药品适应证、禁忌证和相互作用都是经国家药监局审查批准的、不得随意更改或扩大的药品使用说明内容，超适应证用药、违反禁忌证用药、联合用药产生不适宜的毒副作用等都是违反合理用药原则的，在临床上属于应当尽量避免的医疗质量问题。

4.1.2.3 抗菌药管理

抗菌药管理是医疗质量管理的重要内容，为加强定点医疗机构抗菌药物临床应用管理，规范抗菌药物临床应用行为，提高抗菌药物临床应用水平，促进抗菌药物临床合理应用，控制细菌耐药，保障医疗质量和医疗安全，2012年4月24日，卫生部发布《抗菌药物临床应用管理办法》（卫生部令第84号）。该办法中，抗菌药物是指治疗细菌、支原体、衣原体、立克次体、螺旋体、真菌等病原微生物所致感染性疾病病原的药物，不包括治疗结核病、寄生虫病和各种病毒所致感染性疾病的药物以及具有抗菌作用的中药制剂。要求各定点医疗机构执行抗菌药物分级管理。该办法将抗菌药物分为三级：非限制使用级、限制使用级与特殊使用级。要求医疗机构严格控制本机构内抗菌药物供应目录的品种数量，同一通用名的抗菌药物品种，注射剂型和口服剂型各不得超过2种。具有高级专业技术职务任职资格的医师，可授予特殊使用级抗菌药物处方权；具有中级以上专业技术职务任职资格的医师，可授予限制使用级抗菌药物处方权；具有初级专业技术职务任职资格的医师，在乡、民族乡、镇、村的医疗机构独立从事一般执业活动的执业助理医师以及乡村医生，可授予非限制使用级抗菌药物处方权。特殊使用级抗菌药物不得在门诊使用。医疗机构要对各科室、医务人员的抗菌药物使用量、使用率和使用强度等情况进行监控和排名，并制定详细的监控指标。

4.1.2.4 临床诊断与疾病编码

临床诊断是医生给就诊对象检查机体状况，并对其临床表征的诱发原因、发生的生理生化机制进行分析，以此做出的医学判断。临床医生根据临床诊断制定诊疗方案，并按照诊疗方案开展临床活动。临床诊断不一定是一种疾病，有些正常生理过程也是临床诊疗服务内容，如孕妇分娩等。疾病编码是按照一定的编码规则对疾病、生理或病因进行编码，更多的是从统计分类上对临床诊断的结果进行划分，疾病编码并不代表临床诊断的全部内容。例如，临床诊断为右眼老年性白内障（Ⅴ级核），而 ICD-10 编码（GB/T 14396—2016）中的相应疾病编码为 H25.002（老年性成熟期白内障），可以看出在 ICD-10 编码中关于疾病的描述缺少了具体病灶部位（如右眼或双眼）和程度（白内障Ⅲ级核属于成熟期，Ⅳ级核与Ⅴ级核应归于过熟期）。所以在医疗信息化建设中，如果采用 ICD-10 编码替代临床诊断是不正确的，因为疾病编码只是对临床诊断的归类。

由于临床诊断使用中文描述，所以一些产品提供了将中文临床诊断转换为疾病编码的功能，这对临床医生而言是一个比较实用的功能。ICD-10 编码是需要有一定专业知识的工作，大部分医院是由病案室的编码员完成，由于有些编码员没有医学知识基础，其编码质量会有一定的偏差和缺陷，导致后续依赖于疾病编码的所有工作都会出现问题，包括医疗质量监控、医保智能审核、DRGs 付费和医疗能力评价等，所以采用软件技术解决临床诊断自动编码是一个非常不错的途径。

关于临床诊断的人工分析和判断，与病历文书的结构化处理密切相关。目前国内的电子病历系统都是半结构化的，无法做到对病历文书在编写时进行内容上的全结构化处理，所以较多情况下采取了"后结构化处理"，即在病历文书编写事后对编写内容进行结构化分析和处理。这种分析和处理必然涉及自然语言处理（Natural Language Processing，NLP），也是人工智能应用中的一个热点。众所周知，自然语言处理的核心包括两个部分：算法与术语集。做医学文本自然语言处理，不做好医学语义库建设，就像学习英语而不背英语单词。我们称其为医学语义库而不是医学术语库，是因为医学语义库的建设内容更符合中文特点。

我们认为目前国内对医学术语集的研究存在一定的误区，大多数以西医为主，所以术语大都来自英文或拉丁文。但是，无论是英文还是拉丁文，都以单词为主体构建，每个术语一定对应着一个单词组，每个单词组包含一个或多个单词，按照固定顺序共同组成一个术语。所以英文术语集的建立相对简单，采用列举法把所有单词组进行穷举就行。而中文属于组合文字，以单个汉字为基本元素通过组合而成，同一个概念可能存在多个汉字组合来表达，同时还存在一定的地域差异性，所以沿用国外术语集建立方法来构建中文术语集，其实是照猫画虎。如何建设具有中文特点的医学语义库，我们认为要做到以下几点：

第一，医学语义库的建立在于对医学语义的理解，按非医学专业的眼光看，医学语义库只需要把临床用到的各种术语进行穷举并建立列表后就可以了，也就是建立医学术语库。但事实上并不如此，穷举医学术语可能并不代表对术语所表达的医学含义进行了理解。医学术语是建立在对医学概念理解的基础上，每个概念可以有 1~n 个术语，每个术语包含 1~n 个关键词，关键词分为包含关键词和排除关键词，每个关键词又分为显性含义和隐性含义，其逻辑关系如图4.2所示。

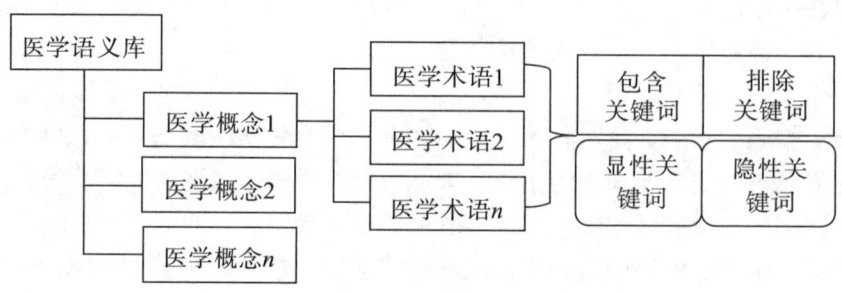

图4.2 医学语义、概念、术语的逻辑关系

举个简单例子，临床诊断——急性阑尾炎，其概念包含以下意思：首先，是阑尾炎症，包括解剖部位和病理病变类型；其次，是急性的；最后，包含一个隐性含义，即该阑尾炎是单纯性化脓性的，但没有发生穿孔，更没有腹膜炎、感染性休克等并发症。这个概念转化为医学术语包括急性阑尾炎、阑尾炎急性发作、急性单纯性阑尾炎、急性化脓性阑尾炎等，并与慢性阑尾炎、急性穿孔性阑尾炎等有明确差异。相同概念下多个术语可以包含相同或相近的关键词，且关键词必须区分包含关键词和排除关键词，而排除关键词往往又是隐性关键词，比如，急性阑尾炎必须包含的排除关键词有穿孔、感染性休克、腹膜炎等。

第二，需要在医学语义库的基础上建立不同应用领域的知识体系，如常见的ICD编码知识体系和临床诊断知识体系。目前国内一些医学人工智能团队在研究临床诊断对ICD编码的转换，往往直接采用临床诊断术语与疾病名称术语进行匹配的方式进行处理，这样的处理方式在部分场景下是有效的，但是会存在一些错误和困难。因为临床诊断和ICD编码是两套不同的知识体系，要做好转码工作，不能简单采用匹配等方式。要彻底解决就必须从本质上下手，首先要意识到ICD编码和临床诊断是两个不同的概念，不能采用匹配等算法直接处理；其次需要根据ICD编码原则建立知识体系，即建立基于语义的组织规则；最后要建立ICD疾病概念与临床诊断概念之间的逻辑关系和规则，从医学概念上建立二者的关联关系，而不是单纯地从文字上去建立。

有必要这么复杂地进行处理吗？我们认为是绝对有必要的。医学需要大量的专业基础知识来构建医学概念和知识体系，医学与其他行业有着不同的思维方式，而软件专业人员很容易用非医学的思维方式考虑和理解医学的内容，再加上对医学概念的理解困难甚至错误，出现偏差就是意料之中了，而不正确的方法就会限制未来的深化和发展。

4.1.2.5　单病种付费与临床路径

医学上没有单病种概念，在医保支付中，单病种是指临床诊断明确、治疗方案单一、医疗资源消耗差异不大的单一病种。单病种付费是一种按照单病种进行医保支付的方式，是按病种付费的一种精准形式，可以理解为按DRGs付费中的一个特例。21世纪初我国就开展了单病种付费的探索，以北京为例，2004年开始推行单病种付费政策，结合预付制控制医疗费用过快增长，取得了一定效果。医保的单病种付费应结合临床路径进行管理，临床上对疾病的诊断与治疗，传统方式更看重个人经验的积累，不同地区、不同医院由于医疗资源、设备、医疗团队诊疗水平不同，针对同一疾病，不同医生可能采用不同的诊疗方案。随着按病种付费方式的推行，为了提高医疗行业整体医疗质量，提升同质化医疗服务能力，避免疾病诊疗方案的随意性，提高医疗质量的可评估性，提出了临床路径模式。2016年12月，国家卫计委将历年来发布的1010个临床路径经整理后统一公布在中华医学会网站；2017年，国家卫计委再次发布《国家卫生计生委办公厅关于实施有关病种临床路径的通知》（国卫办医函〔2017〕537号），修订了23个专业202个病种的临床路径，并发布在中华医学会网站。

4.1.3　医保知识库

医保知识库以医保目录和医保政策为核心进行构建。医保目录包括医保三目和其他配套相关目录，其中医保三目包括医保药品目录、医保诊疗项目目录和医保服务设施目录，是医保目录最重要的组成部分。除医保三目外，医保目录还包括疾病目录、两定机构目录、医保医生目录、医院科室及大型医疗设备目录等。医保政策包括医保支付政策、结算和清算政策、门诊慢病管理政策、国家和地方的其他医保相关政策等。

4.1.3.1 医保药品目录

医保药品目录是以《国家基本医疗保险、工伤保险和生育保险药品目录》为基础，由各个统筹区结合本地特点进行调整后发布的，该目录将药品分为西药、中成药和中药饮片，其中西药和中成药采用准入法，即进入目录的药品可以纳入医保报销范围，没有纳入目录的只能作为自费药品。2017年版的目录中，中药饮片采用排除法规定了基金不予支付费用的饮片；2019年版的目录中，将中药饮片由排除法改为准入法。这次改变有以下作用：一是使中药饮片保障范围更加明确、精准，使纳入支付范围的饮片都能符合基本医保"保基本"的功能定位；二是在一定程度上使不同地区的保障范围相对统一，提升保障政策公平性；三是从加强医保支付管理的角度，可以提升饮片医保支付管理的科学性、合理性和精确性。

参保人员使用医保药品目录内西药、中成药及中药饮片发生的费用，按基本医疗保险有关规定进行结算支付。以《国家基本医疗保险、工伤保险和生育保险药品目录（2020年）》为例，见表4.1。

表4.1 《国家基本医疗保险、工伤保险和生育保险药品目录（2020年）》示例

药品分类代码	药品分类		编号	药品名称	剂型	备注
XA10	糖尿病用药					
XA10A	胰岛素及其类似药物					
XA10AB		胰岛素及其类似物，短效				
			甲	92	重组人胰岛素	注射剂	
			甲	93	生物合成人胰岛素	注射剂	
			甲	94	胰岛素	注射剂	
			乙	95	重组赖脯胰岛素	注射剂	限1型糖尿病患者；限其他短效胰岛素或口服药难以控制的2型糖尿病患者
			乙	96	谷赖胰岛素	注射剂	
			乙	97	赖脯胰岛素	注射剂	
...		...	...	...	...	...

目录包括药品分类代码、药品分类、编号、药品名称、剂型和备注。备注栏中对部分药品规定了限定支付范围，是指符合规定情况下参保人员发生的药品费用可按规定由基本医疗保险支付，即此类药品的限定支付范围。这个限定支付范围的理解、解释和数据结构化处理是医保知识库中针对药品的

重要内容。常见的限定支付范围如下：

（1）标有"▲"的药品，仅限参保人员门诊使用和定点药店购药时医保基金方予支付。

（2）标为"限工伤保险"的药品，是仅限于工伤保险基金支付的药品，不属于基本医疗保险、生育保险基金支付范围。

（3）标为"限生育保险"的药品，是生育保险基金可以支付的药品，城乡居民参保人员发生的与生育有关的费用时也可支付。

（4）标注了适应证的药品，是指参保人员出现适应证限定范围情况并有相应的临床体征及症状、实验室和辅助检查证据以及相应的临床诊断依据，使用该药品所发生的费用可按规定支付。适应证限定不是对药品法定说明书的修改，临床医师应根据病情合理用药。

（5）标注了二线用药的药品，支付时应有使用一线药品无效或不能耐受的证据。

（6）中药饮片部分标注"□"的，指单独使用时不予支付，且全部由这些饮片组成的处方也不予支付。

4.1.3.2 医保诊疗项目目录

医保诊疗项目目录是以《全国医疗服务价格项目规范》为基础，由各个统筹区根据本地实际情况调整制定的，一般情况下该目录采用列举法，即纳入目录内的项目属于基本医保统筹基金支付范围。

2012年5月，《国家发展改革委、卫生部、国家中医药管理局关于规范医疗服务价格管理及有关问题的通知》（发改价格〔2012〕1170号）中，包括《全国医疗服务价格项目规范（2012年版）》，该版本是在2001年版和2007年版基础上，结合各地医疗服务价格项目实施情况修订而成的，部分内容见表4.2。该规范中把医疗服务分为综合、诊断、治疗、康复、辅助操作和中医六大类，具体包括综合医疗服务、病理学诊断、实验室诊断、影像学诊断、临床诊断、临床手术治疗、临床非手术治疗、临床物理治疗、康复医疗、辅助操作和中医医疗服务等。在目录中对每个医疗服务价格项目进行了较详细描述，包括项目编码、项目名称、项目内涵、除外内容、计价单位、计价说明六个要素构成。

表 4.2 《全国医疗服务价格项目规范（2012 年版）》示例

项目编码	项目名称	项目内涵	除外内容	计价单位	计价说明
A	一. 综合医疗服务				
		本章说明： 1. 本章"综合医疗服务"项目指多科室共同使用的医疗服务价格项目，如护理、抢救、注射、换药、清创缝合等。 2. 本章包括"一般医疗服务""一般治疗操作""护理"和"其他"服务项目四个部分，共计 142 项。本章项目编码字首为 A。			
AA	（一）一般医疗服务				
AAA	1. 诊察费				
AAAA–AAAD	西医诊察费				
AAAA000	普通门诊诊察费	指主治及以下医师提供的普通门诊诊疗服务。挂号，初建病历（电子或纸质病历），核实就诊者信息，就诊病历传送，病案管理。询问病情，听取主诉，病史采集，向患者或家属告知，进行一般物理检查，书写病历，开具检查单，根据病情提供治疗方案（治疗单、处方）等		次	
…	…	…		…	

项目内涵、除外内容和计价单位对医保知识库的建立非常重要，项目内涵和除外内容用于判断是否存在重复收费的情况，计价单位用于判断是否存在多收费的情况。以氧气吸入这一医疗服务项目为例，其计价单位为小时，如果一个患者住院天数为 5 天，则医院在收取氧气吸入这个医疗服务项目的费用时，理论上最多只能收取 120 小时（5 天×24 小时/天）的费用，超出部分一定是违规收费，可以作为违反刚性规则进行直接扣罚处理。

4.1.3.3 医保服务设施目录

医保服务设施是指医疗机构提供的，参保人员在接受诊断、治疗和护理过程中必需的，物价部门制定了收费标准的生活服务设施，包括普通病房床、门（急）诊留观床位、隔离病房床、危重抢救病房床（CCU、ICU）等。基本医疗保险不予支付费用的医疗服务设施项目包括就（转）诊交通费、急救车费、空调费、取暖费、电视费、电话费、电炉费、电冰箱费、婴儿保温箱费、食品保温箱费和损坏公物赔偿，以及水、电、气等费等。另外，陪护费、陪床费、护工费、洗理费、洗澡费、药浴费、消毒费、理发费、洗涤费等其他生活服务费用也不在基本医疗保险报销范围内。

4.1.3.4 医保三目报销类别

在医保三目中，各个项目按照报销类别分为甲类、乙类和自费类三种。其中甲类是指临床诊疗必需、安全有效、费用适宜的药品和诊疗项目，甲类项目的费用全部纳入基本医疗保险统筹基金支付范围。乙类是指可供临床诊疗选择使用，效果确定，但容易发生滥用或费用昂贵的，需要进行使用控制的项目。乙类项目使用时，参保人要按照一定比例自付部分费用后，剩余部分再纳入基本医疗保险统筹基金支付范围。自费类是指非临床诊疗必须、效果不确定或属于特殊医疗服务范围内的项目，相关费用由参保人自己承担，基本医疗保险统筹基金不予支付。服务设施项目的计费比较特殊，一般采用限价方式计算，按照床位类别、医院等级限定基本医疗保险统筹基金支付价格，超过限价部分属于自费，限价以下部分归入甲类。

4.1.3.5 医保门诊慢病

医保门诊慢病是指经主管部门确定，具有病程较长、发病率较高、对生活质量影响较大、需长期用药维持治疗且医疗费用较高的慢性疾病。比如，各类恶性肿瘤、慢性肾功能衰竭、器官移植术后的抗排异药物治疗、再生障碍性贫血、精神分裂症、糖尿病、脑卒中后遗症、肝硬化、肺结核病、系统性红斑狼疮、原发性高血压病合并有心脑肾损害、冠心病、支气管哮喘、慢性支气管炎肺气肿、血友病等。参保人符合门诊慢病的，一般会要求提供最近1个月内的指定医疗机构的诊断证明原件和社会保障卡（或有效身份证明原件及复印件），在医保经办机构或指定的医疗机构进行医保门诊慢病登记，经审核同意后享受门诊慢病待遇。医保门诊慢病知识库建设包括病种注册、病种相关的药品和诊疗服务范围、病种的常规治疗方案等。

4.2 知识库需求分析

知识库建设需要一个长期的积累过程，需要遵循其自然规律，按照其特点总体规划、逐步实现，否则在知识库后期建设中会遇到更多的障碍和瓶颈。

4.2.1 知识库建设理论

基于规则的知识库建设一般包括术语、规则、算法、记录和应用五个内容,其逻辑关系如图4.3所示。

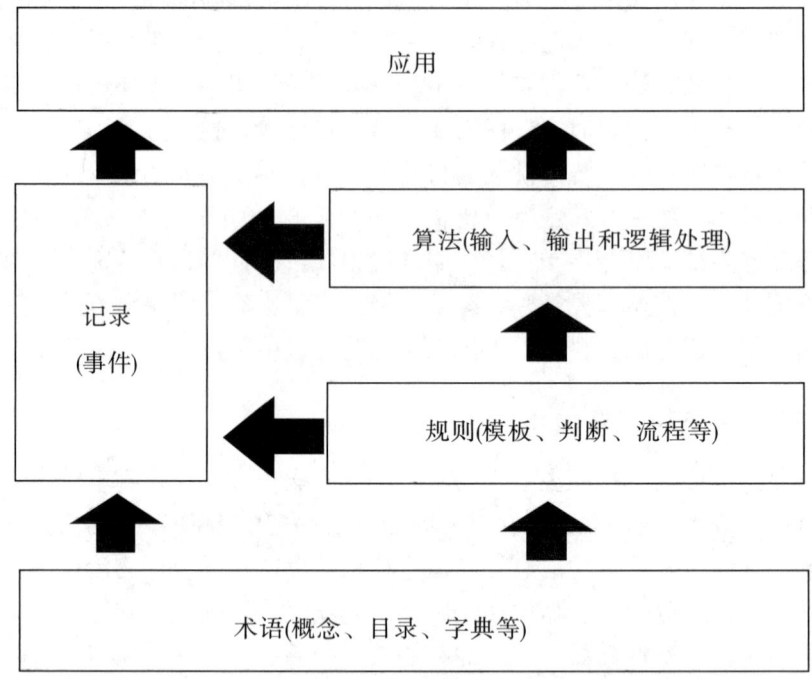

图4.3 基于规则的知识库建设内容及逻辑关系

术语和规则属于基础,算法是在术语和规则的基础上实现,所以基于规则的知识库建设要充分认识到基础建设的重要性,以及由于不同术语和规则的组织形式,导致算法设计上的差异性。

4.2.1.1 基础建设

基础建设包括术语集合与业务规则建立。其中术语是所有知识库内容的基础,术语包括概念、目录、字典等,例如,医保领域中的险种、定点医疗机构、三目等都属于术语建设范畴。整理一套统一和规范的术语是知识库建设基础。

规则建设是在术语建设的基础上,针对业务的模板、判断、流程及处理方式建立的一套逻辑关系。规则是整个知识库的核心,规则的完整性、结构合理性直接影响整个知识库系统的功能和性能。规则建设一定要和算法结合起来，在不影响规则的表达和整理的基础上，最大限度地为算法服务，否则会极大地影响知识库的整体性能。

4.2.1.2 算法设计

整个知识库的核心支撑就是算法体系，每一种算法与术语、规则和记录密切相关，算法影响了整个系统的性能。以参保人为 300 万的城市为例，在特定的规则和记录结构基础上，每月的医保费用数据（含明细）自动审核，好的算法可以在一台普通 PC 服务器上于 3 小时内完成，如果规则和结构不合理，会导致算法的高复杂性和低性能，导致在中高档 PC 服务器上也需要运行 24~48 小时。

算法必须结合规则和记录的结构进行设计，而规则和记录的结构也必须考虑算法的需求，而不仅仅考虑数据的需求。目前常用的算法除传统的统计、数据挖掘类算法外，逐渐加入了人工智能方面的算法，包括神经网络算法、聚类算法、遗传算法等。

4.2.1.3 应用建设

将规则以算法和记录为主要载体应用到业务数据和业务流程中，从而对业务数据和业务经办产生影响和支撑。应用建设可以是独立的，也可以嵌入现有的业务系统中。独立的如医保智能审核系统，可以从业务系统非实时提取数据进行审核，而嵌入业务系统需要知识库和业务系统紧密结合，一般用于实时业务处理。知识库建设是为业务服务的，所以在进行知识库建设前首先要确定业务应用范畴。

知识库建设对业务的支撑作用主要体现在以下几个方面。

1. 业务及政策查询

建设基于文献的知识库，纳入各种政策文件和法规，便于业务经办人员查询。知识库建设的核心在于政策文件关键词的提取，辅以模糊理论算法，针对业务人员的问题进行相关政策法规提取。

2. 业务经办辅助

建设基于规则的知识库，针对险种特定业务，建立标准术语集和规则集，辅助业务经办，按照规则对业务产生的数据进行扫描，查找存在的问题。这种规则更多的是微观层面，可以是刚性的，也可以是非刚性的，为业务经办及核查提供依据。医保智能审核系统就是一个典型的基于规则、辅助业务经办的知识库系统。

3. 业务预测及决策辅助

利用人工智能技术对业务数据进行分析处理，例如，利用聚类算法寻找特定人群，典型应用如医保套保团伙识别；利用回归算法来预测基金发展趋势及不同人群基金使用情况，从而为政策制定提供决策依据。

总之，知识库建设是基于业务的，业务是为经办服务的。单一类型的知识库为单一业务环节服务，在复杂业务环节下，往往需要综合智能型知识库。

4.2.2 医保审核需求

为医保审核服务的知识库需要，建立和维护医学规则和医保规则，从微观层面对医保发生的各种医疗费用开展审核，这些医疗费用包括门诊慢病结算单、门诊统筹结算单、住院结算单和异地就医结算单等。针对结算单及费用明细，结合参保人、医疗机构、险种、就医地点和方式等其他因素，按照医保规则和医学规则逐条进行检查和判断，确认费用发生的合理性和合规性。医保审核涉及的内容主要包括以下几个方面。

4.2.2.1 医保项目一致性审核

医保项目一致性审核主要检查医疗费用项目对码情况，如图 4.4 所示，即检查医疗机构结算申报的医疗费用项目及其对应的医保项目编码是否与该医院在医保局已申报注册的医院对码表内容一致。当发生不一致情况时，一般是进行了换码操作，最常见的是利用甲类项目的编码替代乙类或自费类项目的编码。如抗纤维蛋白溶解药中的氨甲环酸注射液是甲类药品，而氨甲环酸片是乙类药品，用甲类药品的编码替代乙类药品的编码，这样一来可以用医保基金支出承担参保人个人应承担的自付部分，造成医保基金的损失。既往人工检查中，这项工作非常困难，而通过医保项目一致性审核能够有效解决换码现象。

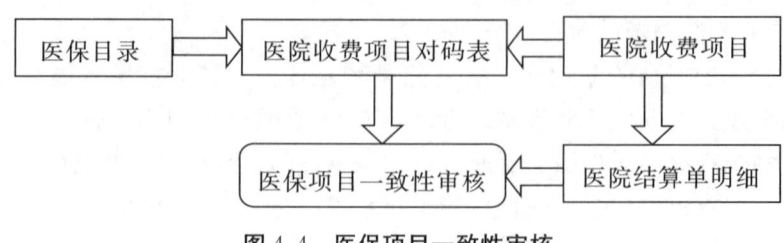

图 4.4　医保项目一致性审核

4.2.2.2 医疗费用项目价格审核

医疗费用项目价格审核是检查医疗费用项目的单价是否超过对应限制范围。部分医保项目针对不同医疗机构有最高限价，当医院收费项目单价超过最高限价时，超出部分由个人或医疗机构承担，其逻辑关系如图 4.5 所示。最典型的限价项目是住院床位费，其限价一般采用按医院等级方式进行，如医保针对两人间床位费最高限价为 80 元/床日，若医院两人间床位费收取标准是 100 元，则超出部分由参保人承担。

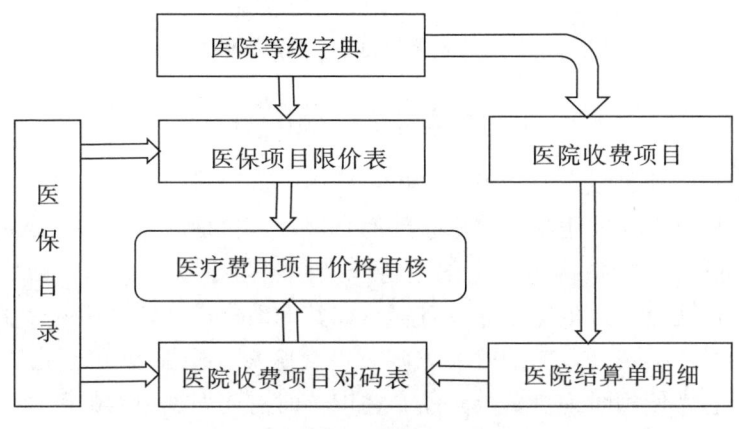

图 4.5　医疗费用项目价格审核

医疗费用项目价格审核还应该审核针对不同人群收费价格是否一致，尤其针对医保参保患者和非医保患者的同一个项目收费价格是否一致。由于医疗保险经办机构往往没有要求抽取非医保患者的数据，这项工作的可操作难度较大，只有通过三医联动平台来解决。另外，还要审核职工医保患者与城乡医保患者针对同一个收费项目单价是否一致，一般要求检查同一天内的价格差异。针对诊疗项目，价格应无差异；针对药品，由于医改对公立医院的零差价政策，允许同一天的药品零售单价有少许差异。

4.2.2.3 医疗费用项目总金额/总数量审核

医疗费用项目总金额/总数量审核是检查某个参保人在一次医疗服务行为过程中（包括住院和门诊），医疗机构收费项目的总金额或总数量是否超过对应限制范围，如图 4.6 所示，这里的总金额/总数量包括单个医疗费用项目和特定一组医疗费用项目的总和，也区分按时间间隔（如按日、按 3 日、按周等）总和，以及一次住院累计总和。常见的总数量限制，如一次住院 CT 检查次数不超过 3 次等。有些医疗费用项目采用特定编组方式统一审核，例如中医理疗类项目，包括针灸、按摩、艾灸等操作，在一次住院期间每日总数量限制不超过 5 次等。

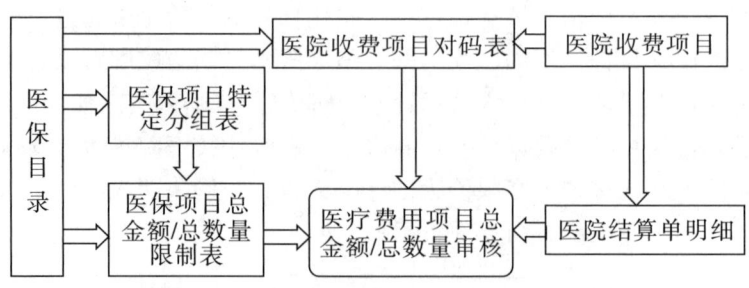

图 4.6　医疗费用项目总金额/总数量审核

4.2.2.4　医疗费用项目限定使用条件审核

医疗费用项目限定使用条件审核是按照医保三目或医保政策中的限定使用条件，检查医疗费用项目使用条件的合规性，包括限定险种、限定医疗机构类型、限定医疗机构等级、限定特殊疾病、限定就医方式、限定特殊人群、限定疾病范围、限定诊疗场景等。如其他消化道及代谢用药中的乌司他丁注射剂为乙类药品，使用时要求限急性胰腺炎、慢性复发性胰腺炎患者，非胰腺炎患者使用时为自费类药品。在审核时需要根据患者的临床诊断判断是否为胰腺炎患者，从而判断使用该药品是否符合医保规范。这里需要注意的是：这种使用范围限制不代表对临床诊疗行为的限制，临床医生应根据患者病情决定是否使用，如急性循环衰竭抢救时仍然可以使用乌司他丁注射剂作为抢救辅助用药，只是在医保结算时应视为自费药。临床医生不能因医保限制使用作为借口拒绝应该正常使用的药品，导致医疗服务质量降低。

医疗费用项目限定使用条件审核是医保知识库建设的重点和难点，既往这项审核工作只能由审核人员手工操作，工作量非常大，人工识别要求具有一定的专业知识，由于审核人员的个人能力不同，往往审核标准有一定差异，且容易受其他因素干扰。采用知识库对临床诊断进行识别，能够有效解决这项工作的难度，避免医保基金不合理支出。医疗费用项目限定使用条件审核中，不同限制条件的知识库结构和维护各不相同，以最常见的限定疾病范围为例，其逻辑关系如图 4.7 所示。

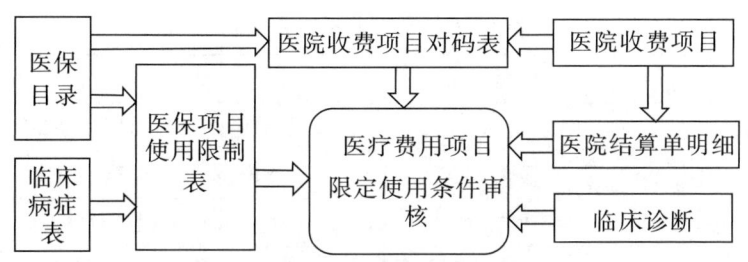

图 4.7　医疗费用项目限定疾病范围审核

4.2.2.5　医疗费用项目用量/频次审核

医疗费用项目用量/频次审核是检查医疗费用项目的单次使用量和使用频次,如图 4.8 所示。药品类医疗费用重点检查日剂量和按诊疗指南要求的治疗周期和总剂量,诊疗类医疗费用重点根据计价单位计算频次及总量。如医疗服务项目氧气吸入,其计价单位为小时,则每日计费最大数量为 24 小时,住院 5 天,则最大计费数量为 120 小时。通过计算频次与总量之间的关系能够有效算出违规计费的情况。有些医疗服务项目具有一定的互斥性,如护理等级,一、二、三级护理每日只能收取一次,即当日收取了二级护理费用就不能再收取三级护理费用。这样通过合计一、二、三级护理的总计费数量,除以天数,如果计算结果超过 1,则表示有多计费情况。

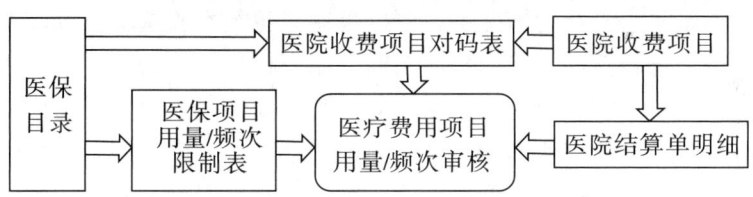

图 4.8　医疗费用项目用量/频次审核

4.2.2.6　医疗费用项目临床使用条件审核

医疗费用项目临床使用条件审核是检查医疗费用项目的特定使用条件是否符合情况,如限定性别、限定年龄、限定特殊科室、限定特殊时间段等。儿童年龄分段及说明见表 4.3,例如,注射用牛肺表面活性剂在医保目录中限新生儿使用,则应首先判断患者的年龄是否符合新生儿条件。医疗费用项目临床使用条件审核是典型的基于规则的审核,其判断方式和条件相对较简单,这里不再详述。

表 4.3　儿童年龄分段及说明

序号	儿童年龄段	说明
1	新生儿	从脐带结扎至出生后足 28 天
2	婴儿	出生后 28 天至 1 周岁
3	幼儿	1 周岁到 3 周岁
4	小儿	3 周岁到 12 周岁，含学龄前和学龄期
5	少年	12 周岁到 18 周岁

4.2.2.7　医疗费用项目关联使用审核

医疗费用项目关联使用审核是检查医疗费用项目使用是否符合相互关联前提，关联方式包括联合使用和禁止联合两种情况，如图 4.9 所示。联合使用的情况有药物与诊疗项目、诊疗项目之间和药物之间的情况，例如，泛影葡胺注射液用于血管造影或 CT 增强检查，无相关 X 光检查或 CT 检查时不能单独使用，所以可以将泛影葡胺注射液与 X 光检查和 CT 增强检查关联为联合使用，在同一天内无相关诊疗项目而单独使用泛影葡胺注射液则视为违规使用。又如，"果糖氯化钠注射液"在医保目录中"限因胰岛素抵抗无法使用葡萄糖的抢救患者"，该药物的使用必须在抢救状态下，在缺乏电子病历等相关临床文书支撑的情况下，可以采用与抢救类收费项目关联的方式判断是否发生了抢救活动，从而形成关联使用审核效果。再如，二线用药就是药物之间的关联审核，以氟罗沙星注射液为例，医保目录中为喹诺酮类抗菌药，只有在同类一线用药的药品使用无效的情况下才能使用，在缺乏电子病历等相关临床文书支撑的情况下，建立氟罗沙星注射液与其他同类一线用药（如环丙沙星注射剂等）的关联关系，判断氟罗沙星注射液使用前是否有其他同类一线用药的使用记录，作为合理使用二线用药的判断依据。

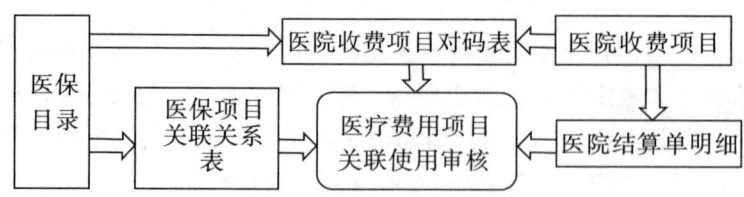

图 4.9　医疗费用项目关联使用审核

4.2.2.8　医疗费用项目的临床路径审核

医疗费用项目的临床路径审核是按照临床诊疗指南和国家卫健委的临床

路径规范，对医疗费用项目进行合理性审核，如图4.10所示。国家卫健委的临床路径规范中明确要求了进入临床路径的疾病、诊疗方案和病程，在医保进行相关费用项目审核时，不需要过多地关注过程内容，只需要关注诊疗行为结果，即关注临床诊断是否符合临床路径范围，发生的医疗费用项目是否在临床路径规定的诊疗服务范围内。

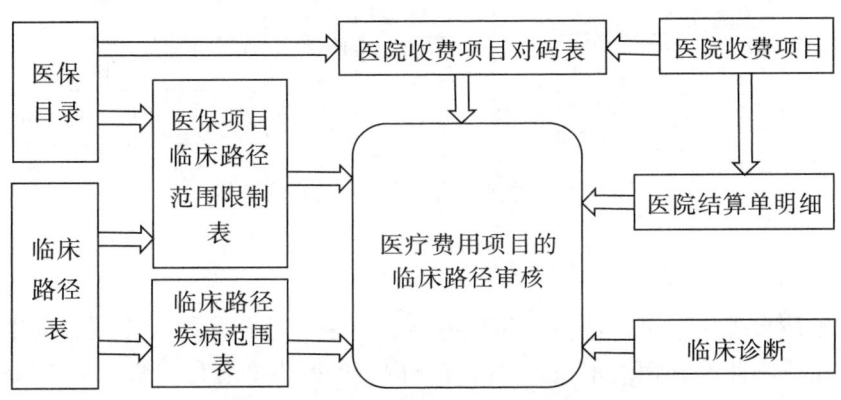

图4.10　医疗费用项目的临床路径审核

进入临床路径疾病范围限制的条件是有且仅有该临床路径中的疾病，即没有超出临床路径疾病范围的其他疾病才能作为该临床路径的入径判断。另外，如果患者的临床诊断有多个，且符合多个临床路径的范围，且没有超出这些临床路径疾病范围的其他疾病，也可以纳入临床路径审核中，采用多个临床路径联合审核，其医保项目限制范围是多个临床路径限制范围的并集。

4.2.2.9　医疗费用项目的门诊慢病审核

医疗费用项目的门诊慢病审核是按照医保门诊慢病管理政策和项目使用范围，对门诊慢病的医疗费用项目进行审核，如图4.11所示。在部分统筹地区对门诊慢病患者能够使用的药品和诊疗项目范围有一个明确的规定，且在医保结算系统中已给予限制，有些统筹地区没有做这样的明确限制，或有限制但是没有在医保结算系统中实现，这种情况下采用事后审核方式可以解决规范性检查问题。

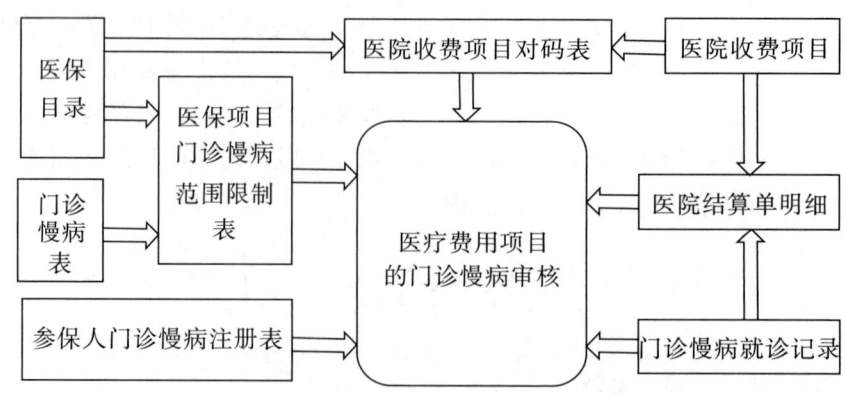

图 4.11　医疗费用项目的门诊慢病审核

4.2.2.10　临床合理用药审核

　　临床合理用药审核包括药品适应证、禁忌证、药品相互作用、抗生素、毒麻精等临床药物使用审核。这一部分内容的基本概念在本章 4.1.2 节中已做介绍，这里不再详述，仅以药品相互作用为例介绍基本逻辑结构，如图 4.12 所示。药品相互作用包括药品通用名之间、药物分类之间，以及药品分类与药品通用名之间的相互作用，作用结果又分为增强和减弱。作用增强可以是药效增强也可以是药品副作用或药品毒性增强，作用减弱同理，所以在临床上对联合用药都比较慎重。由于药物分类是树状结构，一种药物下可以包含多个药物子分类，每个子分类中又包含若干药品通用名，而对药品相互作用进行判断时，需要判断药品通用名之间的作用结果。一般情况下，药品相互作用是两种药品之间的作用，在极少数情况下加入第三种药品后会产生除外情况。药品相互作用审核范围，门诊一般为同一张处方，有条件的地区可以开展同一个参保人同一天的所有处方审核；药品相互作用审核范围，住院一般为同一天的用药情况。

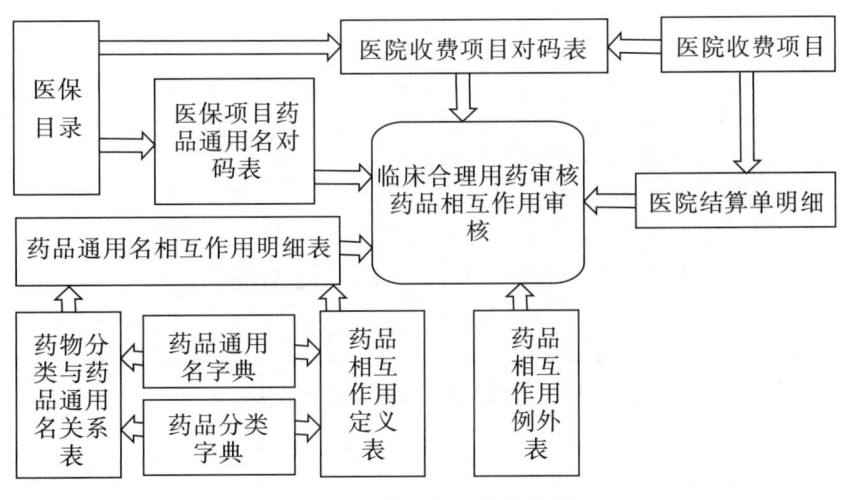

图 4.12 药品相互作用审核

4.3 知识库设计

医保智能审核知识库包括医学知识库和医保知识库,其中医学知识库又包括临床医学知识库和临床药学知识库。临床医学知识库的重点是围绕疾病开展的各种诊疗行为,临床药学知识库的重点是围绕药品开展的合理用药审核。医保知识库的重点是围绕医保目录开展医保项目规范性审核。这些知识库又与一些基础字典息息相关,所以医保智能审核的知识库总体上包括四个部分:基础字典、临床医学知识库、临床药学知识库和医保知识库。

4.3.1 知识库架构设计

医保智能审核所需医学知识库不同于临床使用的医学知识库,后者更关注临床诊断依据、诊疗行为过程和诊疗结果,而医保智能审核的医学知识库偏重于诊疗行为结果与临床诊断之间的关系,所以在架构设计上以项目与疾病为核心,如图 4.13 所示。临床医学知识库需要临床药学相关信息支撑,临床药学也需要临床医学的诊断等信息做支撑。医保知识库的核心是医保目录,围绕医保目录开展医保项目限制性审核、门诊特殊疾病审核等。医保知识库建设的核心在于医保项目的使用范围限制,需要基础字典、临床医学知识库和临床药学知识库支持。

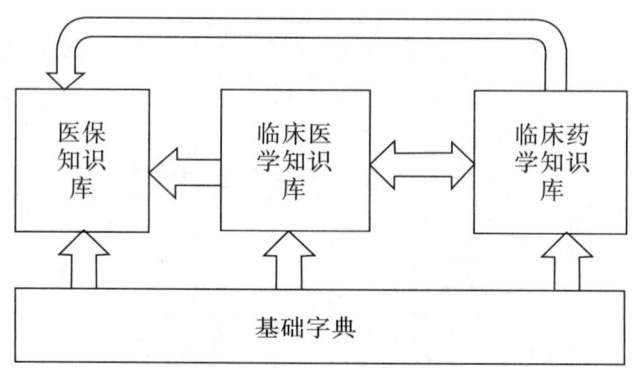

图 4.13 医保智能审核知识库的总体架构

4.3.2 基础字典

基础字典以疾病编码（ICD-10）、诊疗项目编码和药品编码为基础进行构建，这些基础字典相互之间不是独立的，而是存在一定程度的关联，如图 4.14 所示。充分理解基础字典之间的相互关系，对后续理解知识库构建有重要意义。

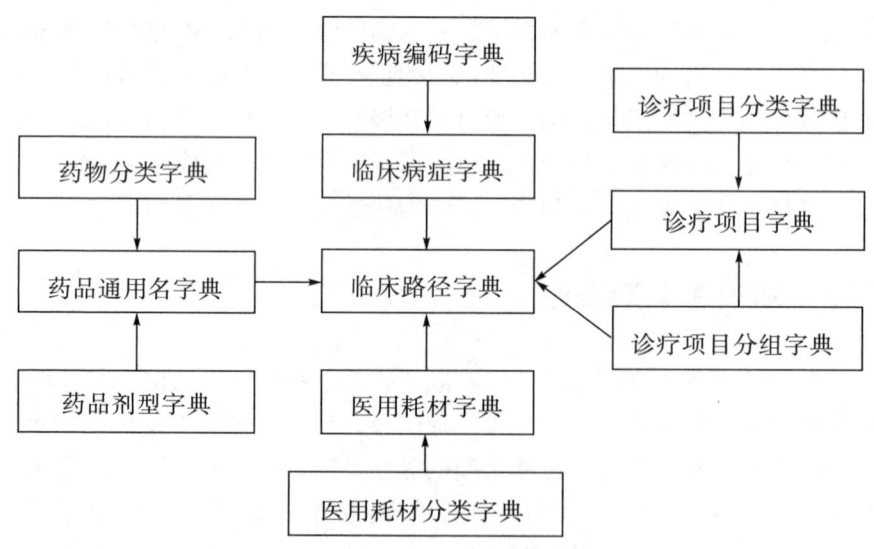

图 4.14 基础字典相互关系

药物分类字典、诊疗项目分类字典和医用耗材分类字典采用树状结构维护，药物分类字典与药品通用名字典之间是多对多关系，即一个药品通用名可能归属于多个药物分类。诊疗项目分类字典与诊疗项目字典之间是一对多关系，即一个诊疗项目只能归属于一个诊疗项目分类。医用耗材分类字典与医用耗材字典之间是一对多关系，即一个医用耗材只能归属于一个医用耗材分类。临床病症字典与疾病编码字典之间为多对多关系，即一个临床病症可有多个疾病编码，一个疾病编码可能存在于多个临床病症中。

4.3.3 临床医学知识库设计

临床医学围绕疾病构建知识库，其内容主要包括临床病症和临床路径等相关内容，其逻辑结构如图 4.15 所示。这里的临床路径不是单纯指基于单病种的临床路径，可以理解为针对单个病种的诊疗方案。一般而言，针对临床医学知识库，其诊疗方案包括疾病诊断依据、诊疗相关路径及内容；而对医保智能审核来讲，在大多数统筹区缺少疾病诊断依据所需的电子病历和检查检验结果，再加上对诊疗相关路径不需要过多关注，所以诊疗方案的重点放在诊疗行为涵盖的内容，包括疾病诊治过程中涉及的药品、诊疗项目和医用耗材，分别建立与之对应的关系表，构建基于疾病的临床医学知识库。

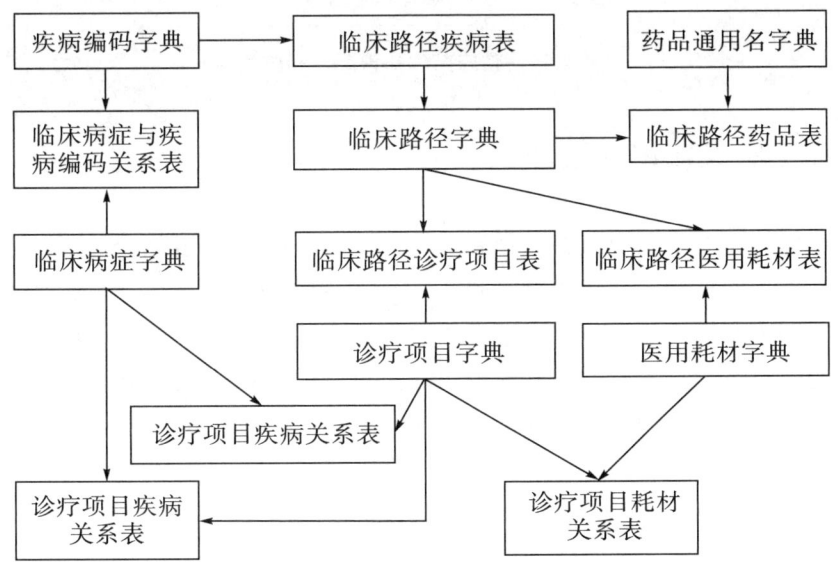

图 4.15 临床医学知识库逻辑结构

4.3.4 临床药学知识库设计

临床药学知识库是依据药品说明书、围绕药品通用名构建知识库，内容主要包括药品适应证、禁忌证和药品相互作用，其逻辑结构如图4.16所示。药品字典包括药品剂型、药物分类、药品通用名等。适应证和禁忌证与临床病症关联。药品相互作用为减少维护工作量，分为药品相互作用定义和药品相互作用明细。为了适应不同统筹地区的医保目录，还需要建立药品通用名与医保目录对照关系。

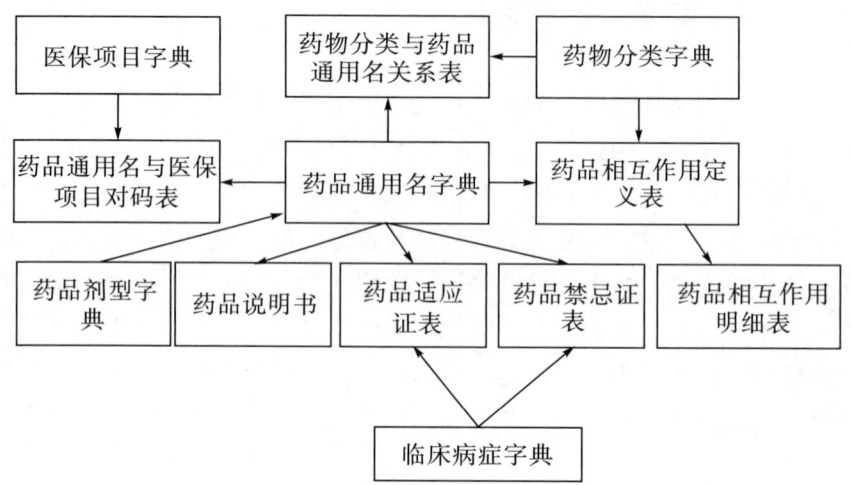

图4.16 临床药学知识库逻辑结构

4.3.5 医保知识库设计

医保知识库是围绕医保目录展开的，医保目录包括药品、诊疗项目和服务设施，医用耗材包含在诊疗项目中，其逻辑结构如图4.17所示。医保智能审核中需要依照医保项目对医疗费用明细进行逐项审核，检查其使用是否符合医保目录的限制范围，另外对医疗过程中的规范性收费需要进行检查，确保收费项目的合理性，包括价格合理、频次合理和数量合理等。

医保项目限制性内容比较多，包括医保项目使用限制的疾病范围、险种范围、医院等级、医院类别、就诊方式、价格范围、性别、年龄等，针对药品类医保项目的疾病范围限制相当于药品的适应证，只是这里的适应证限制不是临床使用限制，而属于医保使用限制范围；同理，限工伤保险或生育保险的项目在基本医保中也是超限制范围使用。有些药品和诊疗项目限制在二级及以上医院使用，或限制在专科医院或专科医生使用，有些药品限制在门诊或住院使用。凡是超出医保限制使用的医保项目在医保结算时视作自费类收费项目。门诊慢病项目限制了门诊慢病患者能够进行医保结算的项目范围。

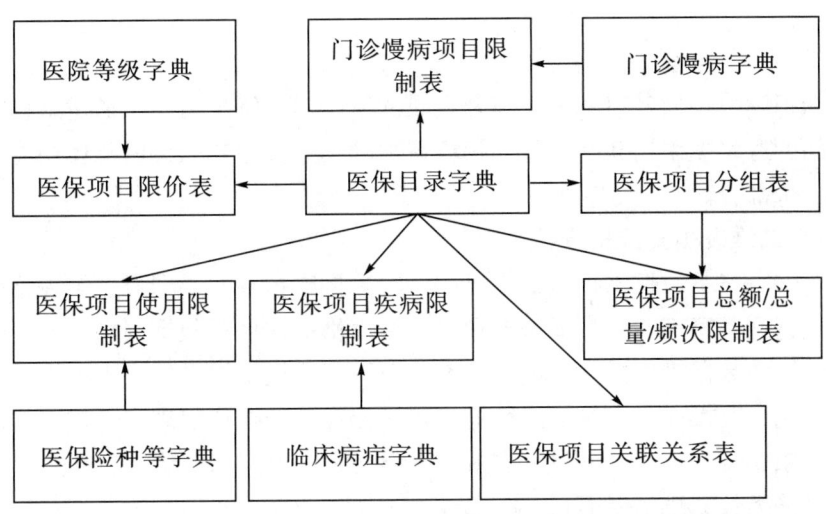

图 4.17 医保知识库逻辑结构

医保项目除限制性内容外还需要进行使用总额、总量、频次等审核，审核范围包括单个项目或一组项目联合审核等。医保项目之间按照医理常规建立项目关联关系，如二线用药、抢救类项目、耐受类药物、项目与项目联合使用等内容。

4.4 知识库配套软件设计

医保智能审核系统的知识库要正常运行，第一，需要对知识库内容进行日常维护和更新；第二，由于各地医保政策和医保目录不统一，知识库在实际应用中需要将本地医保目录和其他相关编码字典与知识库中的药品、诊疗项目、疾病以及相关编码字典建立对照关系，实现编码的对码工作；第三，需要根据本地医保政策进行医保知识库内容的调整；第四，需要根据本地医保政策进行规则和算法的修订。这些工作大部分需要借助软件工具完成。

4.4.1 知识库维护软件设计

知识库维护软件实现了知识库内容的日常维护和更新，并能根据当地医保政策，尤其是当地医保目录内容进行医保知识库内容的调整。知识库维护软件需要能够提供知识库内容的结构化展示、数据精简的增删改操作、数据批量导入与导出等功能。

4.4.1.1 总体设计

知识库维护软件以各种字典和目录的基础信息维护为主，通过结构化数据之间的逻辑关系构建和维持知识体系内的相互关系，软件的总体功能包括以下六个部分。

1. 二维表格类数据维护

二维表格类数据维护是最常见的一种数据维护方式，即对二维表格中的数据进行逐条管理。一方面包括通过二维表格形式展现数据内容；另一方面提供便捷的数据维护操作界面。一般情况下不建议直接在二维表格中进行数据增、删、改操作，而是通过数据编辑界面和功能按钮实现。比较典型的二维表格数据类维护包括各种字典和目录的维护。图 4.18 是药品剂型字典的二维表格类数据维护界面。

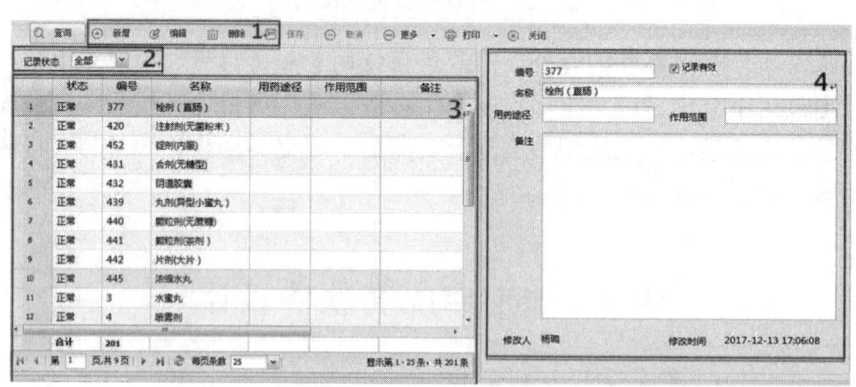

图 4.18 药品剂型字典的二维表格类数据维护界面

注：1. 功能按钮区，包括增、删、改、保存、查询等按钮，根据 3 号区域数据网格中当前记录状态变化按钮的可用状态，减少操作员的误操作。

2. 查询条件区，提供对数据的检索和过滤功能。

3. 数据的网格展示区，以列表形式展示所有数据，网格下方包括数据分页、计数、合计等内容。

4. 数据内容展示与编辑区，当按下新增或编辑按钮后，可以在该区域进行数据内容的维护和调整，再通过保存按钮将调整后的数据保存到数据库中。

2. 树状结构数据维护

知识库中的不少数据采用树状结构维护，其是知识库维护软件的一个重要功能。与二维表格类数据维护一样，树状结构数据维护也需要增、删、改等，以及通过鼠标拖拽改变树节点上下级关系的操作。比较典型的树状结构数据维护包括各种分类字典的维护。图4.19是药物分类字典的树状结构数据维护界面。

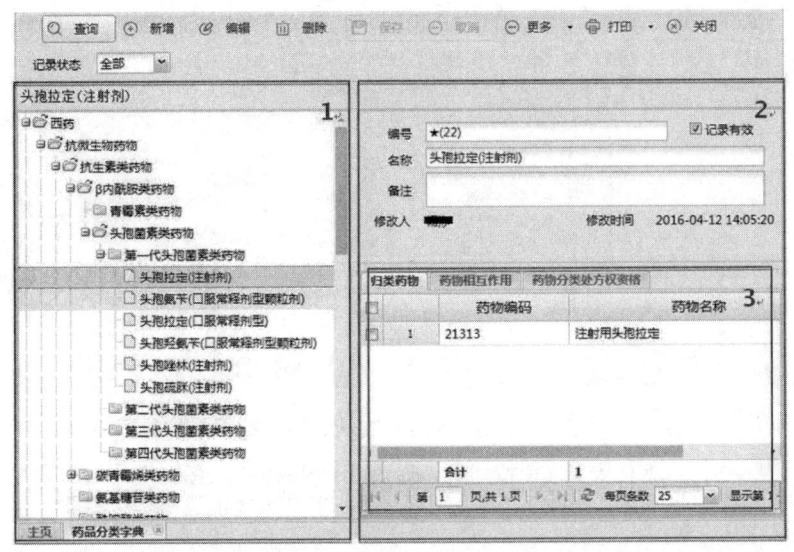

图4.19　药物分类字典的树状结构数据维护界面

注：1. 数据的树状结构展示区，以树状形式逐级展示所有数据及其相互之间的上下级关系，在树节点下可以增加和删除节点，也可以通过鼠标拖拽节点到另外一个节点下而改变上下级关系。

2. 当前节点的相关数据，包括节点的明细内容及扩展的其他信息。

3. 树节点的扩展从表数据，这些从表数据往往通过网格形式展示，并采用右键弹出式菜单提供数据操作功能。

3. 主从表结构数据维护

主从表结构数据包括主表数据和从表数据。一般情况下，主从表结构数据采用一对多模式进行管理，即主表一条数据记录对应了从表多条数据记录。从表数据在很多情况下都是不同字典之间的关系数据，如药物分类与药品通用名之间的关系表就是药物分类的从表，也是药品通用名表的从表。图4.20是药品通用名字典的主从表结构数据维护界面。

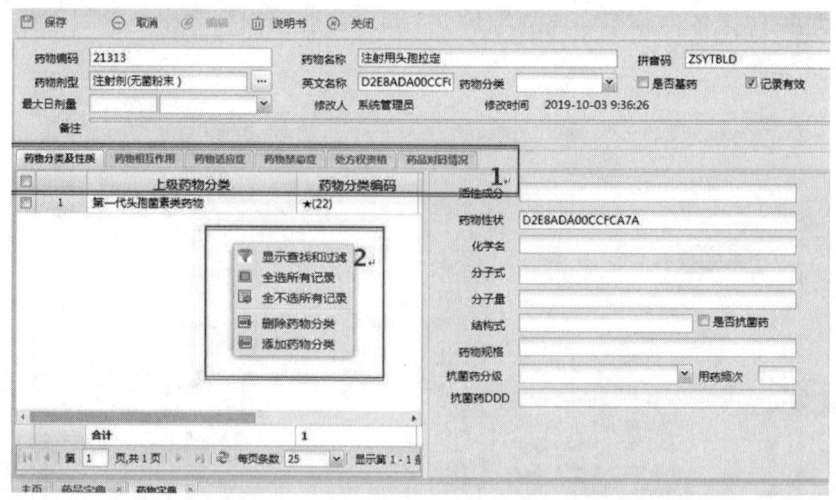

图 4.20 药品通用名字典的主从表结构数据维护界面

注：1. 主表的所有从表选择按钮区，通过 TabSheet 方式切换不同的从表数据展示区。从表的数据维护与主表同步，即主表处于维护时从表才能进行数据维护，主表保存时一同保存从表数据。

2. 从表网格通过右键弹出式菜单提供网格数据操作功能，包括过滤、选择和参照方式引入数据项。

4. 字典数据参照引用

字典数据参照引用是指在进行字典数据维护的过程，需要从其他字典引入数据的一种方式。参照引用的操作方式有多种，比如通过弹出界面方式实现选择后引用，弹出界面可以有多种数据展现形式，包括二维表格展示和树状结构展示。药品通用名维护过程中药品剂型字典数据参照引用界面如图 4.21 所示。

第4章 知识库设计

图 4.21　药品剂型字典数据参照引用界面

注：1. 数据维护项通过按钮弹出参照引用界面。
2. 二维表格方式显示参照内容，通过勾选一条或多条记录完成选择。
3. 选择完成后点击确定按钮返回选择结果。

树状结构展示的参照引用界面与二维表格界面相似，如药物分类字典数据参照引用界面如图 4.22 所示。

图 4.22　药物分类字典数据参照引用界面

参照引用界面还可以通过下拉列表形式展示，主要用于少量可选择项的场景，以药物类别字典为例，其数据参照引用界面如图 4.23 所示。

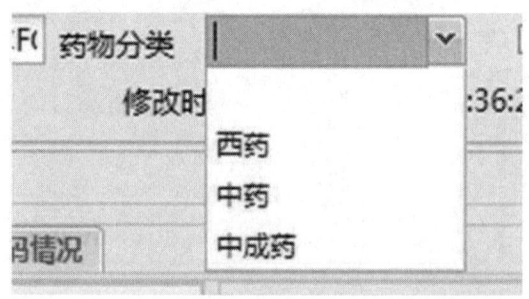

图 4.23　药物类别字典数据参照引用界面

5. 字典数据增、删、改操作

字典数据增、删、改操作与一般数据表的维护相同，这里需要注意数据的删除操作。由于字典数据往往是被其他数据引用的，如果删除了被引用的字典数据，会导致引用了该字典数据的业务数据产生关联错误，从而形成脏数据。所以原则上字典数据保存归档后不能被删除，只能做"作废"处理。另外，为了确保不产生关联错误，强烈建议在数据库中针对字典类表格进行引用时使用外键约束，避免对引用了的字典数据进行误删除操作。

6. 字典数据批量导入、导出

字典数据在维护时经常遇到需要批量导入、导出的情况。由于知识库维护人员比较擅长使用 Excel 文件中的各种复制、粘贴功能，如需要批量设置医保目录中某些项目的计价单位，可以进行相关过滤后将所需数据一次性导出到 Excel 文件中，利用批量复制功能进行快速维护，完成后再导入系统中保存，避免在软件中逐条修改。批量导入的常见场景是一个统筹地区新上线时，该地区的医保目录可能有十几万条记录，不可能采用逐条录入的方式，而都采用批量导入的方式。批量导入可以通过数据库操作解决，但大多数是从业务系统中导出 Excel 文件后再手工调整格式，然后利用字典数据导入功能一次性加载到医保智能审核系统中。批量导入完成了数据批量新增功能，导入后的数据再由知识库维护人员进行下一步维护工作。

4.4.1.2　医学知识库维护

医学知识库维护包括众多功能，其主要功能模块及说明见表 4.4。

表 4.4 医学知识库维护主要功能模块及说明

序号	功能模块名称	说明
1	疾病编码字典	针对不同疾病编码版本分别进行管理，常见疾病编码体系包括 ICD-9-CM3、ICD-10、ICD-11 等
2	诊疗项目分类字典	以树状结构维护诊疗项目的分类
3	诊疗项目分组字典	为便于对诊疗项目的使用，将临床上常见分组纳入管理，比如血常规诊疗项目分组包括红细胞计数（RBC）、血红蛋白（Hb）、白细胞计数、血小板计数等多项检查
4	诊疗项目字典	
5	医用耗材分类字典	以树状结构维护医用耗材的分类
6	医用耗材字典	
7	临床病症字典	以主从表结构维护临床病症主记录及其对应的疾病编码从表
8	临床路径字典	以主从表结构维护临床路径主记录及其对应的疾病范围、用药范围、诊疗项目范围等从表
9	药品剂型字典	药品基础信息中的一个重要外键字典
10	药物分类字典	以树状结构维护药物的分类
11	药品通用名字典	以主从表结构维护药品通用名主记录及其对应的药物分类、适应证、禁忌证、相互作用、对码关系等从表
12	药品适应证和禁忌证	以药品通用名为主表维护其药品适应证和禁忌证从表
13	药品相互作用	以药品通用名为主表维护其药品相互作用从表

医学知识库维护的常见重点和难点有以下四个方面。

1. 临床病症字典

临床病症主要为药品适应证、禁忌证，以及医保目录下限制使用范围。临床病症字典维护采用主从表结构，主表为临床病症的基本信息，包括临床病症的编号、名称、类别等；从表包括该临床病症涵盖的疾病编码范围。典型的临床病症字典维护界面如图 4.24 所示。

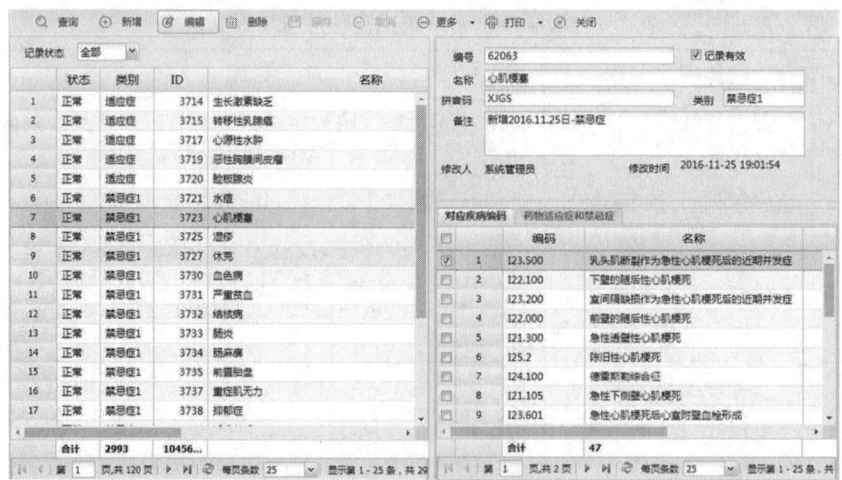

图 4.24 临床病症字典维护界面

2. 临床路径字典

临床路径字典不仅包含基于单病种的临床路径信息，还可以涵盖以疾病为核心的临床诊疗服务方案，包括疾病编码范围、使用药品范围和诊疗项目范围，在条件成熟后可以逐步加入临床诊断所需的诊断依据及鉴别诊断。典型的临床路径字典维护界面如图 4.25 所示。

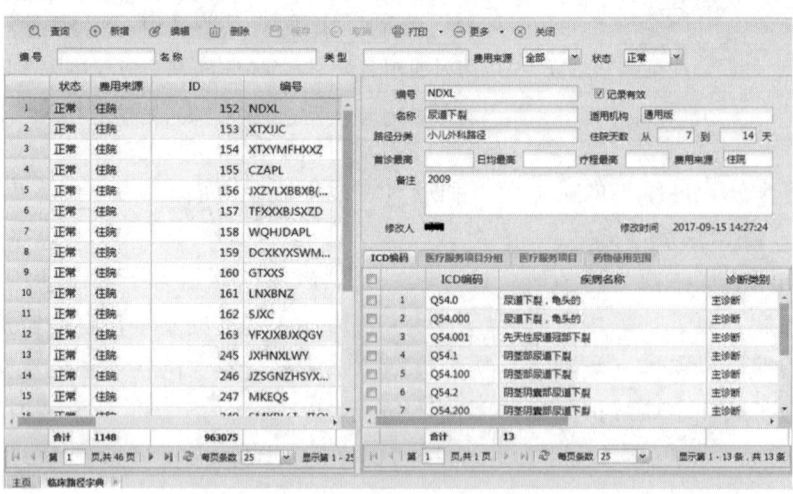

图 4.25 临床路径字典维护界面

ICD 编码是指属于该临床路径或病种诊疗方案范围的疾病编码。医疗服务项目分组和医疗服务项目是指当前路径或诊疗方案中涵盖的医疗服务项目，其中医疗服务项目分组是为了简化维护操作而进行的归并操作。典型的医疗服务项目分组管理界面如图 4.26 所示。

图 4.26　医疗服务项目分组管理界面

通过医疗服务项目分组管理可以极大地减少临床路径中对医疗服务项目的维护工作，例如，将临床诊疗方案中常见的各种检查和治疗建立分组，包括术前常规检查、住院常规检查、体格检查、X 光检查等，在不同的临床路径中使用，对没有纳入医疗服务项目分组的项目，可以单独罗列。这些分组和单独罗列的项目可能存在一定的重复，在进行算法处理时进行去重处理即可。典型的医疗服务项目维护界面如图 4.27 所示。

图 4.27　医疗服务项目维护界面

3. 药品适应证和禁忌证

药品适应证和禁忌证是药品通用名维护的从表部分，其中适应证和禁忌证都参照引用了临床病症字典的内容，这样能够有效降低对疾病编码的参照引用维护工作量，并且能够极大地减少维护差错。典型的药品适应证维护界面如图 4.28 所示。

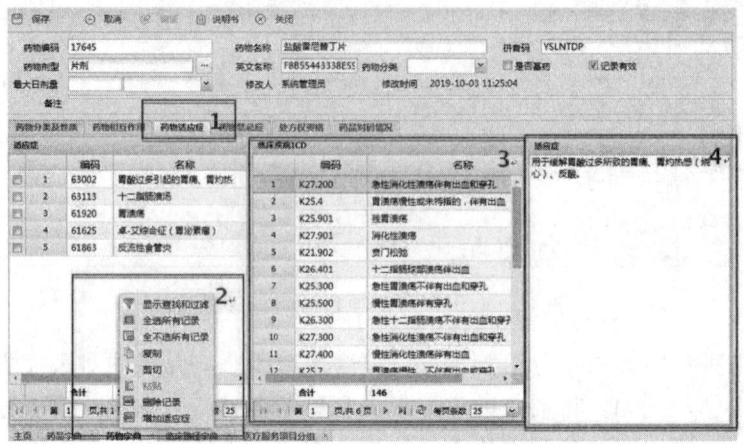

图 4.28　药品适应证维护界面

注：1. 适应证和禁忌证数据维护选择项，通过按钮显示不同的维护界面。
2. 药品适应证列表采用鼠标右键弹出功能菜单，启动临床病症的参照引用界面，完成临床病症的选择和加入。
3. 当前临床病症对应的疾病编码列表，供知识库维护人员查看和确认。
4. 当前药品通用名的适应证描述。

药品的禁忌证操作与适应证类似，其典型的维护界面如图 4.29 所示。

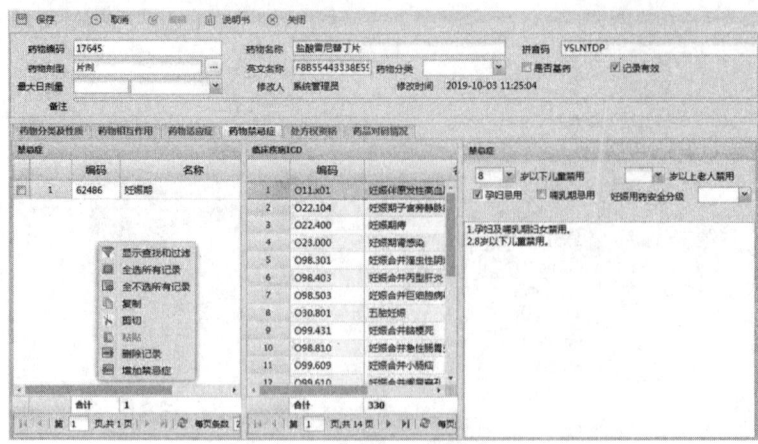

图 4.29　药品禁忌证维护界面

4. **药品相互作用**

药品相互作用也在药品通用名维护的从表部分,与药品禁忌证和适应证略有不同的是,药品相互作用的对象不是单一的药品通用名,还包括不同药物分类树状结构上的节点。所以参照引用药品相互作用时,有多个参照引用方式可选用。典型的药品相互作用维护界面如图 4.30 所示。

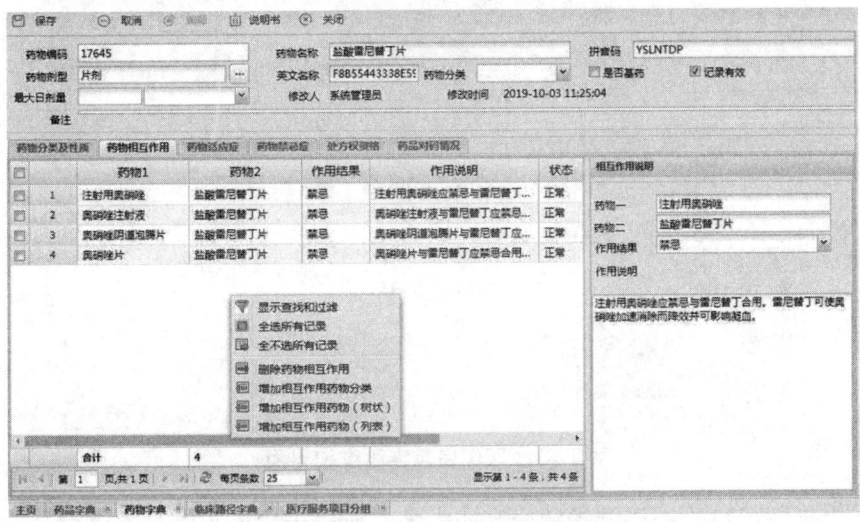

图 4.30　药品相互作用维护界面

4.4.1.3 医保知识库维护

医保知识库维护包括若干功能,主要功能模块及说明见表 4.5。

表 4.5　医保知识库维护主要功能模块及说明

序号	功能模块名称	说明
1	医保险种字典	
2	医院等级字典	
3	医院类型字典	
4	医保目录字典	以主从表形式对医保目录的所有知识库内容进行维护,包括医保项目限价、医保项目对码、医保项目使用限制等
5	门诊慢病字典	以主从表形式对门诊慢病字典进行维护,包括门诊慢病基本信息及其符合结算规定的医保项目

医保知识库维护中的主要重点和难点有以下几个方面。

1. 医保目录字典

医保目录字典维护包括医保目录的基本信息，重点数据项包括医保项目编码、名称、收费类别、限制性说明等，采用二维表格形式维护基本信息，典型的医保目录字段维护界面如图 4.31 所示。

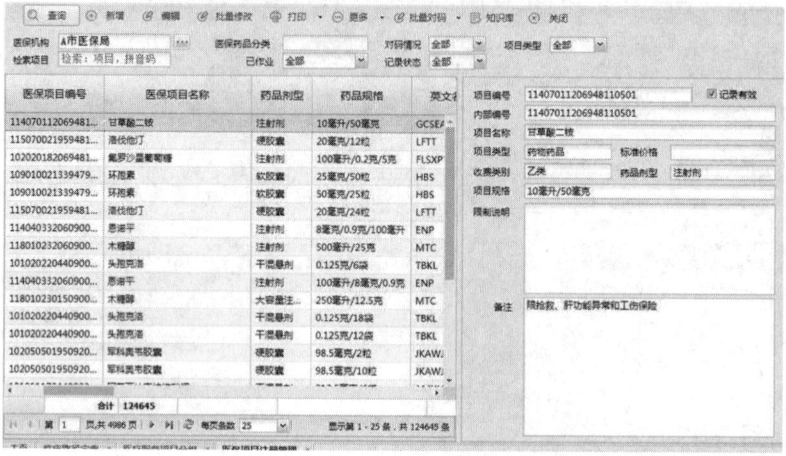

图 4.31 医保目录字段维护界面

由于医保目录需要维护的内容非常多，所以采用单独的页面进行其他信息的维护，包括医保目录的扩展信息、使用限制信息、对码信息、按医院等级限价等内容。典型的医保项目维护界面如图 4.32 所示。

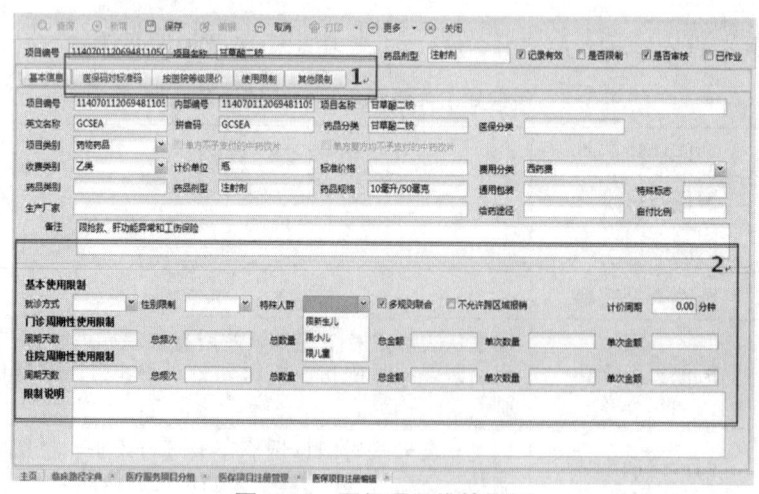

图 4.32 医保项目维护界面

注：1. 医保项目不同内容的维护选择区，通过按钮显示不同的维护界面。

2. 医保项目基本使用限制的定义区，包括就诊方式（限门诊、限住院）、性别、特殊人群（限新生儿、限小儿等）、医保项目使用周期和频次等内容。

医保项目的医院等级限价按照不同医院等级分别管理，典型的医保项目的医院等级限价维护界面如图 4.33 所示。

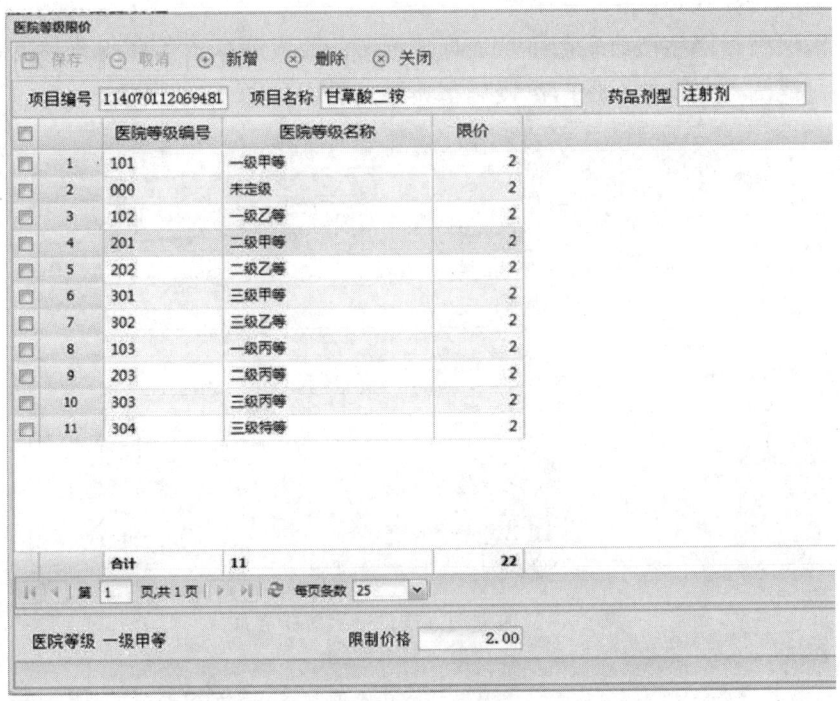

图 4.33　医保项目的医院等级限价维护界面

医保项目的使用限制维护界面如图 4.34 所示。

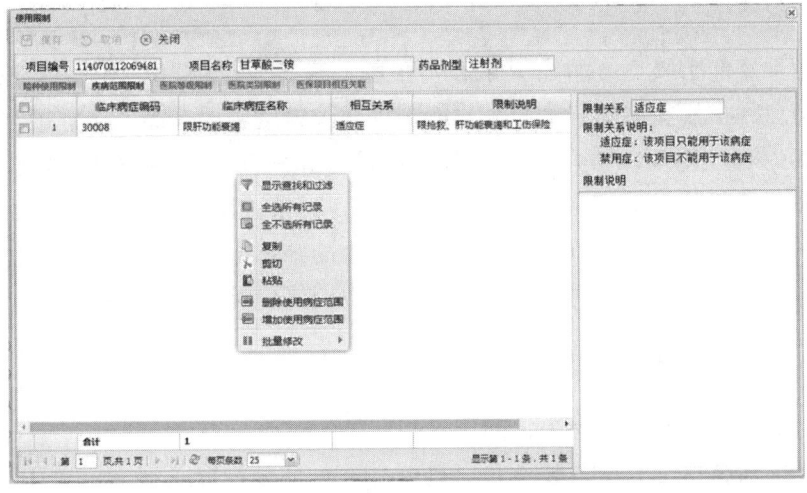

图 4.34　医保项目的使用限制维护界面

在疾病范围内，通过鼠标右键菜单点选功能，如增加使用病症范围时，通过临床病症参照界面引用不同的临床病症记录。

2. 医保门诊慢病字典

医保门诊慢病字典采用主从表形式维护门诊慢病基本信息及其对应的医保项目范围，典型的医保门诊慢病字典维护界面如图 4.35 所示。

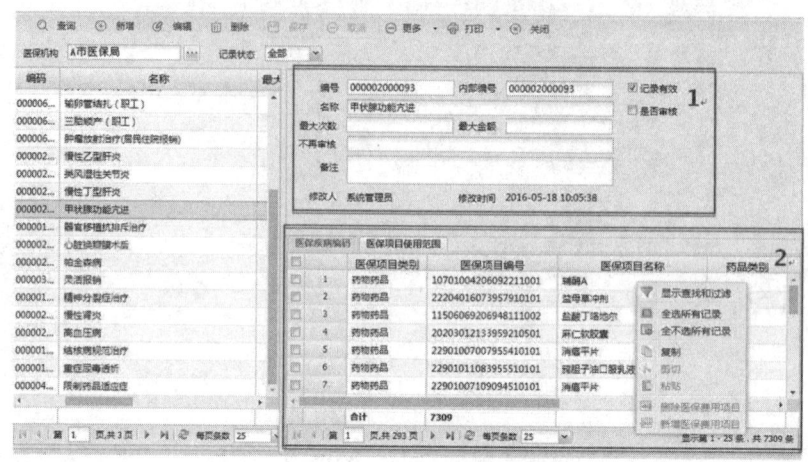

图 4.35　医保门诊慢病字典维护界面

注：1. 医保门诊慢病基本信息维护区。
2. 医保门诊慢病归属的疾病范围及其能够由医保基金承担的医保项目范围，通过鼠标右键菜单功能进行调整。

4.4.2　知识库对标软件设计

医保智能审核系统的知识库需要在各个统筹区应用，知识库中的药品、诊疗项目、疾病编码等标准编码需要建立与统筹区内的药品、诊疗项目及疾病之间的对照关系，称为对标（也称对码）。由于需要对标的内容比较多，比如药品编码约有 16 万条，诊疗项目约有 1 万条，疾病编码有 3 万条以上，为减少对标工作量，可以通过建立一个专用的知识库对标软件进行维护，该软件包括字典类数据的对标和针对统筹区内医保目录的自动规则匹配。

4.4.2.1　对标流程和算法

对标是建立两套编码表之间记录与记录的对照关系。一般情况下，每套编码表中都有自己的项目名称和项目编号，大部分情况下还有一个 ID 字段来区分该编码表中每条记录的唯一性。由于每套编码表的项目编号编制规则和方法不同,所以绝大部分情况下通过项目编码进行对标的可能性不大,而常常采用项目名称比对来实现对标。需要对标的编码表中,项目名称在大多数场合下为中文,而中文与英文在单词组织形式上大不相同,英文单词具有相对独立性,针对英文单词的对标可以采用列举法;而中文采用文字组合形式,同一个概念可以采用多个汉字的不同组合来表达,如急性阑尾炎、阑尾炎急性发作、阑尾急性炎症等,所以针对中文的对标往往采用多种方式结合。对标的主要处理流程如图 4.36 所示。

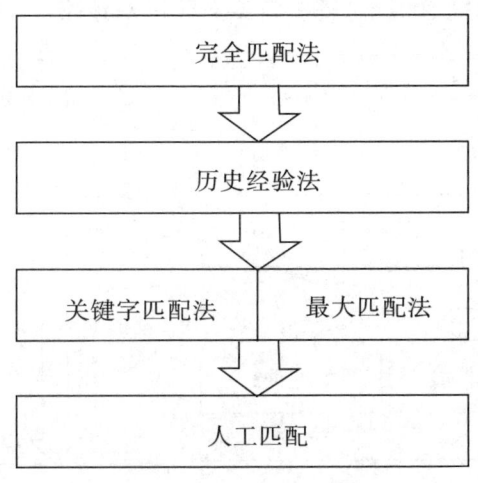

图 4.36　对标的主要处理流程

1. **完全匹配法**

完全匹配法是最简单的对标算法,即依次对比两套编码表中的项目名称,当第一套编码表中某条记录的项目名称与另外一套编码表中某条记录的项目名称完全一致时,则认为两套编码表中的这两条记录是匹配的。完全匹配法还可以扩展为多个比较项,如药品中除药品名称外,还需要匹配药品剂型和规格的一致性。完全匹配法在数据库中运算的效率非常高,尤其是针对项目名称建立索引后,两个数万条记录的编码表进行完全匹配运算,可以在几秒钟内得到匹配结果。完全匹配法得到的结果在大部分情况下是不需要人工再次干预的。

2. **历史经验法**

历史经验法就是将既往已经对标的数据保存起来,在另外一个类似对标场合下,依照历史的对标结果进行当前编码表的对标处理。例如,历史对标中如果认为,急性阑尾炎=阑尾炎急性发作,那么在进行两个编码表对标时发现分别存在"急性阑尾炎"和"阑尾炎急性发作"两条记录,即可认为这两条记录存在一致性,可以对标在一起。历史经验法因为是借鉴历史判断结果,所以得到的结果在大部分情况下不需要人工再次干预。

3. 关键字匹配法

关键字匹配法是一种相对复杂的方式,由于中文是采用文字组合方式成词,所以一个概念可以有多种文字组合方式,采用完全匹配法时,只要有一个文字不同就会被认为存在差异,导致完全匹配法在实际应用中的成功率不高。针对医保使用的各种编码及其特点,提出关键字匹配法能够部分解决上述问题,我们认为中文的概念解析与英文存在差异性,如图 4.37 所示。

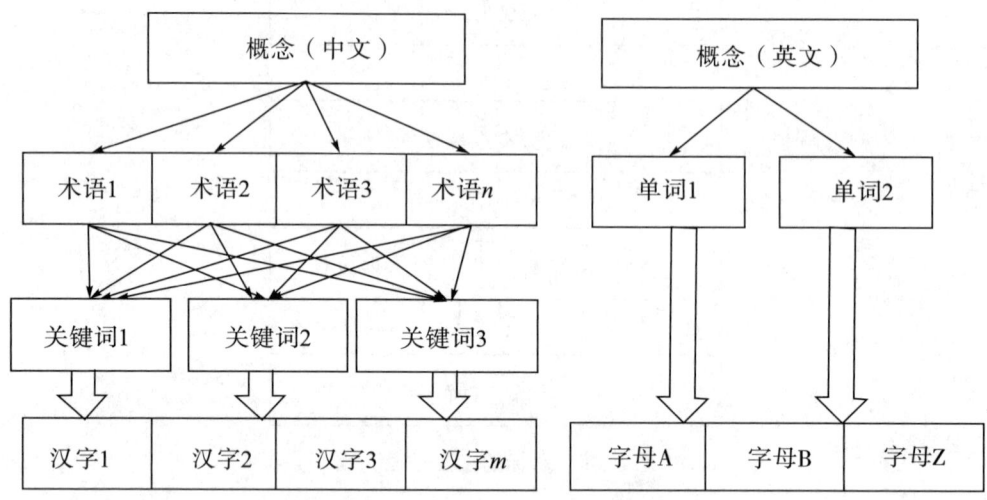

图 4.37 中文概念和英文概念解析差异

在英文中,一个概念只需要 1~2 个单词就可以表达,每个单词的字母组合是固定的,所以英文的自然语言分析中往往使用单词来替代术语,采用列举法可以相对简单地解决术语(单词)构成问题。中文则不同,中文采用组合文字进行表达,即可以使用不同的文字组合来表达同一个概念。这种多变的文字组合就形成了术语的多样性,这也导致中文的自然语言分析复杂度要远高于基于单词的英文。所以在进行两套编码表之间的对标工作时,其目的是寻找两套表中相同概念的记录,中文文字组合的差异让这项工作变得相对困难。关键词匹配法的基础是:虽然每个术语的文字组合方式不同,但归结起来还是由若干相对固定的关键词构成,并且每个关键词的文字组合也是相对固定的。如"急性阑尾炎",我们将该术语划分为三个关键词——"阑尾""急性""炎",其中"阑尾"是解剖部位,"炎"是生理病理变化,"急性"是生理病理变化特征。通过判断其他术语中是否同时包含上述三个关键词,能够大致确定该术语是否为同一个概念。

在实际应用中,关键词匹配法处理要远远复杂于上述例子,我们将关键词分为包含关键词和排除关键词,同时又分为显性关键词和隐性关键词。顾名思义,包含关键词是指术语中必须包含的关键词,即一个术语中同时含有指定的关键词,该术语才有可能属于指定的概念;排除关键词是指该概念下的术语中不能包含的关键词,例如"急性阑尾炎"的排除关键词包括"穿孔""腹膜炎"等,以便于同"急性阑尾炎伴腹膜炎""急性阑尾炎伴穿孔"等区分。常规情况下,"急性阑尾炎"又可以称为"急性单纯性阑尾炎""急性化脓性阑尾炎"等,所以该术语隐藏了几个关键词,如"单纯性""化脓性",所以针对"急性阑尾炎"这个术语,"阑尾""急性""炎"是显性关键词,而"单纯性""化脓性"是隐形关键词。在关键词维护和算法设计时,可以不使用排除关键词,而采用关键词最大匹配算法解决,在某种程度上可以减少关键词的维护工作量。

与完全匹配法和历史经验法不同,关键词匹配法只能找出可能存在一致的记录,无法完全确认查出记录的绝对一致性,所以关键词匹配法的匹配结果需要人工干预和确认。

4. **最大匹配法**

最大匹配法是通过比较两段文字之间的汉字匹配率来判断最大匹配可能性的方法。主要通过判断两段文字中相同文字及其出现顺序的一致性,从而得出两段文字的匹配符合率。例如"阿莫西林克拉维酸钾片"与"阿莫西林分散片",进行最大匹配法运算,具有相同文字及顺序的汉字包括"阿莫西林"和"片",所以匹配率为50%(5个匹配的汉字与第一个术语的汉字长度10的百分比)。把第一套编码表中的每一个项目名称与第二套编码表中的每一个项目名称进行匹配运算,按照匹配率由大到小进行排列,匹配率越大的越有可能存在一致性。

与关键词匹配法一样,最大匹配法不能完全确认记录的一致性,所以常常用于辅助人工匹配,即进行人工匹配时,针对当前记录将第二套编码表中的每一个项目名称进行匹配运算,然后按匹配率由大到小进行排列并显示给操作员进行选择,这样能够有效提升人工操作的效率。

5. **人工匹配**

完全匹配法和历史经验法得到的匹配结果往往认为是正确的,一般情况下不需要人工干预,但是关键词匹配法的结果不一定是正确的,需要人工确认。另外,通过关键词匹配法仍然没有找到相应匹配记录时,需要采用最大匹配法找到最相近的记录,进行人工匹配。

需要说明的是,对标使用的各种匹配算法不等同于NLP中的识别算法,对标主要是针对各种诊疗项目、药品和疾病名称，在概念—术语层面上的匹配算法；而 NLP 中的识别算法，更多的是基于术语对自然文字进行术语识别并解析其相互逻辑关系。可以这样理解，构建概念—术语库并进行对标，是进行 NLP 的基础。

4.4.2.2 字典对标设计

字典对标是建立知识库中标准编码与统筹区应用编码之间的对照关系。普通的字典对标相对较简单，比较复杂的对标工作主要集中在药品编码对标和疾病编码对标。

1. 药品编码对标

不同统筹区医保目录中的药品编码差异比较大，在国家医疗保障局成立并建立药品编码规范之前，各地医保目录中的药品编码几乎是互不相同的，甚至药品目录数量差异也非常大，在《国家基本医疗保险、工伤保险和生育保险药品目录（2019 年）》中定义的药品目录数量有 2700 多条，在各个统筹区具体经办时采用的药品目录数量，少的为 5000～10000 条，多的可以达到 160000 条以上。2019 年 6 月，《国家医疗保障局关于印发医疗保障标准化工作指导意见的通知》（医保发〔2019〕39 号）将全面规范医保疾病诊断、手术操作、药品、医疗服务项目、医用耗材等编码。医保药品编码的统一能够减少药品编码的对标工作量，但是我们仍然要讲一讲药品编码对标的基本原理，这有助于各医疗机构开展药品对码工作。由于各个统筹区药品目录中药品名称和剂型内容的定义不尽相同，部分地区采用药品通用名＋药品合并归类剂型的模式，如阿莫西林口服常释剂，还有部分地区采用药品在国家药监局审批通过的药品通用名＋剂型的模式，如阿莫西林胶囊等。在医保智能审核系统知识库中，药品采用药品通用名＋剂型的模式，这就需要建立知识库中药品通用名记录与医保目录中药品目录之间的对标关系，称为药品编码对标。

采用药品通用名＋剂型模式的统筹区，其药品编码对标工作相对较容易，首先由计算机按照对医保目录中的药品名称进行处理，去掉注释内容，如括号及其内容、星号等，再将剩余的文字与知识库中药品通用名进行匹配，完全匹配的可以认为是同一种药品。如果统筹区采用药品通用名＋药品合并归类剂型模式，则需要采用关键词处理方式做进一步细化处理。关键词处理方式的原理如图 4.38 所示。

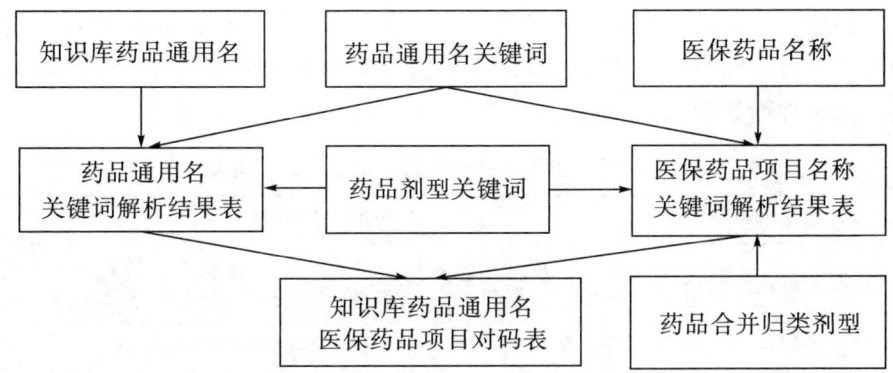

图 4.38 关键词处理方式的原理

首先建立知识库药品通用名在药品通用名关键词和药品剂型关键词支持下的解析,形成药品通用名关键词解析结果表;其次对统筹区的医保药品目录中药品名称及剂型,结合药品合并归类剂型与药品剂型关系表,按照药品通用名关键词和药品剂型关键词进行解析,形成医保药品项目名称关键词解析结果表;最后把两个解析结果表内药品通用名关键词和剂型关键词相同,以及逻辑关系相同的记录匹配在一起,形成知识库药品通用名与医保药品名称之间的对标结果。

抽取的药品通用名关键词包括包含关键词和排除关键词。例如,阿莫西林的包含关键词为阿莫西林,排除关键词是克拉维酸钾、舒巴坦等。药品通用名关键词维护界面如图 4.39 所示。

图 4.39 药品通用名关键词维护界面

同理，需要对药品剂型，尤其是药品合并类型的关键词进行维护，药品剂型存在合并归类的需要单独处理，其内容及关键词见表 4.6。药品剂型关键词维护界面如图 4.40 所示。

表 4.6　医保目录药品合并归类剂型（2019 年版）

合并归类剂型	包含的具体剂型
口服常释剂型	普通片剂（片剂、肠溶片、包衣片、薄膜衣片、糖衣片、浸膏片、分散片、划痕片）、硬胶囊、软胶囊（胶丸）、肠溶胶囊
缓释控释剂型	缓释片、缓释包衣片、控释片；缓释胶囊、控释胶囊
口服液体剂	口服溶液剂、口服混悬剂、干混悬剂、口服乳剂、胶浆剂、口服液、乳液、乳剂、胶体溶液、合剂、酊剂、滴剂、混悬滴剂、糖浆剂（含干糖浆剂）
丸剂	丸剂、滴丸
颗粒剂	颗粒剂、肠溶颗粒剂
口服散剂	散剂、药粉、粉剂
外用散剂	散剂、粉剂、撒布剂、撒粉
软膏剂	软膏剂、乳膏剂、霜剂、糊剂、油膏剂
贴剂	贴剂、贴膏剂、膜剂、透皮贴剂
外用液体剂	外用溶液剂、洗剂、漱口剂、含漱液、胶浆剂、搽剂、酊剂、油剂
硬膏剂	硬膏剂、亲水硬膏剂
凝胶剂	乳胶剂、凝胶剂
涂剂	涂剂、涂膜剂、涂布剂
栓剂	栓剂、直肠栓、阴道栓
滴眼剂	滴眼剂、滴眼液
滴耳剂	滴耳剂、滴耳液
滴鼻剂	滴鼻剂、滴鼻液
吸入剂	气雾剂、粉雾剂、吸入剂、吸入粉雾剂、干粉吸入剂、粉吸入剂、雾化溶液剂、吸入气雾剂、吸入（用）溶液、吸入（用）混悬液、（鼻用）喷雾剂、鼻吸入气雾剂、雾化吸入用混悬液、吸入（用）气雾剂、雾化液
注射剂	注射剂、注射液、注射用溶液剂、静脉滴注用注射液、注射用混悬液、注射用无菌粉末、静脉注射针剂、注射用乳剂、乳状注射液、粉针剂、针剂、无菌粉针、冻干粉针、注射用浓溶液

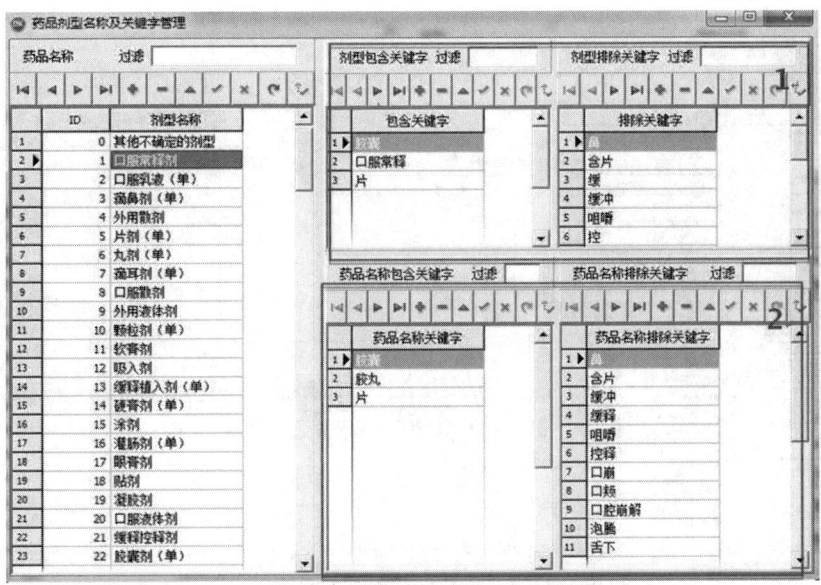

图 4.40 药品剂型关键词维护界面

注：1. 药品合并归类剂型中包含关键词和排除关键词的维护界面。
2. 医保项目药品名称中针对剂型的包含关键词和排除关键词的维护界面。

2. 疾病编码对标

目前，大部分统筹区的疾病编码采用 ICD-10，手术编码采用 ICD-9-CM3，但是由于国内 ICD-10 编码版本比较杂乱，即便是同一个版本的 ICD-10 也存在细小差异，所以在大部分情况下还是需要将知识库中的疾病编码与统筹区使用的疾病编码对标，减少由此带来的医保智能审核质量问题。疾病编码对标不是针对编码而是针对疾病名称采用关键词模式进行对标，包含关键词和排除关键词共同形成对疾病名称的识别内容。疾病名称关键词维护界面如图 4.41 所示。

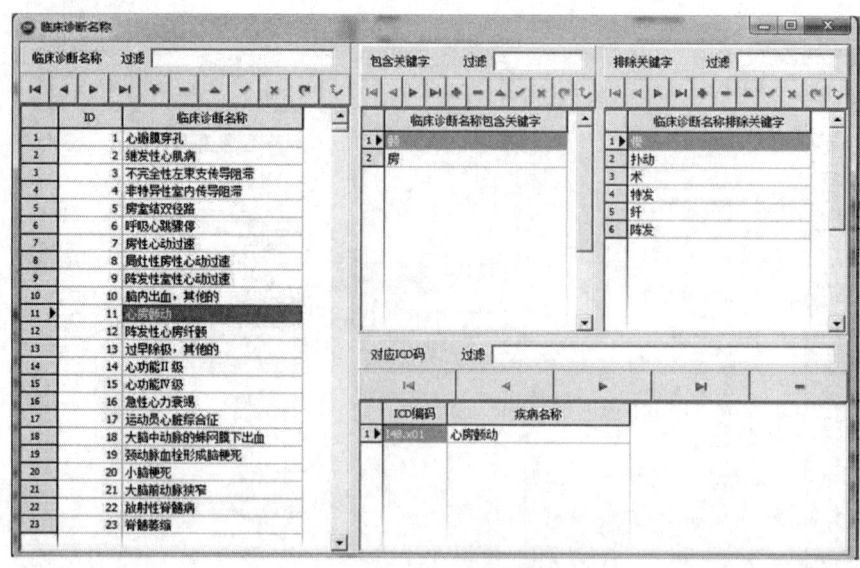

图 4.41 疾病名称关键词维护界面

4.4.2.3 医保目录使用限制自动匹配设计

医保知识库的核心是医保目录，其建设特点围绕医保目录定制各个地区的医保知识库。每个地区的医保目录数量和内容存在一定的差异性，针对 3 万多条记录医保目录到近 20 万条记录的医保目录，在制作个性化极强的医保知识库时，如何降低知识库维护人员的工作量就显得非常重要了。

医保目录最常见的维护工作是维护药品的使用限制范围，而要设置药品的使用限制范围，核心是识别药品名称和使用限制说明内容，借鉴药品与疾病的关键词识别方法，先将有使用限制的药品从医保目录中抽取出来，然后根据使用限制中的内容进行使用限制识别，将预先设置好的限制内容复制到该医保项目上，从而完成对医保项目使用限制内容的维护。医保目录使用限制内容关键词维护界面如图 4.42 所示。

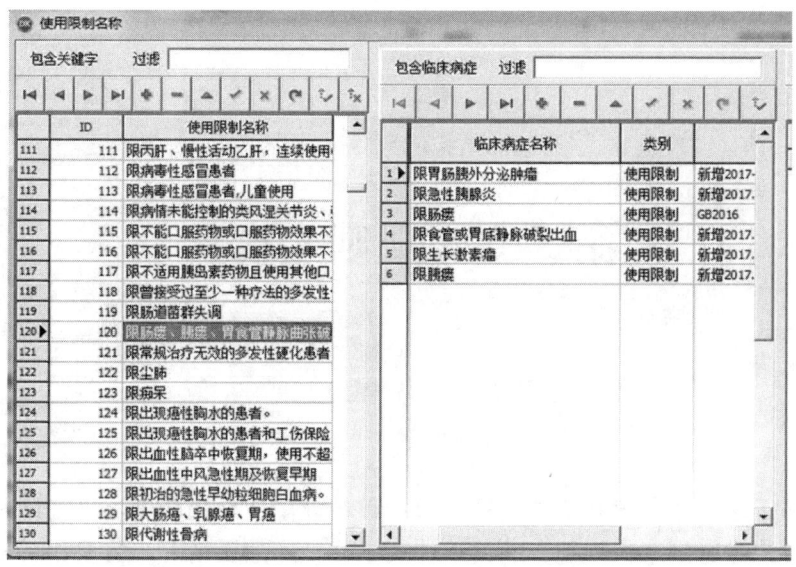

图 4.42　医保目录使用限制内容关键词维护界面

利用使用限制内容，预先设置好相关的临床病症、医院等级、险种以及项目关联关系等内容，再根据当地统筹区医保目录中的限制内容，将需要限制的内容自动填入医保目录使用限制表中，实现医保目录使用限制的自动维护，其界面如图 4.43 所示。维护了使用限制内容的医保项目，为便于人工进一步核查和比对，一般需要再建立一个医保项目使用限制维护总表，将与使用限制相关的项目填入该表，并可导出为 Excel 文件。非限制内容形成空白，便于知识库维护人员进行维护，通过这种方式能够有效提升知识库维护人员对医保知识库的维护效率。

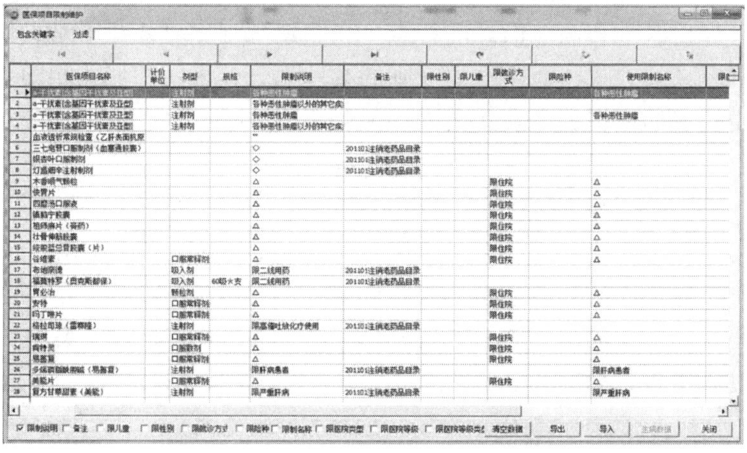

图 4.43　医保目录使用限制的自动维护界面

第 5 章 规则库设计

在医保智能审核系统中,针对每一条结算单及费用明细,最终还是采用规则方式进行判断。规则库的设计体现了知识库建设情况,需要相关算法的配合。所以规则库的构建、设计和算法实现是一个有机结合体,既要考虑规则的规范和完整性,又要考虑规则的可维护性,还要考虑算法实现的便捷性和高效性,寻求这几个方面的平衡是规则库设计的核心思路。

5.1 基本概念

规则是构成规则库的基石,也是知识库的外在表达形式。规则按照不同应用场景可以分为不同种类,如按业务类别划分的医学规则和医保规则,按强制程度划分的刚性规则和非刚性规则等。由于规则必须能够被计算机软件识别,再加上医学和医保信息的特点,在构建规则库时往往不是采用一条一条的规则定义的方式,而是根据规则的共性划分,采用相似或相同算法,将知识库中构建的逻辑关系表达出来。

5.1.1 规则基本概念

规则是知识库的外在表达形式。任意一个规则都包括两个部分,即条件部分(IF)和结论部分(THEN),所以我们常将这种规则称为 IF-THEN 规则,其语法表达如下:

IF<条件部分>　THEN<结论部分>

条件部分包括多个条件项,每个条件项之间可以是并且(AND)、或者（OR）关系；结论部分包括多个结论项目，每个结论项目都是同时成立的，结论项目一般是一个赋值过程。规则将知识库中的内容转换为计算机软件能够识别的表达方式，而这种表达方式与软件中的具体算法密切相关。例如，前列腺液常规检查这一诊疗项目限男性患者，则其表达式为

IF<诊疗项目＝前列腺液常规检查 AND 患者性别＝男性＞ THEN
<诊疗项目使用是否合理＝合理＞

规则按照不同应用场景可以分为不同种类，在医保智能审核系统中，可以按规则业务类别、强制程度、应用场景和算法类型等分为不同的规则类型。

5.1.1.1 医学规则和医保规则

按照业务类别，可以将规则分为医学规则和医保规则。医学规则是基于医学知识库形成的规则，更多地表达医学知识库相关内容；医保规则是基于医保知识库形成的规则。医学规则可以按照医学知识库的构成进一步细分为临床药学规则和临床医学规则，如药品适应证就是非常典型的临床药学规则。

5.1.1.2 刚性规则和非刚性规则

根据规则在执行层面上的强制程度，可以将其分为刚性规则和非刚性规则（也称柔性规则）。刚性规则一般反映事物和行为的明确性，而由于信息不对等、医学的特殊性导致一些规则不能非常明确地反映事物和行为的合理性。例如，前列腺液常规检查必须应用于男性患者，这是由人体生理结构决定的，不因其他条件和信息的变化而变化，所以属于刚性规则。而药品适应证的判断，取决于患者的临床诊断、病情变化的不同时期，以及主管医生的个人经验等因素，所以在判断结果的强制性上具有不确定性，一般纳入非刚性规则范畴。

5.1.1.3 审核规则和监控规则

按照应用场景，可以将规则分为审核规则和监控规则。审核规则是以知识库为基础，针对医保相关费用和行为进行判断的规则；监控规则是以统计指标或某些数据项为基础，设置一定的值域范围作为判断标准。例如，分解住院的判断是依照同一所患者在同一个医院以相同疾病多次住院，两次住院间隔时间不超过 n 天。又如，频繁就医的判断是一个月内门诊就诊次数超过 n 次或总金额超过 m 元的患者等。

5.1.1.4 判断类规则和集合类规则

按照规则算法，还可以将规则分为判断类规则和集合类规则。如诊疗项目性别限制类规则就属于判断类规则，通过简单的 IF-THEN 规则就可得到结论。而集合类规则要复杂一些，更像是若干 IF-THEN 规则的集合，如药品适应证规则就是典型的集合类规则，通过判断患者的疾病诊断是否在药品的适应证范围内，即两个数据集合的交运算。

5.1.2 规则的构建方式

在医保智能审核系统的实践过程中，常常有这样的问题：系统中的审核规则有多少条？这个问题其实是挺难回答的，一方面，对规则的分类有多种；另一方面，业务经办方和信息化建设方在概念上存在一定差异，即对一条规则的定义不明确会导致规则数量的统计不同，再加上规则随着知识库的不断调整，映射出来的 IF-THEN 规则范围也会有很大幅度的变化，很难说清当前审核规则的具体条数。以相对简单的药品适应证这个规则分类为例进行说明，药品适应证规则分类关系如图 5.1 所示。

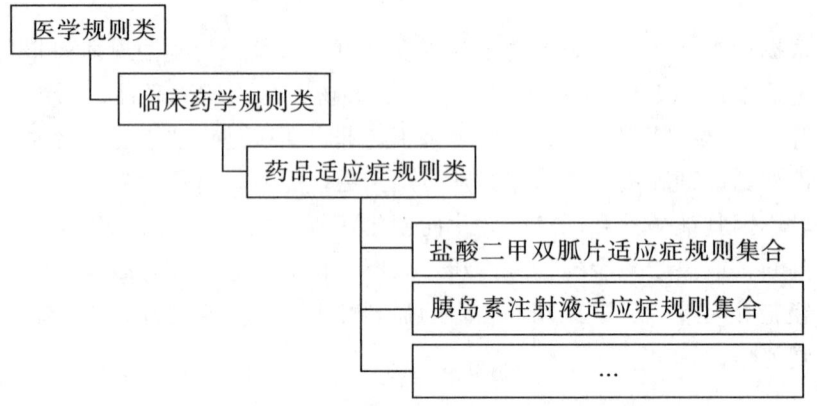

图 5.1　药品适应证规则分类关系

每种药品的适应证规则集合按照 IF-THEN 模式进行表达，我们可以按照二维表格模式进行编排和表达。表 5.1 是业务经办方希望能够看到的最直接的 IF-THEN 规则表达形式。

表 5.1　药品适应证规则 IF-THEN 规则表达形式

药品编码	药品名称	疾病编码 （ICD-10）	IF-THEN 规则
H32020614	胰岛素注射液	E10. xxx	IF 患者的疾病编码 LIKE E10% THEN 是否符合适应证=是
H32020614	胰岛素注射液	E11. xxx	IF 患者的疾病编码 LIKE E11% THEN 是否符合适应证=是

但是，在实际应用过程中，不建议这样维护规则数据，原因有以下几点。

1. 维护工作量巨大

国家药监局目前公布的注册药品有 16 万多种，按照通用名去重后还有 2 万多种，每种药品的适应证根据药品说明书进行整理，一个病症往往意味着数十甚至数百个 ICD-10 编码，例如，E10 代表 1 型糖尿病，E11 代表 2 型糖尿病，每个 3 位码下面的 6 位码还有数十个，如果这样维护每种药品对应的 ICD-10 编码，记录总数为百万条以上，维护工作量非常巨大，并且容易出错。

2. 规则运算速度慢

按照 IF-THEN 模式，对一个患者的用药进行适应证判断时，需要按一种药品、一个疾病这样一条一条地判断，在百万条记录中进行查找，其性能相对较差。更何况一个患者的用药不止一种，诊断疾病不止一个，一次审核不止一个患者，这样累计循环就会增加运算量。所以单纯采用 IF-THEN 模式组织规则会导致运算性能大幅降低。

基于上述原因，在具体实现时往往把一类疾病的编码进行统一维护，称之为临床病症。把药品适应证与临床病症对应起来，使用集合运算，通过判断不同集合之间是否存在交集来判断是否符合 IF-THEN 规则，这种交运算原理如图 5.2 所示。

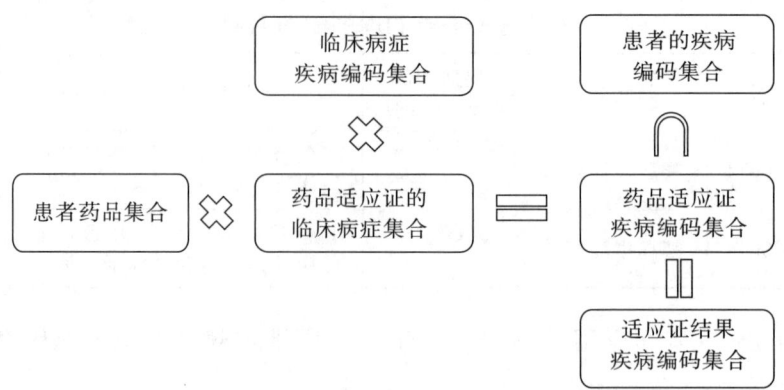

图 5.2 药品适应证与临床病症交运算原理

通过判断适应证结果疾病编码集合是否为空来判断是否符合药品适应证范围。如果结果集合不为空,即患者的疾病编码集合与药品适应证疾病编码集合存在交集,则该患者符合适应证用药;如果结果集合为空,表示患者的疾病编码中没有符合药品适应证范围的基本编码,则意味着存在超适应证用药的情况。

虽然集合运算的本质仍然是 IF-THEN 规则运算,但可以极大地加快运算速度,并且使用集合运算方法可以提高知识库维护效率。通过维护临床病症疾病编码集合,当一种药品对一类疾病可能存在数百个 ICD-10 编码时,利用临床病症可以变为只维护一条记录,多种药品对同一种临床病症也不会出现漏维护和多维护情况,如果要调整某类疾病的 ICD-10 编码,只需要调整一条临床病症记录,其他相关的药品适应证对应疾病 ICD-10 编码都会随之自动调整。可见,由此使维护工作效率呈数量级提升。

用集合运算替代 IF-THEN 规则运算带来了另外一个问题,即规则数量的问题。在这种集合运算模式下,每个 IF-THEN 规则已经隐含在数据结构之间的逻辑关系中,其数量和单条维护的意义已经被集合替代,所以一般不会刻意讨论规则的具体数量,而是讨论规则类的数量,如超适应证用药规则类,如果一定要以一个数量评估,可以用如下公式计算:

$$\text{药品适应证规则条数} = \sum_{i=1}^{n} \text{第 } i \text{ 个药品的适应证规则数}$$

式中,

$$\text{第 } i \text{ 个药品的适应证规则数} = \sum_{k=1}^{m} \text{该药品第 } k \text{ 个适应证对应临床病症的 ICD-10 编码数}$$

这里只是以药品适应证进行简单的原理描述,更复杂的情况比如药品相互作用,涉及药品分类、药品通用名之间的关系,若一个药品通用名与另外一个药品分类下的所有药品通用名存在某种相互作用关系，如果用集合运算模式进行维护，则工作量只有一条；如果按药品通用名进行维护，则可能有数万条，其维护成本和效率不可同日而语。

5.1.3 规则与知识库的关系

规则是知识库的外在表达形式，规则类知识库需要通过规则这个具体的表达形式，体现知识库在医保智能审核系统中的作用。规则依赖于知识库内容，其相互之间的关系如图 5.3 所示，当知识库内容发生变化时，规则也会发生相应变化。这种变化主要体现在 IF-THEN 规则的产生和消亡。例如，医学知识库中关于临床路径的医疗服务范围加入了某个新的医疗服务项目，关于该临床路径则需要自动增加一条关联的诊疗项目 IF-THEN 规则；如果加入了某个新的医疗服务项目组，则需要自动增加这个医疗服务项目组内所有医疗服务项目对应的若干关联 IF-THEN 规则。同理，如果减少了某个医疗服务项目或医疗服务项目组，则相关的 IF-THEN 规则需要自动被取消而消亡。这个过程是单向不可逆的，即知识库的变化能够影响 IF-THEN 规则，但 IF-THEN 规则的变化无法影响知识库。无论知识库如何变化，其同一个逻辑关系下产生或消亡的 IF-THEN 规则并不影响规则算法，也就是说同类规则算法并不受 IF-THEN 规则的产生和消亡影响，同类规则的变化在相同算法下影响审核结果。

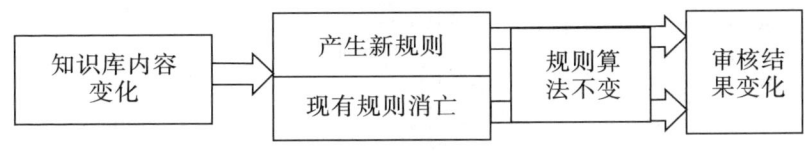

图 5.3　规则与知识库关系

基于上述原因，我们认为在设计规则时应充分考虑知识库内在逻辑关系和算法编制的繁杂度，尽量减少手工对 IF-THEN 规则的修改，而是让 IF-THEN 规则依赖知识库的变化而自动变化，把设计的重点放在知识库的维护和算法的高效性上。

5.2　规则设计

医保智能审核系统的规则依赖于知识库，所以规则设计必须考虑知识库的结构和内容，不能脱离知识库单独设计规则。在医保智能审核系统的建设初期，对规则的设计没有明确和严格的界定，某些内容看似规则而被加入规则体系中，例如门诊最大就诊次数规则，通过统计参保人在一段时间内门诊就诊次数是否大于某个阈值（如 30 天内门诊次数不超过 20 次），判断是否违反门诊最大就诊次数规则。这类规则我们认为应属于监控统计指标类，这类指标基本不涉及医学或医保知识库，所以本节讨论的规则设计指以知识库为核心的规则。

5.2.1 规则设计思路

规则的产生和消亡依赖于知识库的变化，则规则设计就要考虑知识库的结构和内容设计。把基于某个特定知识库内容和结构的规则分为一类，称为规则类。这一类的规则可能只有一条 IF-THEN 规则，也可能有成千上万条 IF-THEN 规则，这些规则类因与某个特定知识库结构相关而具有相同算法。如图 5.4 所示，当知识库结构中的内容发生变化时，对应规则类中的 IF-THEN 规则也会自动产生或消亡。

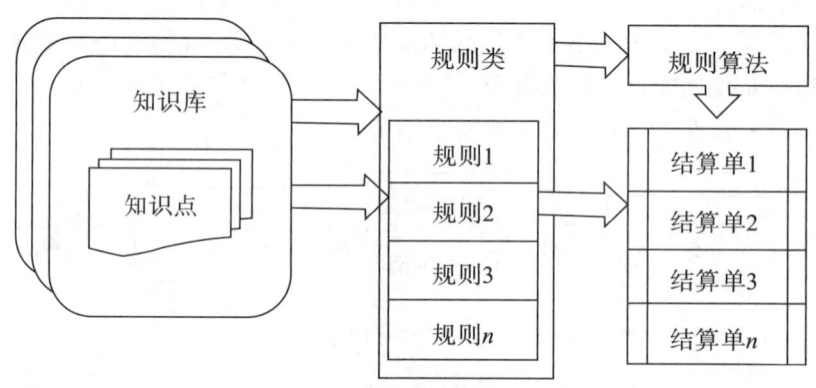

图 5.4 知识库与规则关系

以临床路径审核规则类为例，涉及的知识库结构包括临床路径的疾病范围，以及临床路径涵盖的用药和诊疗项目范围，形成的明细 IF-THEN 规则写法公式为

IF 患者所有疾病编码=临床路径的所有疾病编码　THEN
　　IF 患者的第 i 项费用项目=临床路径的第 k 诊疗项目　THEN
　　　　该费用项目合规
ELSE 该患者不符合临床路径范围

具体判断步骤如下。

1. 编码转换

该患者的所有费用项目按照医院对码表内容转换为医保项目编码,再根据医保项目编码转换为知识库的诊疗项目和药品的标准编码。如果医院的疾病编码与知识库的疾病编码版本不同,还需要将医院的疾病编码转换为医保疾病编码,然后再转换为知识库的标准疾病编码。编码转换是审核的基础工作,也是影响后续审核精准度的重要内容之一。

2. 判断是否符合临床路径范围

检查患者所有的疾病编码是否在某个临床路径的疾病编码范围,不能有超出该临床路径疾病编码范围的内容,若有超出,则不符合该临床路径范围。这一过程要对若干个临床路径依次进行判断,直至找到符合要求的临床路径。

3. 判断费用项目是否在临床路径范围

依次判断患者每一条费用项目对应的编码是否在临床路径的药品范围或诊疗项目范围内。如果在范围内,则该费用项目符合临床路径规范;如果不在范围内,则该费用项目不符合临床路径规范,属于疑似违规项目。

其中,判断费用项目是否在临床路径范围内是整个判断过程中最耗费计算量的,按照IF-THEN规则需要逐条判断,维护IF-THEN规则的工作量远大于基于结构的维护,在实际知识库构建中采用的数据结构如图5.5所示。

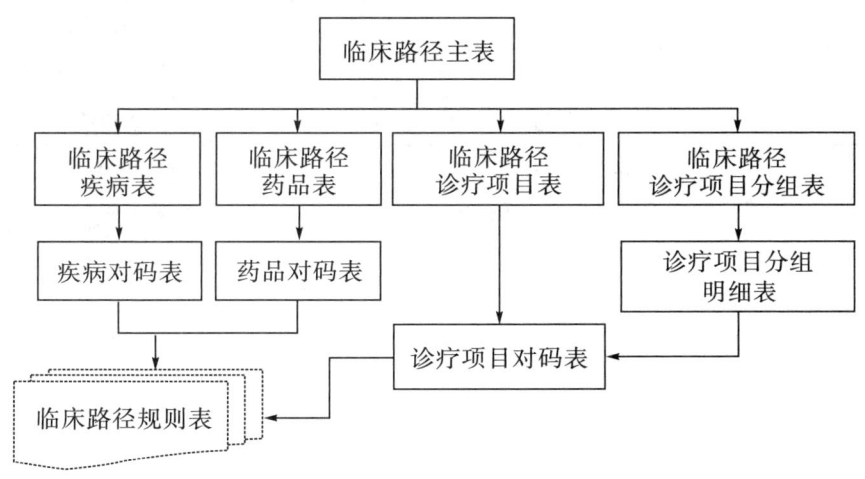

图 5.5 临床路径知识库数据结构

临床路径主表对应了临床路径疾病表、临床路径药品表和临床路径诊疗项目表，临床路径疾病表决定了属于该临床路径的疾病范围，临床路径药品表和临床路径诊疗项目表决定了该临床路径的使用范围。为减少诊疗项目维护工作量，增加了临床路径诊疗项目分组表，把一些常用的诊疗项目分组，如血常规、肝功能等，提供给知识库维护人员使用。最后，通过疾病对码表、药品对码表和诊疗项目对码表形成一个虚拟的临床路径规则表。以慢性阻塞性肺疾病（MXZSXJB）临床路径为例，按照上述结构的维护内容见表5.2。

表 5.2 慢性阻塞性肺疾病临床路径数据表样

临床路径名称	慢性阻塞性肺疾病	编号	MXZSXJB
疾病编码范围			
序号	疾病名称	编码	备注
1	慢性阻塞性肺病伴有急性加重	J44.100	GB2016
2	慢性阻塞性肺气肿性支气管炎伴急性加重	J44.101	GB2016
诊疗项目分组范围			
序号	诊疗项目分组名称	编号	备注
1	CT 检查	12	含5个诊疗项目
2	C 反应蛋白（CRP）	15	含2个诊疗项目
3	血沉（ESR）	205	含1个诊疗项目
4	三级护理	248	含2个诊疗项目
5	体格检查	280	含1个诊疗项目
6	吸入治疗	301	含2个诊疗项目
7	吸痰	302	含1个诊疗项目
8	心电监测	346	含24个诊疗项目
9	心理护理	352	含2个诊疗项目
10	血管彩色多普勒超声检查	385	含2个诊疗项目
11	一级护理	424	含2个诊疗项目
12	病原学检查	49	含9个诊疗项目
13	B超检查	60	含6个诊疗项目
14	超声心动图	62	含5个诊疗项目
15	二级护理	80	含2个诊疗项目
16	肺功能检查	82	含14个诊疗项目
小计	16		含80个诊疗项目

续表

临床路径名称	慢性阻塞性肺疾病	编号	MXZSXJB
诊疗项目范围			
序号	诊疗项目名称	编号	备注
1	肌酐（Cr）测定	FBCC0002	
2	普通二维超声心动图	FCDF0005	
3	擦浴降温	ABLA0001	
4	胸腔彩色多普勒超声检查	EDCJT001	
5	碱性磷酸酶（ALP）测定	CECD8000	
6	胸片 5×7 吋①	FCAB0069	
7	真菌培养+鉴定	CJHL8000	
8	胸部 X 线计算机体层（CT）平扫	EBAJT001	
9	肺弥散功能检查－重复呼吸法	FJE01406	
10	白蛋白（Alb）测定	FBCA0005	
11	胸腔穿刺术	FFGD0007	
12	真菌培养及鉴定（念珠菌系统鉴定）	FBEEA012	
13	粪寄生虫镜检	CJKH3000	
14	最大通气量功能检查	FJE01404	
15	痰杯	CVBB0007	
16	肌酐（Cr）测定	CEEB8000	
17	…	…	略过 38 条，共 54 条
疾病编码范围			
序号	药品通用名或药物分类名称	编号	备注
1	中草药	003	
2	营养治疗药物	007	含 21 个药品通用名
3	化痰、止咳、平喘剂	006	含 174 个药品通用名
4	镇咳药物	012	含 24 个药品通用名
5	利尿药物	021	含 16 个药品通用名
6	强心药物	013	含 8 个药品通用名

---

① 1 吋=1 英寸=2.54 厘米。

续表

临床路径名称	慢性阻塞性肺疾病	编号	MXZSXJB
7	酸碱平衡调节药物	133	含5个药品通用名
8	碳青霉烯类药物	203	含5个药品通用名
9	抗胆碱类药物	022	含7个药品通用名
10	氨基糖苷类药物	037	含21个药品通用名
11	第三代头孢菌素类药物	033	含15个药品通用名
12	第一代头孢菌素类药物	031	含13个药品通用名
13	第二代头孢菌素类药物	032	含17个药品通用名
14	茶碱类药物	201	含20个药品通用名
15	干扰素类药物	102	含2个药品通用名
16	青霉素类药物	010	含47个药品通用名
17	…	…	略过28条，含686条药品通用名记录

从表5.2可以看出，针对慢性阻塞性肺疾病临床路径的知识库维护数量包括疾病编码2条，药品44条，诊疗项目分组16条和诊疗项目54条，共计116条记录，如果按IF-THEN规则明细逐个维护，其规则组织模式采用的二维表格形式参考表5.3。

表5.3 慢性阻塞性肺疾病临床路径规则组织样例

序号	疾病及编码	诊疗项目或药品通用名编码	备注
1	慢性阻塞性肺病伴有急性加重（J44.100）	肌酐（Cr）测定（FBCC0002）	
2		普通二维超声心动图（FCDF0005）	
3		擦浴降温（ABLA0001）	
4		胸腔彩色多普勒超声检查（EDCJT001）	
5		头孢羟氨苄颗粒（12481）	
6		注射用头孢唑林钠（5226）	
7		…	

续表

序号	疾病及编码	诊疗项目或药品通用名编码	备注
8	慢性阻塞性肺气肿性支气管炎伴急性加重（J44.101）	肌酐（Cr）测定（FBCC0002）	
9		普通二维超声心动图（FCDF0005）	
10		擦浴降温（ABLA0001）	
11		胸腔彩色多普勒超声检查（EDCJT001）	
12		头孢羟氨苄颗粒（12481）	
13		注射用头孢唑林钠（5226）	
14		…	

照这种模式需要维护的 IF-THEN 规则数量计算公式为

IF-THEN 规则记录数量＝疾病编码数量×（诊疗项目数量＋药品通用名数量）

表 5.3 中样例按照该公式计算，规则数量为

疾病编码 2 条×（药品 686 条＋诊疗项目 134 条）＝1640 条记录

由此看出，采用知识库方式维护并自动生成明细 IF-THEN 规则的维护数量为 116 条，不到逐条 IF-THEN 规则维护数量（1640 条）的十分之一，所以采用知识库方式维护并自动生成明细 IF-THEN 规则能够有效减少规则的维护数量，从而减少知识库维护人员的工作量，降低知识库维护的差错率。

总之，知识库结构决定了规则分类及其算法，该结构下的知识库内容决定了具体 IF-THEN 规则的数量。这样设计的优点是规则维护较简便、容易，维护工作量成指数级下降，缺点是需要理解知识库与规则的关系。

5.2.2 规则分类

从规则设计思路能够理解规则分类的目的是便于规则的管理和算法的编制。由表 5.4 可知，一般需要将依赖于相同知识库结构和相同算法的规则分为一类，所以在进行规则分类时，先按照业务进行分类，再将相同或相似业务的规则按照知识库结构或算法进一步细分。

表 5.4 医保智能审核规则分类

序号	规则大类	规则小类	规则分类名称
1	医保类	医保项目一致性审核	医保项目编码一致性审核
2			医保项目单价一致性审核
3		重复收费审核	医保项目重复收费审核
4			结算单重复收费审核
5		医保项目价格超限审核	药品价格超限审核
6			诊疗项目价格超限审核
7		频繁就诊审核	分解住院审核
8			门诊 7/15 日内重复就诊
9			门诊就诊频次异常
10		住院天数异常	常规住院天数异常
11			手术住院天数异常
12		住院金额不合理审核	门诊与住院同时发生费用
13			住院费用比例不合理审核
14			住院总费用不合理审核
15		处方不合理审核	门诊单张处方药品种类异常
16			注册医生医保处方权审核
17		项目限定总金额/总数量审核	住院医保项目限定总额审核
18			门诊医保项目限定总额审核
19			住院医保项目限定数量审核
20			门诊医保项目限定数量审核
21		医保项目分组合并审核	医保项目分组总金额超限
22			医保项目分组总次数超限
23			医保项目分组日均金额超限
24			医保项目分组日均次数超限

续表

序号	规则大类	规则小类	规则分类名称
25	医保类	医保项目限定类审核	医保项目限定险种使用审核
26			医保项目限定医院类型使用审核
27			医保项目限定医院级别使用审核
28			医保项目指定医院使用审核
29			医保项目限住院使用审核
30			医保项目限门诊使用审核
31			医保项目限定性别使用审核
32			医保项目禁用人群审核
33			医保项目限定儿童使用审核
34		医保项目报销范围审核	医保项目使用疾病范围审核
35			医保项目联合使用审核
36			医保项目禁止合用审核
37		限频次审核	住院医保项目限定频次审核
38			门诊住院项目限定频次审核
39		门特病审核	门诊项目门特病限制使用审核
40		医保药品使用审核	中药饮片使用监控
41			医保重复用药审核
42			医保二线用药审核
43	医学类	临床用药规范审核	超适应证用药审核
44			违反禁忌证用药审核
45			用药配伍禁忌审核
46			中药饮片配伍禁忌审核
47		临床路径审核	住院临床路径审核
48	…	…	…

规则分类不是一成不变的,需要根据知识库建设情况、业务情况进行调整,不同的业务需求可以有不同的规则,尤其是医保类规则。由于各个统筹区的政策差异,导致有更多个性化规则出现,所以需要根据实际情况制定配套的知识库及其规则。

5.3 规则算法设计

规则分类后,需要针对该类规则编制算法。规则的算法与知识库结构密切相关,即便是同一类规则,采用不同的知识库结构也将导致算法编制发生根本性变化。在知识库结构确定的情况下,不同规则分类需要确定不同的算法,然后根据算法编制代码。规则的算法主要有两种:第一种是基于约束条件的针对IF-THEN规则的算法;第二种是基于集合运算的算法。两种算法在不同计算机语言中的实现方式不同,基于IF-THEN规则的算法比较适用于Java等高级编程语言,而基于集合运算的算法比较适用于SQL的数据库语言。

5.3.1 基于约束条件的规则算法

基于约束条件的规则算法主要针对IF-THEN规则编制,这种算法相对较简单,其公式为

IF<条件部分> THEN<结论部分>

条件部分可以是多种样式,其运算结果一定为真(TRUE)或假(FALSE),不能有其他结果,运算符包括等于(=)、大于或大于等于(>/≥)、小于或小于等于(</≤)、不等于(≠)、包含(IN)、并且(AND)、或者(OR)等。结论部分较简单,决定了符合上述条件时规则返回是否合规。典型的IF-THEN规则如医保项目限定性别使用审核,针对特定解剖部位的医保项目有性别限制,如前列腺液常规检查限男性,阴道分泌物检查限女性,其表达式为

IF(参保人的医保项目=前列腺液常规检查)AND(参保人性别=男)THEN
  医保项目合规
IF(参保人的医保项目=阴道分泌物检查)AND(参保人性别=女)THEN
  医保项目合规

如果该公式的条件部分返回值为TRUE,表示该医保项目对该参保人是合规的;如果返回值为FALSE,则表示医保项目对该参保人使用是不合规的。

针对这类规则,在设计知识库结构时,常常将约束条件依附于相应医保项目,将约束条件变为医保项目的一个属性,类似的规则还包括限就诊方

式、限儿童、限特殊人群、限制次数和频次等。编写代码也比较简单，采用Java 语言编制只需要逐条判断即可。

5.3.2 基于集合运算的规则算法

基于集合运算的规则算法相对于基于约束条件的规则算法要复杂一些，集合的基本运算包括集合乘、并集、交集、差集和补集等，初步归纳相关公式、示意图及说明，见表 5.5。

表 5.5 常见集合运算公式、示意图与说明

序号	集合运算	公式	示意图	说明
1	直积运算	$A \times B$	$A = \{A_1, A_2\}, B = \{B_1, B_2, B_3\}$ $A \times B = \begin{Bmatrix} (A_1B_1), (A_1B_2), (A_1B_3) \\ (A_2B_1), (A_2B_2), (A_2B_3) \\ (A_3B_1), (A_3B_2), (A_3B_3) \end{Bmatrix}$	结果集合是集合 A 中的元素和集合 B 中的元素两两搭配形成的有序数对的集合，即 $\{(a, b) \mid a \in A, b \in B\}$ 又称之为笛卡儿积
2	交运算	$A \cap B$	(示意图：A 与 B 两圆相交，交集阴影)	设 A 和 B 是两个集合，既属于 A 又属于 B 的元素组成的集合，称为集合 A 与 B 的交集
3	并运算	$A \cup B$	(示意图：A 与 B 两圆，全部阴影)	设 A 和 B 是两个集合，所有属于 A 或 B 的元素组成的集合，称为集合 A 与 B 的并集
4	差运算	$A \setminus B$	(示意图：A 中不含 B 的部分阴影)	设 A 和 B 是两个集合，属于 A 并且不属于 B 的元素组成的集合，称为集合 A 与 B 的差集

续表

序号	集合运算	公式	示意图	说明
5	补运算	$\complement_E A$	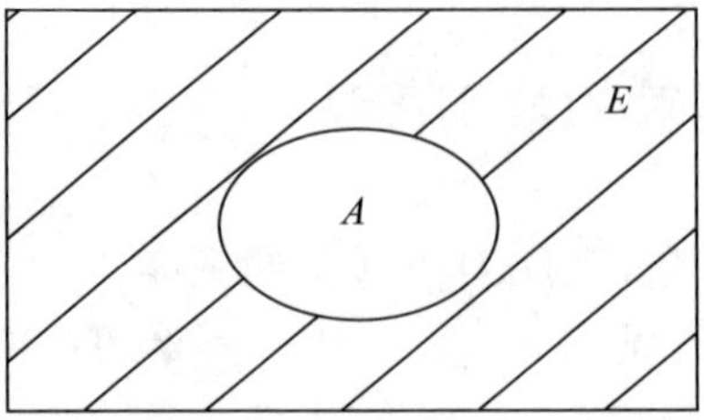 (全集 E 中 A 的补集示意图)	存在一个全集 E 的情况下，设 A 是一个集合，所有不属于 A 的元素组成的集合称为集合 A 的补集

在医保智能审核系统中最常用的是交运算和并运算。在进行知识库维护时，常常维护了一个数据集合，例如，临床病症集合 $B \times D$ 由若干临床病症 $B_1 \sim B_n$ 构成，每个临床病症对应疾病编码 $D_1 \sim D_i$；药品适应证集合 $A \times B$ 由若干药品 $A_1 \sim A_m$ 构成，每个药品对应临床病症 $B_1 \sim B_j$。要建立药品适应证与疾病编码之间的关系，需要将集合 $B \times D$ 与集合 $A \times B$ 进行运算，得到药品适应证疾病编码集合 $A \times D$，这种集合运算如图 5.6 所示。

临床病症疾病编码集合 $B \times D$	
临床病症	疾病编码
临床病症 B_1	疾病 D_1
临床病症 B_1	疾病 D_2
临床病症 B_2	疾病 D_3
临床病症 B_3	疾病 D_4
...	...

∘

药品适应证临床适应证集合 $A \times B$	
药品适应证	临床适应证
药品 A_1	临床病症 B_1
药品 A_2	临床病症 B_1
药品 A_2	临床病症 B_2
药品 A_3	临床病症 B_3
...	...

=

药品适应证疾病编码集合 $A \times D$	
药品适应证	疾病编码
药品 A_1	疾病 D_1
药品 A_2	疾病 D_2
药品 A_2	疾病 D_3
药品 A_3	疾病 D_4
...	...

图 5.6　药品适应证疾病编码集合运算

药品适应证疾病编码集合 $A \times D$ 由于不受参保人费用数据的影响，可以在知识库维护后预先生成,并保存在数据库中以备使用。

要判断参保人用药是否符合适应证,需要经过以下几个步骤的运算:

第一步,需要得到参保人费用项目中有适应证要求的药品集合。要判断参保人的药品是否存在适应证要求,只需查看该药品在药品适应证集合中是否存在即可。

第二步,将参保人有适应证要求的药品集合与图5.6中的药品适应证疾病编码集合做运算,得到参保人使用药品的适应证疾病编码集合,这种集合运算如图5.7所示。

药品适应证疾病编码集合	
药品适应证	疾病编码
药品 A_1	疾病 D_1
药品 A_1	疾病 D_2
药品 A_2	疾病 D_1
药品 A_2	疾病 D_2
药品 A_2	疾病 D_3
药品 A_3	疾病 D_4
...	...

。

参保人有适应证要求的药品集合	
参保人使用药品	药品适应证
药品 C_1	药品 A_1
药品 C_2	药品 A_1
药品 C_2	药品 A_2
药品 C_3	药品 A_2
药品 C_4	药品 A_2
药品 C_4	药品 A_3
	...

=

参保人使用药品的适应证疾病编码集合	
参保人有适应证要求的药品集合	疾病编码
药品 A_1	疾病 D_1
药品 A_1	疾病 D_2
药品 A_2	疾病 D_1
药品 A_2	疾病 D_2
药品 A_2	疾病 D_3
药品 A_3	疾病 D_4

图5.7 参保人使用药品的适应证疾病编码集合运算

第三步,将参保人诊断的疾病编码集合与参保人使用药品的适应证疾病编码集合做运算,得到该参保人用药中符合适应证范围的药品集合,这种集合运算如图5.8所示。

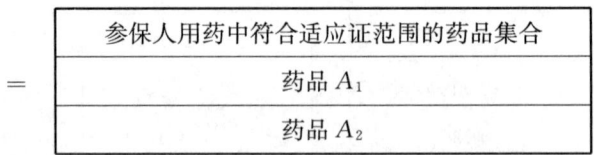

参保人使用药品的适应证疾病编码集合	
参保人有适应证要求的药品集合	疾病编码
药品 A_1	疾病 D_1
药品 A_1	疾病 D_2
药品 A_2	疾病 D_1
药品 A_2	疾病 D_2
药品 A_2	疾病 D_3
药品 A_3	疾病 D_4

参保人诊断的疾病编码集合
疾病 D_1
疾病 D_2

=

参保人用药中符合适应证范围的药品集合
药品 A_1
药品 A_2

图 5.8　参保人用药中符合适应证范围的药品集合运算

第四步，将参保人有适应证要求的药品集合与上一步运算得到的参保人用药中符合适应证范围的药品集合进行差运算，得到的结果就是不符合适应证要求的药品集合。这种集合运算如图 5.9 所示。

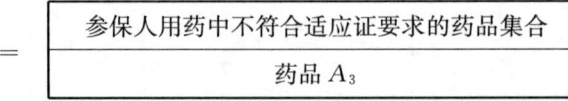

参保人有适应证要求的药品集合
药品 A_1
药品 A_2
药品 A_3

参保人用药中符合适应证范围的药品集合
药品 A_1
药品 A_2

=

参保人用药中不符合适应证要求的药品集合
药品 A_3

图 5.9　参保人用药中不符合适应证要求的药品集合运算

集合运算是关系数据库中最常见的算法，对于缺乏组合数学知识、对关系数据库基础理论不了解的人，可能很难理解其相互逻辑关系，导致在运用时有一定困难。即便如此，集合运算在规则算法中仍然大量存在，尤其是关系数据库系统的集合运算效率远高于 Java 类程序运算效率，后者在具体实现中更多采用循环遍历的方式处理数据，当面对成千上万张结算单、数十上百万条明细记录时，循环数量将变得非常巨大，而采用集合运算可以相对有效地解决其存在的效率问题。

第 6 章 软件设计

医保智能审核系统是随着医保费用审核业务工作的开展而提出和发展起来的软件系统,该系统以医学知识库和医保知识库为基础,建立医保审核规则库,针对每张医保结算单及费用明细,从微观层面上进行逐条检查和审核,采用机审和人审相结合的模式,先由计算机全面扫描查出费用中不合理、不合规部分,再由人工复查并最终确定违规费用。根据医保费用产生的生命周期,医保智能审核系统应对医保费用开展事前提示、事中预警、事后审核的全生命周期监控与审核管理,并根据审核结果开展数据统计与分析功能,为医保控费提供决策依据。

6.1 总体设计

医保智能审核系统从本质上讲是一个业务系统和专家系统相结合的综合体,其业务流程如图 6.1 所示。从业务系统角度看,医保智能审核需要满足医保经办机构在医保审核方面的需求,包括医保费用数据的抽取、对标,根据规则库内容对医保费用及明细进行自动机审,审核结果提交医保审核人员进行人工检查和确认,人工确认后的审核结果提交医保业务系统进行清算。为实现对医保费用的事前提示、事中预警、事后审核全生命周期监控与审核管理,还需要构建医保智能审核系统医院端,为医院信息系统(HIS)开放医保智能审核接口,同时为医疗机构提供事前提示的服务。

医保智能审核系统设计

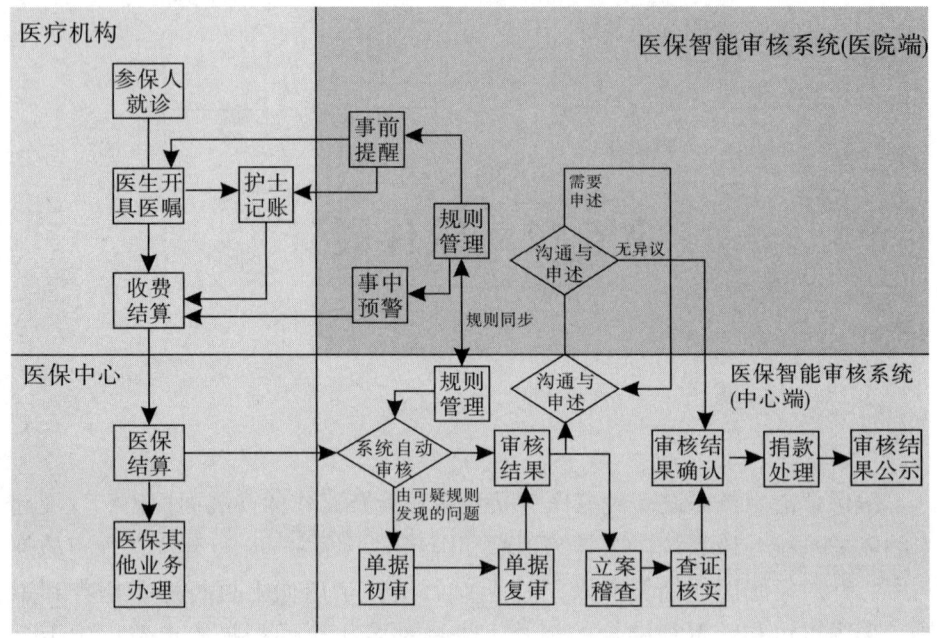

图 6.1 医保智能审核系统业务流程

从专家系统角度来看，医保智能审核系统需要构建知识库和规则库，并基于规则实现配套算法和应用接口服务。知识库的构建包括医学知识库和医保知识库的构建，并要针对知识库构建相应的数据对标和内容维护工具。规则库的构建依赖于知识库，需要针对知识库的数据结构实现配套算法，不同的知识库数据组织形式，其算法编制方式不同，另外需要结合软件技术实现规则与数据之间的结合，为相关业务系统提供接口服务。

6.1.1 总体架构

医保智能审核系统的总体设计包括基础功能及操作、应用及数据接口、系统安全管理、机审管理、人审管理、申诉管理、统计分析及其他功能等，其功能架构如图 6.2 所示。

医保智能审核系统作为一个应用软件系统，首先具备软件操作的一般功能，这是所有功能操作的基础和模式；其次对系统内的数据和功能必须进行安全管控；最后审核所需数据的来源及流出是通过数据接口完成的，为医院信息系统提供服务通过应用接口完成。在这三个基础上，实现业务功能，包括机审、人审和申诉管理，以及其他功能操作，如知识库的维护等。最终在完成业务功能的基础上实现数据的统计分析及报表输出等。

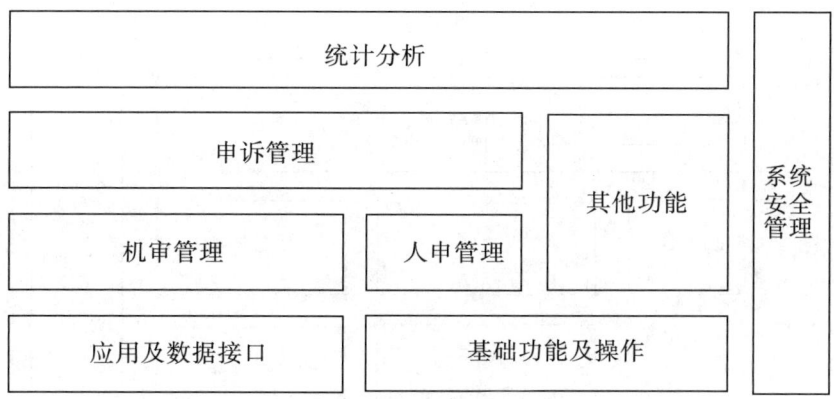

图 6.2 医保智能审核系统功能架构

6.1.2 总体功能

从总体功能上，医保智能审核系统分为中心端软件和医院端软件。

中心端软件部署在医保经办部门，主要提供事后审核和知识库规则定义，其功能架构如图 6.3 所示。

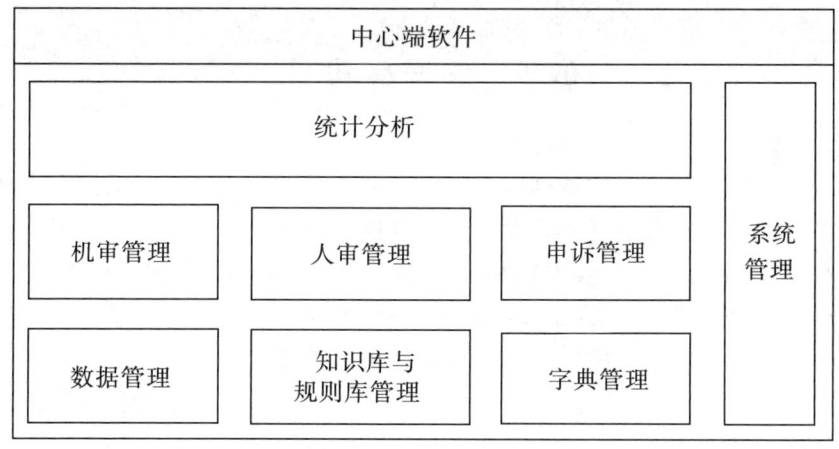

图 6.3 中心端软件功能架构

医院端软件部署在医疗机构，主要提供医院端的事前提示、事中预警功能，其使用的知识库与规则库通过数据接口从中心端软件中同步获取，确保医院端软件的知识库与规则库和中心端的保持一致。另外，医院端软件还通过 HIS 接口嵌入医院信息系统中，为医生工作站、护士工作站、收费处等业务站点提供事中费用审核和预警功能，其功能架构如图 6.4 所示。

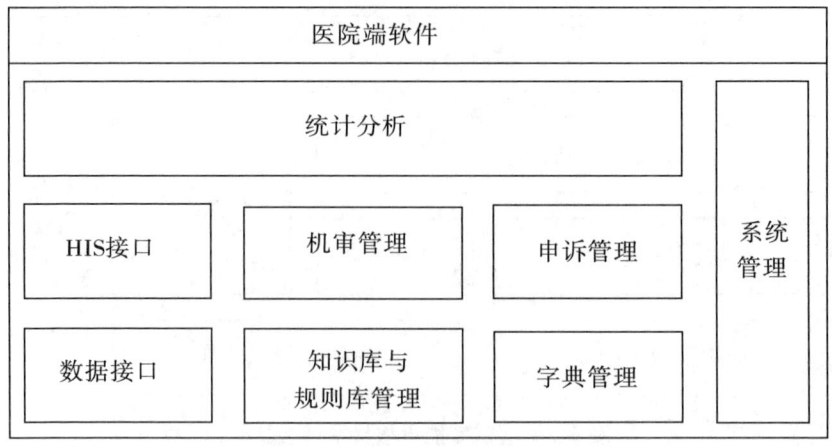

图 6.3 医院端软件功能架构

医院端软件的功能架构与中心端软件的大部分功能是相似或相同的。医院端软件为了在医保费用产生时实现事前提示、事中预警，需要与医院信息系统对接，提供了符合医院信息化建设特点的 HIS 接口。另外，医院端软件由于与中心端软件采用相同的知识库和规则库，需要将中心端的知识库更新内容及时下载到各个医院端，实现以知识库为主的相关数据同步功能。

6.2 数据库设计

医保智能审核系统的数据库设计按照业务和功能划分，包括知识库相关数据库设计和审核业务数据库设计。在数据库设计模式上，一般有概念模型设计和物理模型设计。数据库概念模型设计与具体关系数据库管理系统（Relational Database Management System，RDBMS）无关，更多地关注数据之间的逻辑关系和数据项构成，以实体、属性和关系为主要设计元素。概念模型设计完成后，可以利用工具针对不同 RDBMS 自动生成物理模型，物理模型以物理表、字段、表间关联、视图、存储过程等为主要设计元素。概念模型中的实体一般对应物理模型中的物理表，属性对应物理模型中的字段，实体间关系对应物理模型中的表间关联。需要注意，概念模型中的实体与物理模型中的物理表不一定是一一对应的，有可能一个实体对应多个物理表，也可能多个实体对应一个物理表。由于物理模型与 RDBMS 关系密切且容易理解，所以在数据库设计方面我们按照物理模型进行介绍。

设计物理模型时，严格遵循数据库第一和第二范式，为防止数据库中产生脏数据，所有表格均定义了主键，绝大部分物理表之间建立了必要的外键。在物理表、字段、视图和存储过程的命名上采用如下规则：

数据库元素缩写_业务大类缩写_业务英文名称（全称或缩写）

本书采用的数据库元素缩写见表6.1。

表6.1 数据库元素缩写

序号	缩写	数据库元素说明
1	T	物理表（Table）
2	V	视图（View），包括物化视图
3	PRO	存储过程（Procedure）
4	FUNC	函数（Function）
5	PKG	数据库包（Package）
6	PK	主键（Primary Key）
7	FK	外键（Foreign Key）

6.2.1 知识库数据库

知识库数据库涉及的物理表约有100张，包括基础数据、医学知识库、药学知识库、医保知识库、对标及维护所需表格。基础数据不仅是知识库数据库的基础，也是整个系统的基础，大部分基础数据二维表格通过外键与业务表格关联，基础数据修改需要做好日志管控。知识库的核心为医学知识库、药学知识库和医保知识库，以及由知识库延伸的规则库。

6.2.1.1 基础数据

基础数据涉及的表格大部分为独立表，主要包括的物理表见表6.2。

表6.2 基础数据表清单

序号	物理表名	说明
1	T_DIC_PUB	基础字典值域表
2	T_DIC_PUB_TYPE	基础字典类别表
3	T_DIC_MAIN_LOG	基础数据维护日志表
4	T_DIC_HOSP_LEVEL	医院等级字典

续表

序号	物理表名	说明
5	T_DIC_PRESC_LEVEL	处方权等级字典
6	T_SYS_ORG	医保经办机构表

大部分不涉及外键关联的字典类数据（如性别、民族等）放入基础字典中，包括基础字典类别表和基础字典值域表，基础字典类别表中存储了基础字典的分类数据；基础字典值域表中存储了每个字典的具体值域范围。这两张表的结构及说明见表6.3。

表6.3 基础字典表结构及说明

表名	基础字典类别表（T_DIC_PUB_TYPE）				
序号	字段	名称	数据类型	pk/fk	说明
1	基础字典类别ID	PUB_TYPE_ID	NUMBER(16,0)	pk	
2	基础字典类别编号	PUB_TYPE_CODE	VARCHAR2(50)		
3	基础字典类别名称	PUB_TYPE_NAME	VARCHAR2(100)		
4	最后修改操作员ID	MODIFY_USER_ID	NUMBER(16,0)		对所有知识库数据均记录了修改情况，在后续字段中不再列举和说明
5	最后操作员名称	MODIFY_USER_NAME	VARCHAR2(100)		
6	最后修改日期	MODIFY_DT	DATE		
7	记录状态	STATUS	VARCHAR2(50)		
8	备注	NOTE	VARCHAR2(500)		
表名	基础字典值域表（T_DIC_PUB）				
序号	字段	名称	数据类型	pk/fk	说明
1	字典ID	DIC_ID	NUMBER(16,0)	pk	
2	基础字典类别ID	PUB_TYPE_ID	NUMBER(16,0)	fk	
3	字典编码	DIC_CODE	VARCHAR2(50)		

续表

表名	基础字典值域表(T_DIC_PUB)				
序号	字段	名称	数据类型	pk/fk	说明
4	字典编码值	DIC_NAME	VARCHAR2(100)		
5	…	…	…		其他字段略

当其他表格引用基础字典数据时，只需要存储基础字典值域表中的字典ID就可以得到引用的信息内容。

6.2.1.2 医学知识库

医保智能审核系统中的医学知识库内容相对临床使用的知识库较少，以临床诊断和疾病诊疗方案为中心展开，相关表格见表6.4。

表6.4 医学知识库数据表清单

序号	物理表名	说明
1	T_ICD_ITEMS	ICD编码表
2	T_ICD_SYMPTOM	临床病症表
3	T_ICD_SYMPTOM_ICD	临床病症ICD表
4	T_DIC_DIAG	医疗服务项目字典表
5	T_DIC_DIAG_CLASS	医疗服务项目分类字典表
6	T_DIC_CLI_INBED_GROUP	医疗服务项目分组字典表
7	T_DIC_CLI_INBED_ITEM	医疗服务项目分组项目表
8	T_DIC_CLI_PATH	临床路径字典表
9	T_DIC_CLI_PATH_DRUGS	临床路径药品范围表
10	T_DIC_CLI_PATH_ICD	临床路径疾病编码表
11	T_DIC_CLI_PATH_INBED_GP	临床路径医疗服务项目分组范围表
12	T_DIC_CLI_PATH_ITEMS	临床路径服务项目范围表
13	T_DIC_MATERIALS	医用材料字典表
14	T_DIC_MATERIALS_CLASS	医用材料分类字典表
15	T_DIC_MATERIAL_DIAG	医用材料服务项目关系表
16	T_DIC_MATERIAL_ICD	医用材料疾病关系表

续表

序号	物理表名	说明
17	T_DRGS_ICD	DRGS 分组 ICD 表
18	T_DRGS_MAIN	DRGS 分组标准表
19	T_DRGS_MDC	DRGS 分类表

临床病症是医学知识库的核心内容，其物理模型如图 6.4 所示。

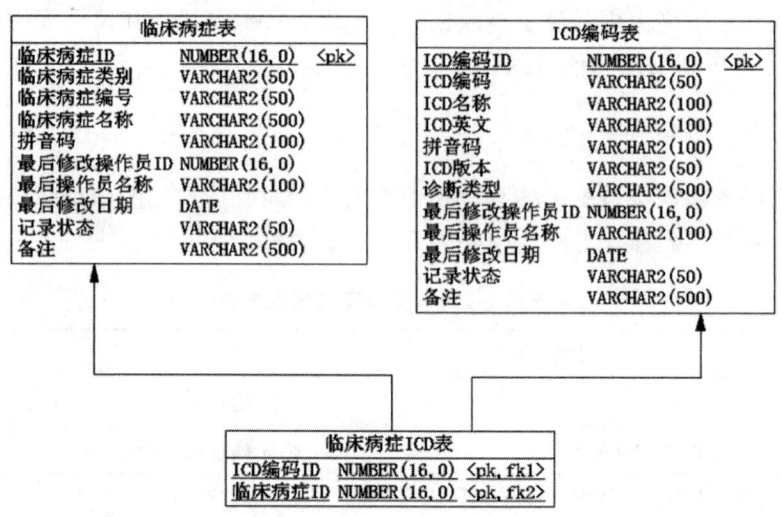

图 6.4　临床病症的物理模型

临床病症的主要表格及字段见表 6.5。

表 6.5　临床病症的主要表格及字段

表名	ICD 编码表（T_ICD_ITEMS）				
序号	字段	名称	数据类型	pk/fk	说明
1	ICD 编码 ID	ICD_ID	NUMBER（16，0）	pk	
2	ICD 编码	ICD_CODE	VARCHAR2（50）		
3	ICD 名称	ICD_NAME	VARCHAR2（100）		
4	ICD 英文	ICD_NAME_E	VARCHAR2（100）		
5	拼音码	ICD_SPELL_CODE	VARCHAR2（100）		
6	ICD 版本	ICD_CODE_SUB	VARCHAR2（50）		如 GB/T 14396—2016

续表

表名	ICD编码表（T_ICD_ITEMS）				
序号	字段	名称	数据类型	pk/fk	说明
7	诊断类型	ICD_TYPE	VARCHAR2（500）		
8	…	…	…		其他字段略

表名	临床病症表（T_ICD_SYMPTOM）				
序号	字段	名称	数据类型	pk/fk	说明
1	临床病症ID	SYMPTOM_ID	NUMBER（16，0）	pk	
2	临床病症类别	SYMPTOM_TYPE	VARCHAR2（50）		如适应证、禁忌证
3	临床病症编号	SYMPTOM_CODE	VARCHAR2（50）		
4	临床病症名称	SYMPTOM_NAME	VARCHAR2（500）		
5	拼音码	SYMPTOM_SPELL_CODE	VARCHAR2（100）		
6	…	…	…		其他字段略

表名	临床病症ICD表（T_ICD_SYMPTOM_ICD）				
序号	字段	名称	数据类型	pk/fk	说明
1	ICD编码ID	ICD_ID	NUMBER（16，0）	pk，fk	联合主键
2	临床病症ID	SYMPTOM_ID	NUMBER（16，0）	pk，fk	

医学知识库的另一个重点是临床路径建设，以疾病为中心，开展诊疗方案相关数据的维护。该临床路径数据结构同时支持其他疾病的诊疗方案，其物理模型如图6.5所示。

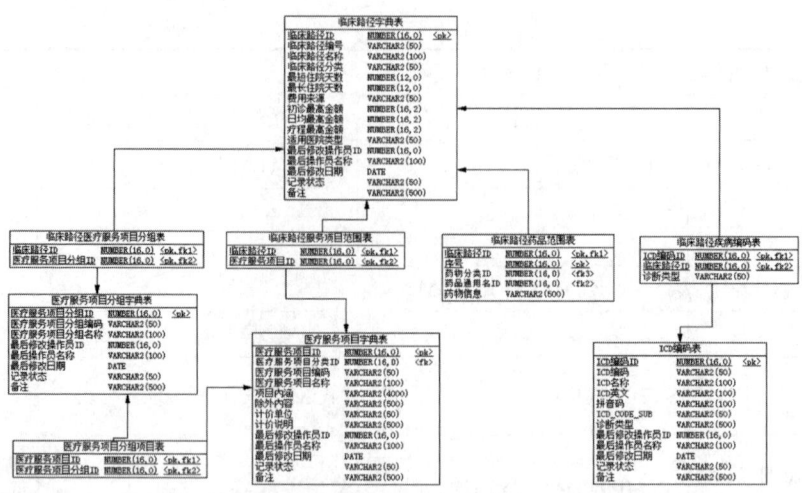

图 6.5 临床路径的物理模型

临床路径的主要表格及字段见表 6.6。

表 6.6 临床路径的主要表格及字段

表名	临床路径字典表（T_DIC_CLI_PATH）			
序号	字段	名称	数据类型	pk/fk	说明
1	临床路径 ID	CLI_PATH_ID	NUMBER（16,0）	pk	
2	临床路径编号	CLI_PATH_CODE	VARCHAR2（50）		
3	临床路径名称	CLI_PATH_NAME	VARCHAR2（100）		
4	临床路径分类	CLI_PATH_TYPE	VARCHAR2（50）		
5	最短住院天数	INBED_DAYS_MIN	NUMBER（12,0）		
6	最长住院天数	INBED_DAYS_MAX	NUMBER（12,0）		
7	费用来源	FEE_SOURCE	VARCHAR2（50）		
8	初诊最高金额	FIRST_MAX_AMT	NUMBER（16,2）		
9	日均最高金额	DAY_MAX_AMT	NUMBER（16,2）		

续表

表名	临床路径字典表（T_DIC_CLI_PATH）				
序号	字段	名称	数据类型	pk/fk	说明
10	疗程最高金额	PATH_MAX_AMT	NUMBER（16，2）		
11	适用医院类型	APPLY_HOSP_TYPE	VARCHAR2（50）		
12	…	…	…		其他字段略

表名	临床路径药品范围表（T_DIC_CLI_PATH_DRUGS）				
序号	字段	名称	数据类型	pk/fk	说明
1	临床路径ID	CLI_PATH_ID	NUMBER（16，0）	pk，fk	
2	序号	NUM_ID	NUMBER（16，0）	pk	
3	药物分类ID	DRUG_CLASS_ID	NUMBER（16，0）	fk	见表后说明
4	药品通用名ID	DRUG_PUB_ID	NUMBER（16，0）	fk	
5	药物信息	DRUG_INFO	VARCHAR2（500）		
6	…	…	…		其他字段略

表名	临床路径疾病编码表（T_DIC_CLI_PATH_ICD）				
序号	字段	名称	数据类型	pk/fk	说明
1	ICD编码ID	ICD_ID	NUMBER（16，0）	pk，fk	
2	临床路径ID	CLI_PATH_ID	NUMBER（16，0）	pk，fk	

表名	临床路径医疗服务项目分组表（T_DIC_CLI_PATH_INBED_GP）				
序号	字段	名称	数据类型	pk/fk	说明
1	临床路径ID	CLI_PATH_ID	NUMBER（16，0）	pk，fk	
2	医疗服务项目分组ID	CLI_INBED_GROUP_ID	NUMBER（16，0）	pk，fk	

表名	临床路径服务项目范围表（T_DIC_CLI_PATH_ITEMS）				
序号	字段	名称	数据类型	pk/fk	说明

续表

表名: 临床路径医疗服务项目分组表 (T_DIC_CLI_PATH_INBED_GP)

序号	字段	名称	数据类型	pk/fk	说明
1	临床路径ID	CLI_PATH_ID	NUMBER (16, 0)	pk, fk	
2	医疗服务项目ID	DIAG_ID	NUMBER (16, 0)	pk, fk	

表名: 医疗服务项目字典表 (T_DIC_DIAG)

序号	字段	名称	数据类型	pk/fk	说明
1	医疗服务项目ID	DIAG_ID	NUMBER (16, 0)	pk	
2	医疗服务项目分类ID	DIAG_CLASS_ID	NUMBER (16, 0)	fk	
3	医疗服务项目编码	DIAG_CODE	VARCHAR2 (50)		
4	医疗服务项目名称	DIAG_NAME	VARCHAR2 (100)		
5	项目内涵	DIAG_CONTENT	VARCHAR2 (4000)		
6	除外内容	DIAG_EXCEPT	VARCHAR2 (500)		
7	计价单位	PRICE_UNIT	VARCHAR2 (50)		
8	计价说明	PRICE_NOTE	VARCHAR2 (500)		
9	…	…	…		其他字段略

表名: 医疗服务项目分组字典表 (T_DIC_CLI_INBED_GROUP)

序号	字段	名称	数据类型	pk/fk	说明
1	医疗服务项目分组ID	CLI_INBED_GROUP_ID	NUMBER (16, 0)	pk	
2	分组编码	CLI_INBED_GROUP_CODE	VARCHAR2 (50)		
3	分组名称	CLI_INBED_GROUP_NAME	VARCHAR2 (100)		
4	…	…	…		其他字段略

续表

表名	医疗服务项目分组字典表（T_DIC_CLI_INBED_GROUP）				
序号	字段	名称	数据类型	pk/fk	说明

表名	医疗服务项目分组项目表（T_DIC_CLI_INBED_ITEM）				
序号	字段	名称	数据类型	pk/fk	说明
1	医疗服务项目ID	DIAG_ID	NUMBER（16，0）	pk,fk	
2	医疗服务项目分组ID	CLI_INBED_GROUP_ID	NUMBER（16，0）	pk,fk	

表名	医疗服务项目分类字典表（T_DIC_DIAG_CLASS）				
序号	字段	名称	数据类型	pk/fk	说明
1	医疗服务项目分类ID	DIAG_CLASS_ID	NUMBER（16，0）	pk	
2	医疗服务项目编码	DIAG_CLASS_CODE	VARCHAR2（50）		
3	医疗服务项目名称	DIAG_CLASS_NAME	VARCHAR2（100）		
4	医疗服务项目ID	PARENT_DIAG_CLASS_ID	NUMBER（16，0）		

需要说明的是，为减少临床路径中药品的维护量，除引入了药品通用名外，还引入了药物分类，所以临床路径药品范围表（T_DIC_CLI_PATH_DRUGS）中同时存储了药物分类ID和药品通用名ID，在软件处理时要确保这两个字段不能同时都有数据，有且只能有一个字段存储内容。为减少查询关联的判断和连接运算，表中同时冗余了药物信息字段，当药物分类ID有值时，存储药物分类信息；当药品通用名ID有值时，存储药品通用名。

6.2.1.3　药学知识库

医保智能审核系统中的药学知识库内容较多，以药品为中心展开，主要相关表格见表6.7。

表 6.7　药学知识库数据表清单

序号	物理表名	说明
1	T_DIC_DRUG_FORM	药物剂型字典表
2	T_DRUG_CLASS	药物分类表
3	T_DRUG_PUB	药品通用名表
4	T_DRUG_PUB_CLASS	药物分类关系表
5	T_DRUG_PACK_INSE_ITEMIZE_SHOW	药品说明书
6	T_DRUG	药品表
7	T_DRUG_2_CHECK	药物相互作用表
8	T_DRUG_2_CHECK_ALL	药物相互作用展开表
9	T_DRUG_2_EXP	药物作用例外表
10	T_DRUG_CONTRAIN	药品禁忌证适应证表
11	T_DRUG_PRESC_LEVEL	药品处方权等级限制表

药物分类采用树状结构维护，药物分类与药品通用名之间为多对多关系，所以需要使用一个独立的物理表来存储二者之间的关系。药学知识库中基础信息管理以药品通用名为核心，其物理模型如图 6.6 所示。

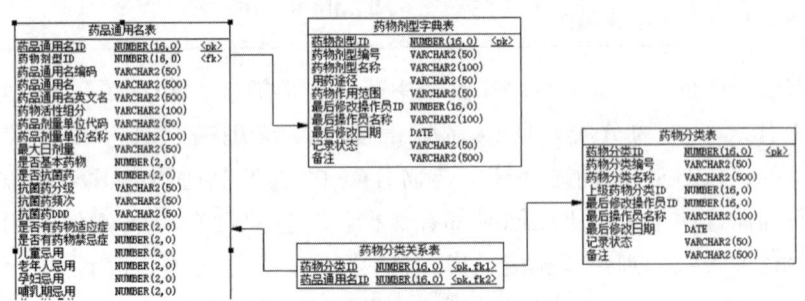

图 6.6　药品通用名的物理模型

药品通用名的主要表格及字段见表 6.8。

表6.8 药品通用名的主要表格及字段

表名	药物剂型字典表（T_DIC_DRUG_FORM）			
序号	字段	名称	数据类型	pk/fk	说明
1	药物剂型ID	DRUG_FORM_ID	NUMBER（16,0）	pk	
2	药品剂型编号	DRUG_FORM_CODE	VARCHAR2（50）		
3	药物剂型名称	DRUG_FORM_NAME	VARCHAR2（100）		
4	用药途径	DRUG_USE_WAY	VARCHAR2（50）		
5	药物作用范围	DRUG_EFFECT_RANG	VARCHAR2（50）		
6	…	…	…		其他字段略

表名	药物分类表（T_DRUG_CLASS）			
序号	字段	名称	数据类型	pk/fk	说明
1	药物分类ID	DRUG_CLASS_ID	NUMBER（16,0）	pk	
2	药物分类编号	DRUG_CLASS_CODE	VARCHAR2（50）		
3	药物分类名称	DRUG_CLASS_NAME	VARCHAR2（500）		
4	上级药物分类ID	PARENT_DRUG_CLASS_ID	NUMBER（16,0）		
5	…	…	…		其他字段略

表名	药品通用名表（T_DRUG_PUB）			
序号	字段	名称	数据类型	pk/fk	说明
1	药品通用名ID	DRUG_PUB_ID	NUMBER（16,0）	pk	
2	药物剂型ID	DRUG_FORM_ID	NUMBER（16,0）	fk	
3	药品通用名编码	DRUG_PUB_CODE	VARCHAR2（50）		
4	药品通用名	DRUG_PUB_NAME	VARCHAR2（500）		
5	药品通用名英文名	DRUG_PUB_EN_NAME	VARCHAR2（500）		

续表

表名	药品通用名表（T_DRUG_PUB）			
序号	字段	名称	数据类型	pk/fk	说明
6	药品剂量单位代码	DRUG_UNIT_CODE	VARCHAR2（50）		
7	药品剂量单位名称	DRUG_UNIT_NAME	VARCHAR2（100）		
8	是否基本药物	IS_BASIC_DRUG	NUMBER（2，0）		
9	抗菌药分级	ANTI_DRUG_LEV	VARCHAR2（50）		
10	抗菌药频次	ANTI_DRUG_FREQ	VARCHAR2（50）		
11	抗菌药DDD	ANTI_DRUG_DDD	VARCHAR2（50）		
12	最大日剂量	DAY_MAX_COUNT	VARCHAR2（50）		
13	…	…	…		其他字段略

表名	药物分类关系表（T_DRUG_PUB_CLASS）			
序号	字段	名称	数据类型	pk/fk	说明
1	药物分类ID	DRUG_CLASS_ID	NUMBER（16，0）	pk，fk	
2	药品通用名ID	DRUG_PUB_ID	NUMBER（16，0）	pk，fk	

药品的适应证和禁忌证使用医学知识库中的临床病症，由于其数据结构基本一致，故采用同一个表进行维护。药物相互作用包括药品通用名之间、药品通用名与药物分类之间、药物分类与药物分类之间的相互作用，采用同一个表格冗余方式进行处理，其物理模型如图6.7所示。

第 6 章 软件设计

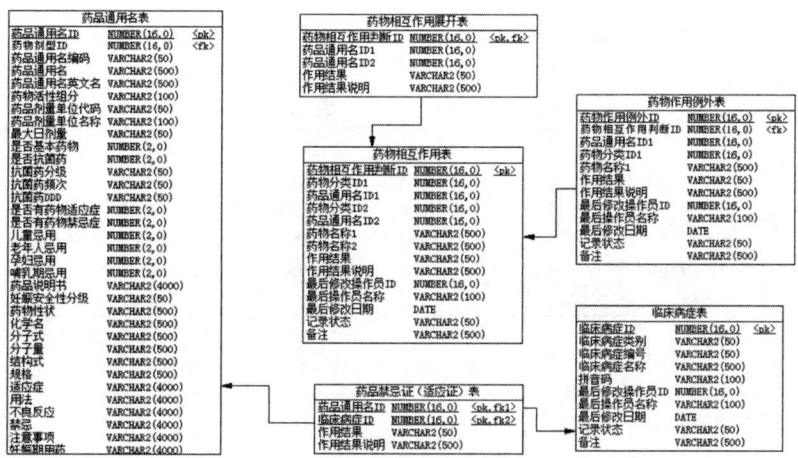

图 6.7 药品适应证禁忌证的物理模型

药品适应证禁忌证的主要表格和字段见表 6.9。

表 6.9 药品适应证禁忌证的主要表格及字段

表名	药品禁忌证（适应证）表（T_DRUG_CONTRAIN）				
序号	字段	名称	数据类型	pk/fk	说明
1	药品通用名 ID	DRUG_PUB_ID	NUMBER（16，0）	pk，fk	
2	临床病症 ID	SYMPTOM_ID	NUMBER（16，0）	pk，fk	
3	作用结果	CHECK_RESULT	VARCHAR2（50）		禁忌证/禁忌证
4	作用结果说明	CHECK_RESULT_NOTE	VARCHAR2（500）		
5	…	…	…		其他字段略

续表

表名	药物相互作用表（T_DRUG_2_CHECK）				
序号	字段	名称	数据类型	pk/fk	说明
1	药物相互作用判断ID	DRUG_2_CHECK_ID	NUMBER（16，0）	pk	
2	药物分类ID1	DRUG_CLASS_1	NUMBER（16，0）	fk	
3	药品通用名ID1	DRUG_PUB_1	NUMBER（16，0）	fk	
4	药物分类ID2	DRUG_CLASS_2	NUMBER（16，0）	fk	
5	药品通用名ID2	DRUG_PUB_2	NUMBER（16，0）	fk	
6	药物名称1	DRUG_INFO1	VARCHAR2（500）		药物分类或药品通用名冗余
7	药物名称2	DRUG_INFO2	VARCHAR2（500）		
8	作用结果	CHECK_RESULT	VARCHAR2（50）		
9	作用结果说明	CHECK_RESULT_NOTE	VARCHAR2（500）		
10	…	…	…		其他字段略

表名	药物作用例外表（T_DRUG_2_EXP）				
序号	字段	名称	数据类型	pk/fk	说明
1	药物作用例外ID	DRUG_2_EXP_ID	NUMBER（16，0）	pk	
2	药物相互作用判断ID	DRUG_2_CHECK_ID	NUMBER（16，0）	fk	
3	药品通用名ID1	DRUG_PUB_1	NUMBER（16，0）	fk	
4	药物分类ID1	DRUG_CLASS_1	NUMBER（16，0）	fk	
5	药物名称1	DRUG_INFO1	VARCHAR2（500）		冗余
6	作用结果	CHECK_RESULT	VARCHAR2（50）		

续表

表名	药物作用例外表（T＿DRUG＿2＿EXP）				
序号	字段	名称	数据类型	pk/fk	说明
7	作用结果说明	CHECK＿RESULT＿NOTE	VARCHAR2（500）		
8	…	…	…		其他字段略

表名	药物相互作用展开表（T＿DRUG＿2＿CHECK＿ALL）				
序号	字段	名称	数据类型	pk/fk	说明
1	药物相互作用判断ID	DRUG＿2＿CHECK＿ID	NUMBER（16，0）	pk	
2	药品通用名ID1	DRUG＿PUB＿1	NUMBER（16，0）	fk	
3	药品通用名ID2	DRUG＿PUB＿2	NUMBER（16，0）	fk	
4	作用结果	CHECK＿RESULT	VARCHAR2（50）		
5	作用结果说明	CHECK＿RESULT＿NOTE	VARCHAR2（500）		
6	…	…	…		其他字段略

需要说明的是，为减少知识库维护工作量，采用药物相互作用表进行相关数据的管理，但最终要开展审核运算时，采用药物相互作用表会因为结构而导致运算量增加，所以在数据维护完成后，需要按照审核所需要的数据结构对药物相互作用表进行预运算，得到用于审核使用的中间数据表，即药物相互作用展开表。总之，药物相互作用表是为了数据维护，药物相互作用展开表中的数据应根据药物相互作用表预先生成，供审核时使用。

6.2.1.4 医保知识库

医保知识库是围绕医保政策组织和管理的，其核心是医保目录及其他相关注册信息，主要相关表格见表6.10。

表6.10 医保知识库数据表清单

序号	物理表名	说明
1	T＿REG＿SI＿TYPE	参保险种类型
2	T＿REG＿HOSP	医疗机构注册表

续表

序号	物理表名	说明
3	T_REG_DEP	医疗机构科室注册表
4	T_REG_BED_WARD	病区注册表
5	T_REG_DOCTOR	医务人员注册表
6	T_REG_DOCTOR_HOSP	医师执业医院表
7	T_REG_DOCTOR_PRESC_LEVEL	医务人员处方权注册
8	T_REG_EQUIPMENT	医疗设备注册表
9	T_REG_EQUIPMENT_ITEMS	医疗设备与医保目录关联表
10	T_REG_SI_ITEM	医保项目目录表
11	T_REG_SI_ITEM_DIAG	医疗服务项目对标表
12	T_REG_SI_DRUG	医保项目药品对标表
13	T_REG_HOSP_ITEM	医疗机构医保项目范围表
14	T_REG_ITEM_GROUP	医保项目分组表
15	T_REG_GROUP_ITEM	医保项目分组关系表
16	T_REG_ITEM_GROUP_PRICE	医保项目分组限价表
17	T_REG_SI_ITEM_PRICE	医保项目医院等级限价表
18	T_REG_ITEM_LIMIT	医保项目限制使用表
19	T_REG_DESEASE	门诊特殊疾病字典
20	T_REG_DESEASE_ICD	门特病 ICD 编码
21	T_REG_DESEASE_SI_ITEM	门特病医保项目范围
22	T_REG_PSN_DESEASE	参保人门特登记表

医保知识库的核心是医保项目，围绕医保项目目录表包括与医学和药学知识库的对标表、医疗机构使用范围限制表、医保项目分组及限价表、医保项目限制使用表等，相关物理模型如图 6.8 所示。

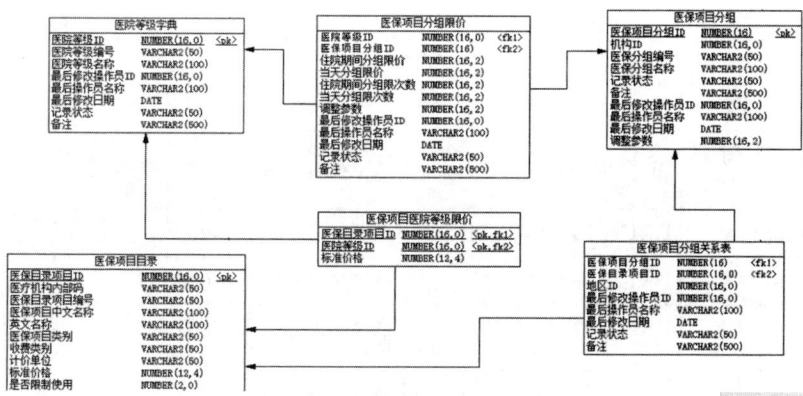

图 6.8 医保项目的物理模型

医保项目的主要表格及字段见表 6.11。

表 6.11 医保项目的主要表格及字段

表名	医保项目目录表（T_REG_SI_ITEM）				
序号	字段	名称	数据类型	pk/fk	说明
1	医保目录项目 ID	SI_ITEM_ID	NUMBER（16，0）	pk	
2	地区 ID	ORG_ID	NUMBER（16）	fk	不同医保机构
3	医保目录项目编号	SI_ITEM_CODE	VARCHAR2（50）		
4	医保项目中文名称	SI_ITEM_NAME	VARCHAR2（100）		
5	拼音码	SI_ITEM_SPELL_CODE	VARCHAR2（100）		
6	医保项目类别	SI_ITEM_TYPE	VARCHAR2（50）		
7	医保项目标志	SI_ITEM_FLAG	VARCHAR2（50）		
8	收费类别	SI_FEE_TYPE	VARCHAR2（50）		
9	医保项目费用分类	SI_ITEM_FEE_TYPE	VARCHAR2（50）		
10	计价单位	SI_ITEM_UNIT	VARCHAR2（50）		
11	自付比例	SELF_PAY_RATE	NUMBER（16，2）		

续表

表名	医保项目目录表（T_REG_SI_ITEM）				
序号	字段	名称	数据类型	pk/fk	说明
12	医保药品分类	SI_DRUG_TYPE	VARCHAR2（100）		
13	药品包装	DRUG_PACKAGE	VARCHAR2（200）		
14	药品剂型	DRUG_FORM	VARCHAR2（100）		
15	药品规格	DRUG_SPEC	VARCHAR2（500）		
16	生产厂家名称	DRUG_FACTORY_NAME	VARCHAR2（500）		
17	使用限制说明	SI_ITEM_USE_LIMIT	VARCHAR2（500）		
18	特殊人群限制	LIMIT_SPE_PSN	VARCHAR2（50）		
19	就诊方式限制	LIMIT_VISIT_TYPE	VARCHAR2（50）		
20	性别限制	LIMIT_GENDER	VARCHAR2（50）		
21	使用限制周期天数	LIMIT_CIRCLE_DAYS	NUMBER（12,0）		门诊使用限制相关字段
22	使用限制周期总金额	LIMIT_CIRCLE_AMT	NUMBER（16,2）		
23	使用限制周次总频次	LIMIT_CIRCLE_SEQ	NUMBER（12,0）		
24	使用限制周期总数量	LIMIT_CIRCLE_CNT	NUMBER（12,0）		
25	单次使用限制数量	LIMIT_PER_CNT	NUMBER（12,0）		
26	单次使用限制金额	LIMIT_PER_AMT	NUMBER（16,2）		

续表

表名	医保项目目录表（T_REG_SI_ITEM）				
序号	字段	名称	数据类型	pk/fk	说明
27	使用限制周期天数	LIMIT_CIRCLE_DAYS_INBED	NUMBER（12,0）		住院使用限制相关字段
28	使用限制周期总金额	LIMIT_CIRCLE_AMT_INBED	NUMBER（16,2）		
29	使用限制周期次总频次	LIMIT_CIRCLE_SEQ_INBED	NUMBER（12,0）		
30	使用限制周期总数量	LIMIT_CIRCLE_CNT_INBED	NUMBER（12,0）		
31	单次使用限制数量	LIMIT_PER_CNT_INBED	NUMBER（12,0）		
32	单次使用限制金额	LIMIT_PER_AMT_INBED	NUMBER（16,2）		
33	…	…	…		其他字段略

表名	医保项目分组表（T_REG_ITEM_GROUP）				
序号	字段	名称	数据类型	pk/fk	说明
1	医保项目分组ID	ITEM_GROUP_ID	NUMBER（16）	pk	
2	机构ID	ORG_ID	NUMBER（16,0）	fk	不同医保机构
3	医保分组编号	ITEM_GROUP_CODE	VARCHAR2（50）		
4	医保分组名称	ITEM_GROUP_NAME	VARCHAR2（100）		
5	…	…	…		其他字段略

表名	医保项目分组关系表（T_REG_GROUP_ITEM）				
序号	字段	名称	数据类型	pk/fk	说明
1	医保项目分组ID	ITEM_GROUP_ID	NUMBER（16）	pk,fk	
2	医保目录项目ID	SI_ITEM_ID	NUMBER（16,0）	pk,fk	

续表

表名	医保项目分组限价表（T_REG_ITEM_GROUP_PRICE）				
序号	字段	名称	数据类型	pk/fk	说明
1	医院等级ID	HOSP_LEVEL_ID	NUMBER（16,0）	pk,fk	
2	医保项目分组ID	ITEM_GROUP_ID	NUMBER（16）	pk,fk	
3	住院期间分组限价	GROUP_PRICE	NUMBER（16,2）		
4	当天分组限价	GROUP_PRICE_DAY	NUMBER（16,2）		
5	住院期间分组限次数	GROUP_CNT	NUMBER（16,2）		
6	当天分组限次数	GROUP_CNT_DAY	NUMBER（16,2）		
7	…	…	…		其他字段略
表名	医保项目医院等级限价表（T_REG_SI_ITEM_PRICE）				
序号	字段	名称	数据类型	pk/fk	说明
1	医保目录项目ID	SI_ITEM_ID	NUMBER（16,0）	pk,fk	
2	医院等级ID	HOSP_LEVEL_ID	NUMBER（16,0）	pk,fk	
3	标准价格	SI_ITEM_PRICE	NUMBER（12,4）		
4	…	…	…		其他字段略

医保目录包括药品、医疗服务项目和服务设施，这些项目在临床使用时要依照医保政策要求，必须在特定条件下使用时医保基金才给予支付，否则视作自费类项目。这是医保知识库中最重要的限制性规则基础。由于限制类包括参保险种、临床病症、医院等级、项目之间相互关系等，为减少医保知识库的维护工作量，将这些信息统一放在一个物理表中，其物理模型如图6.9所示。

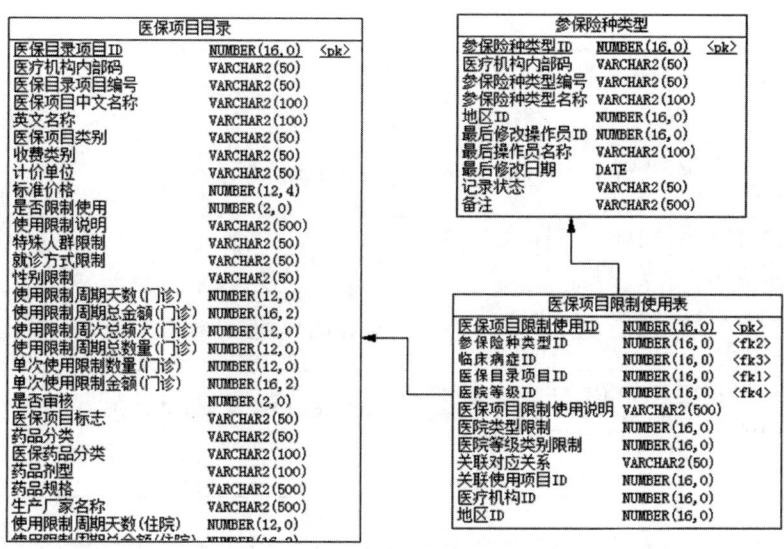

图 6.9 医保项目限制使用的物理模型

医保项目限制使用的主要表格及字段见表 6.12。

表 6.12 医保项目限制使用的主要表格及字段

表名	医保项目限制使用表（T_REG_ITEM_LIMIT）			
序号	字段	名称	数据类型	pk/fk	说明
1	医保项目限制使用ID	ITEM_LIMIT_ID	NUMBER（16,0）	pk	
2	医保目录项目ID	SI_ITEM_ID	NUMBER（16,0）	fk	
3	医疗机构ID	HOSP_ID	NUMBER（16,0）	fk	
4	医院等级ID	HOSP_LEVEL_ID	NUMBER（16,0）	fk	
5	参保险种类型ID	SI_TYPE_ID	NUMBER（16,0）	fk	
6	临床病症ID	SYMPTOM_ID	NUMBER（16,0）	fk	
7	医保项目限制使用说明	ITEM_LIMIT_NOTE	VARCHAR2（500）		

续表

表名	医保项目限制使用表（T_REG_ITEM_LIMIT）				
序号	字段	名称	数据类型	pk/fk	说明
8	医院类型限制	LIMIT_HOSP_TYPE	NUMBER（16，0）		关联基础字典表数据
9	医院等级类别限制	LIMIT_HOSP_LEV_TYPE	NUMBER（16，0）		
10	关联对应关系	REL_TYPE	VARCHAR2（50）		
11	关联使用项目ID	OVERLAP_SI_ITEM_ID	NUMBER（16，0）	fk	
12	…	…	…		其他字段略

门诊慢病相关政策也是医保知识库的组成内容，部分地区已经将门诊慢病的项目范围限制做到结算系统中，此时门诊慢病的审核重点放在诊疗方案合理性和药品用量上，如果结算系统没有实现门诊慢病的项目范围限制，则需要同时完成范围和用量限制，相关物理模型如图 6.10 所示。

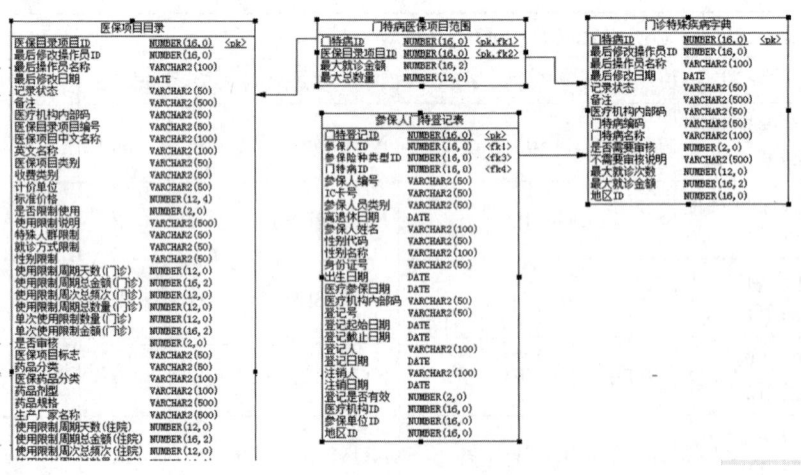

图 6.10 门诊慢病的物理模型

门诊慢病的主要表格及字段见表 6.13。

表 6.13 门诊慢病的主要表格及字段

表名	门诊特殊疾病字典（T_REG_DESEASE）				
序号	字段	名称	数据类型	pk/fk	说明
1	门特病ID	DESEASE_ID	NUMBER（16，0）	pk	
2	地区ID	ORG_ID	NUMBER（16，0）	fk	
3	门特病编码	DESEASE_CODE	VARCHAR2（50）		
4	门特病名称	DESEASE_NAME	VARCHAR2（100）		
5	是否需要审核	IS_NEED_CHECK	NUMBER（2，0）		
6	不需要审核说明	DONT_CHECK_NOTE	VARCHAR2（500）		
7	…	…	…		其他字段略

表名	门特病医保项目范围（T_REG_DESEASE_SI_ITEM）				
序号	字段	名称	数据类型	pk/fk	说明
1	门特病ID	DESEASE_ID	NUMBER（16，0）	pk, fk	
2	医保目录项目ID	SI_ITEM_ID	NUMBER（16，0）	pk, fk	
3	最大就诊金额	MAX_AMT	NUMBER（16，2）		限制条件
4	最大总数量	MAX_ITEM_CNT	NUMBER（12，0）		
5	…	…	…		其他字段略

表名	参保人门特登记表（T_REG_PSN_DESEASE）				
序号	字段	名称	数据类型	pk/fk	说明
1	门特登记ID	PSN_DESEASE_ID	NUMBER（16，0）	pk	
2	参保人ID	PSN_ID	NUMBER（16，0）	fk	
3	门特病ID	DESEASE_ID	NUMBER（16，0）	fk	
4	医疗机构ID	HOSP_ID	NUMBER（16，0）	fk	
5	登记号	PSN_DESEASE_CODE	VARCHAR2（50）		
6	登记起始日期	REG_START_DT	DATE		

续表

表名	参保人门特登记表（T_REG_PSN_DESEASE）			
序号	字段	名称	数据类型	pk/fk	说明
7	登记截止日期	REG_END_DT	DATE		
8	登记人	REG_WORKER	VARCHAR2（100）		
9	登记日期	REG_DT	DATE		
10	注销人	UNREG_WORKER	VARCHAR2（100）		
11	注销日期	UNREG_DT	DATE		
12	登记是否有效	IS_ENABLED	NUMBER（2,0）		
13	…	…	…		其他字段略

6.2.1.5 规则库

规则库是以知识库为基础进行组织和管理的，由于 IF-THEN 规则是由知识库自动产生的，或依据知识库结构在算法中自动匹配的，所以规则库管理的重点不在于 IF-THEN 规则的维护，而是对规则的应用管理，主要相关表格见表 6.14。

表 6.14 规则库数据表清单

序号	物理表名	说明
1	T_DIC_CHECK_RULE	审核规则表
2	T_DIC_CHECK_DETAIL_RULE	子审核规则明细表
3	T_REG_CHECK_RULE_HOSP	审核规则除外医院
4	T_REG_CHECK_RULE_HOSP_ITEM	审核规则除外项目
5	T_REG_RULE_ORG	机构审核规则表
6	T_REG_DETAIL_RULE_ORG	机构审核子规则表

规则库的物理模型如图 6.11 所示。

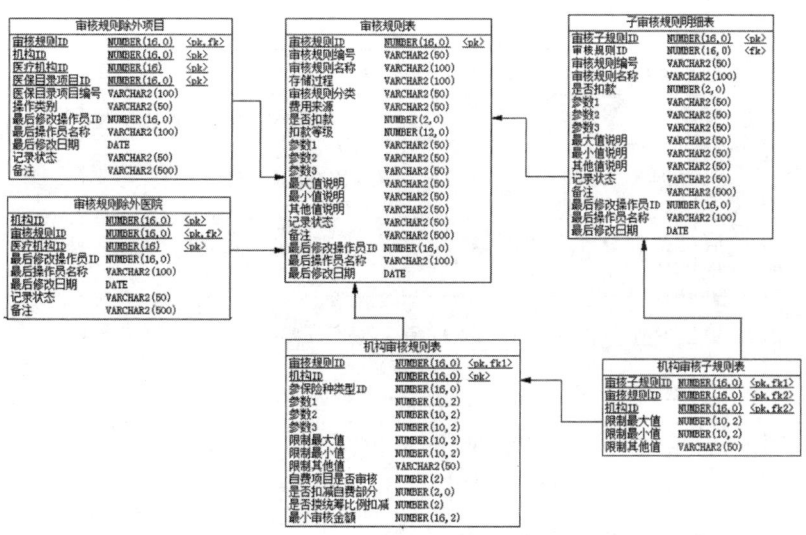

图 6.11 规则库的物理模型

规则库的主要表格及字段见表 6.15。

表 6.15 规则库的主要表格及字段

表名	审核规则表（T＿DIC＿CHECK＿RULE）				
序号	字段	名称	数据类型	pk/fk	说明
1	审核规则 ID	CHECK＿RULE＿ID	NUMBER（16,0）	pk	
2	审核规则编号	CHECK＿RULE＿CODE	VARCHAR2（50）		
3	审核规则名称	CHECK＿RULE＿NAME	VARCHAR2（100）		
4	存储过程	DB＿PRO＿NAME	VARCHAR2（100）		
5	审核规则分类	CHECK＿RULE＿TYPE	VARCHAR2（50）		
6	费用来源	FEE＿SOURCE	VARCHAR2（50）		
7	是否扣款	IS＿DEDUC	NUMBER（2,0）		
8	扣款等级	DEDUC＿LEV	NUMBER（12,0）		
9	参数 1	VALUE1＿NOTE	VARCHAR2（50）		
10	参数 2	VALUE2＿NOTE	VARCHAR2（50）		
11	参数 3	VALUE3＿NOTE	VARCHAR2（50）		

续表

表名	审核规则表（T_DIC_CHECK_RULE）				
序号	字段	名称	数据类型	pk/fk	说明
12	最大值说明	MAX_VALUE_NOTE	VARCHAR2（50）		
13	最小值说明	MIN_VALUE_NOTE	VARCHAR2（50）		
14	其他值说明	LIMIT_VALUE_NOTE	VARCHAR2（50）		
15	…	…	…		其他字段略

表名	子审核规则明细表（T_DIC_CHECK_DETAIL_RULE）				
序号	字段	名称	数据类型	pk/fk	说明
1	审核子规则ID	CHECK_DETAIL_RULE_ID	NUMBER（16,0）	pk	
2	审核规则ID	CHECK_RULE_ID	NUMBER（16,0）	fk	
3	审核规则编号	CHECK_RULE_CODE	VARCHAR2（50）		
4	审核规则名称	CHECK_RULE_NAME	VARCHAR2（100）		
5	是否扣款	IS_DEDUC	NUMBER（2,0）		
6	参数1	VALUE1_NOTE	VARCHAR2（50）		
7	参数2	VALUE2_NOTE	VARCHAR2（50）		
8	参数3	VALUE3_NOTE	VARCHAR2（50）		
9	最大值说明	MAX_VALUE_NOTE	VARCHAR2（50）		
10	最小值说明	MIN_VALUE_NOTE	VARCHAR2（50）		
11	其他值说明	LIMIT_VALUE_NOTE	VARCHAR2（50）		
12	…	…	…		其他字段略

表名	审核规则除外医院（T_REG_CHECK_RULE_HOSP）				
序号	字段	名称	数据类型	pk/fk	说明
1	机构ID	ORG_ID	NUMBER（16,0）	pk,fk	

续表

表名	审核规则除外医院（T_REG_CHECK_RULE_HOSP）				
序号	字段	名称	数据类型	pk/fk	说明
2	审核规则ID	CHECK_RULE_ID	NUMBER（16，0）	pk，fk	
3	医疗机构ID	HOSP_ID	NUMBER（16）	pk，fk	
4	…	…	…		其他字段略

表名	审核规则除外项目（T_REG_CHECK_RULE_HOSP_ITEM）				
序号	字段	名称	数据类型	pk/fk	说明
1	审核规则ID	CHECK_RULE_ID	NUMBER（16，0）	pk，fk	
2	机构ID	ORG_ID	NUMBER（16，0）	pk，fk	
3	医疗机构ID	HOSP_ID	NUMBER（16）	pk，fk	
4	医保目录项目ID	SI_ITEM_ID	NUMBER（16，0）	pk，fk	
5	医保目录项目编号	SI_ITEM_CODE	VARCHAR2（100）		冗余字段
6	操作类别	OPER_TYPE	VARCHAR2（50）		
7	…	…	…		其他字段略

表名	机构审核规则表（T_REG_RULE_ORG）				
序号	字段	名称	数据类型	pk/fk	说明
1	审核规则ID	CHECK_RULE_ID	NUMBER（16，0）	pk，fk	
2	机构ID	ORG_ID	NUMBER（16，0）	pk，fk	
3	参保险种类型ID	SI_TYPE_ID	NUMBER（16，0）	fk	
4	参数1	PARAM_VALUE1	NUMBER（10，2）		
5	参数2	PARAM_VALUE2	NUMBER（10，2）		
6	参数3	PARAM_VALUE3	NUMBER（10，2）		
7	限制最大值	MAX_VALUE	NUMBER（10，2）		
8	限制最小值	MIM_VALUE	NUMBER（10，2）		

续表

表名	机构审核规则表（T_REG_RULE_ORG）				
序号	字段	名称	数据类型	pk/fk	说明
9	限制其他值	LIMIT_VALUE	VARCHAR2（50）		
10	自费项目是否审核	IS_DEDUC_SELF_PART	NUMBER（2）		
11	是否扣减自费部分	IS_SELF_PART_DEDUC	NUMBER（2,0）		
12	是否按统筹比例扣减	IS_FUND_PCT_DEDUC	NUMBER（2）		
13	最小审核金额	MIN_CHECK_TOTAL	NUMBER（16,2）		
14	…	…	…		其他字段略

表名	机构审核子规则表（T_REG_DETAIL_RULE_ORG）				
序号	字段	名称	数据类型	pk/fk	说明
1	审核子规则ID	CHECK_DETAIL_RULE_ID	NUMBER（16,0）	pk,fk	
2	审核规则ID	CHECK_RULE_ID	NUMBER（16,0）	pk,fk	
3	机构ID	ORG_ID	NUMBER（16,0）	pk,fk	
4	限制最大值	MAX_VALUE	NUMBER（10,2）		
5	限制最小值	MIM_VALUE	NUMBER（10,2）		
6	限制其他值	LIMIT_VALUE	VARCHAR2（50）		
7	…	…	…		其他字段略

由于系统支持多个医保经办机构同时并存，所以增加了不同医保经办机构应用的规则及子规则的范围管理。当不同规则在不同医保经办机构应用时，相关参数可能存在一定差异，所以需要单独配置。

6.2.2 审核业务数据库

医保智能审核业务包括医保费用数据提取、对标、转换、自动机审和人审、医疗机构申诉等。医保费用数据是所有业务经办的数据源头，中心端软件和医院端软件的数据提取方式不同，中心端软件的数据提取是将医保核心业务系统中的医保费用数据批量提取到医保智能审核系统中，每次提取若干张结算单，医院端软件的费用数据是通过医院接口由医院信息系统（HIS）主动推送的，每次一张结算单。

医保智能审核系统获取的费用数据需要进行对标，然后按照医保智能审核系统的数据结构要求保存到数据库中，再由系统自动进行机审。机审结果按照一定的审核流程由医保审核人员进行确认，确认结果后再反馈给各个定点医疗机构，对其中疑似违规费用允许定点医疗机构进行申诉，申诉处理和确认后的审核结果再经过医保经办机构审批流程，最终提交医保业务系统。从上述流程可以看出，审核业务的核心仍然是围绕医保费用展开，机审、人审、申诉等都是针对每一张结算单和费用明细的，所以审核业务数据库设计的核心是医保费用数据的组织，其次是如何把各业务经办数据关联到医保费用数据上。

6.2.2.1 医保费用数据

医保费用数据是从医保经办业务系统中提取的，中心端软件的数据提取频率一般按医保对定点医疗机构的清算周期来执行，大部分地区按月提取，每次提取结算单数万到十数万张、费用明细记录一千万条以上；也有个别地区按天提取，每天提取的数据量相对较少，提取结算单数千张、费用明细记录数十万条。医院端软件的费用数据是通过医院接口由医院信息系统主动推送的，每次一张结算单和若干条费用明细记录。所以医院端软件的费用数据与中心端软件的费用数据提取的最大区别在于，中心端软件是批量主动提取，医院端软件是逐条被动获取。无论是哪种提取方式，在医保费用数据的组织结构上可以保持一致，一方面，在算法上可以在中心端和医院端采用同一套代码；另一方面，在数据对标及转换上也可以保持同步。医保业务系统在存储费用数据时，主要从医保费用结算的需求考虑；而医保智能审核系统必须考虑审核的需求，医保业务系统现有的数据结构不能很好满足医保智能审核需要，例如，临床诊断在医保业务系统中，属于就诊记录表（KC21），并且按照字段存储，而在医保智能审核系统中需要转换成记录模式，所以数据提取后，需要转换成医保智能审核系统需要的数据结构。转换逻辑如图 6.12 所示。

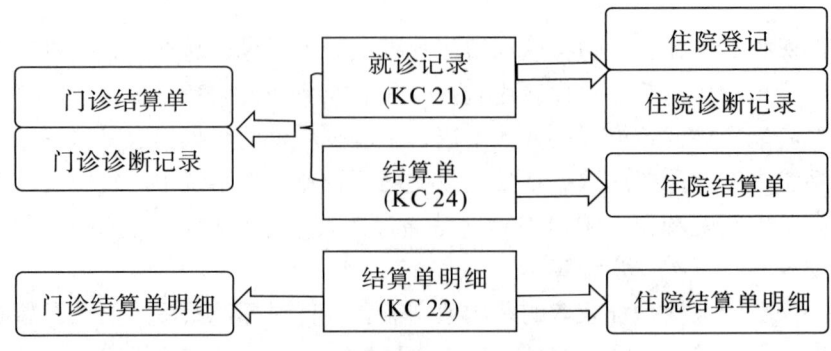

图 6.12　医保智能审核系统数据转换逻辑

在医保业务系统中，门诊、住院和门诊慢病的就诊和费用数据都存储在三张相同的表格中。在医保智能审核系统中，由于门诊和住院费用的审核有一定差异，门诊就诊及费用相对于住院是一次性的，应以结算单为中心进行处理；而住院存在一次住院多次结算的情况，当次住院的所有结算单需要联合运算，所以在结构上需要进行区分处理。如果采用 Java 代码逐条处理，对于这种结构变化的需求要小一些；如果采用数据库 SQL 编制，则对数据结构依赖就非常高。本书还是按照数据库 SQL 运算模式，设计了医保费用数据的数据库结构，主要表格见表 6.16。

表 6.16　医保费用数据表清单

序号	物理表名	说明
1	T_DATA_PRES_BILL	门诊结算单表
2	T_DATA_PRES_BILL_DETAIL	门诊结算单明细
3	T_DATA_PRESC_DIAG	门诊疾病诊断表
4	T_DATA_INBED_REG	住院登记表
5	T_DATA_INBED_BILL	住院结算单
6	T_DATA_INBED_BILL_DETAIL	住院结算单明细
7	T_DATA_INBED_DIAG	住院疾病诊断表

医保费用数据主要分为门诊结算单和住院结算单。2019 年《国家医疗保障局办公室关于印发医疗保障基金结算清单填写规范的通知》（医保办发〔2020〕20 号）中，统一了门诊结算单和住院结算单的格式和内容。但是在

智能审核时,还是应将数据分开处理。门诊结算单的物理模型如图 6.13 所示。

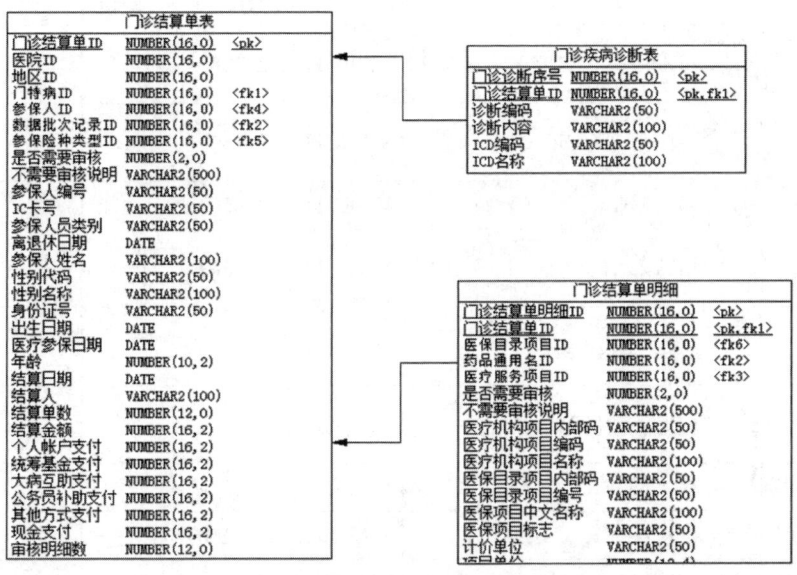

图 6.13 门诊结算单的物理模型

门诊结算单的主要表格及字段见表 6.16。

表 6.16 门诊结算单的主要表格及字段

表名	门诊结算单表(T_DATA_PRES_BILL)			
序号	字段	名称	数据类型	pk/fk	说明
1	门诊结算单 ID	PRES_BILL_ID	NUMBER(16, 0)	pk	
2	医院 ID	HOSP_ID	NUMBER(16, 0)	fk	
3	地区 ID	ORG_ID	NUMBER(16, 0)	fk	
4	门特病 ID	DESEASE_ID	NUMBER(16, 0)	fk	
5	参保人 ID	PSN_ID	NUMBER(16, 0)	fk	
6	数据批次记录 ID	BATCH_ID	NUMBER(16, 0)	fk	
7	参保险种类型 ID	SI_TYPE_ID	NUMBER(16, 0)	fk	
8	是否需要审核	IS_NEED_CHECK	NUMBER(2, 0)		

续表

表名	门诊结算单表（T_DATA_PRES_BILL）				
序号	字段	名称	数据类型	pk/fk	说明
9	不需要审核说明	DONT_CHECK_NOTE	VARCHAR2 (500)		
10	参保人编号	PSN_CODE	VARCHAR2 (50)		
11	IC卡号	IC_NO	VARCHAR2 (50)		
12	参保人员类别	PSN_TYPE	VARCHAR2 (50)		
13	离退休日期	RETIRE_DT	DATE		
14	参保人姓名	PSN_NAME	VARCHAR2 (100)		
15	性别代码	GENDER_CODE	VARCHAR2 (50)		
16	性别名称	GENDER_NAME	VARCHAR2 (100)		
17	身份证号	IDCARD	VARCHAR2 (50)		
18	出生日期	BIRTH_DAY	DATE		
19	医疗参保日期	SI_INSURED_DT	DATE		
20	年龄	PSN_AGE	NUMBER (10, 2)		
21	处方编号	PRES_CODE	VARCHAR2 (50)		
22	处方类型	PRES_TYPE	VARCHAR2 (50)		
23	病案号	RECORD_NO	VARCHAR2 (50)		
24	门急诊号	VISIT_CODE	VARCHAR2 (50)		
25	就诊类别	VISIT_TYPE	VARCHAR2 (50)		
26	就诊日期	VISIT_DT	DATE		
27	医务人员编号	DOCTOR_CODE	VARCHAR2 (50)		
28	医务人员名称	DOCTOR_NAME	VARCHAR2 (100)		
29	科室编号	DEP_CODE	VARCHAR2 (50)		
30	科室名称	DEP_NAME	VARCHAR2 (100)		
31	结算日期	BILL_DT	DATE		

续表

表名	门诊结算单表（T_DATA_PRES_BILL）			
序号	字段	名称	数据类型	pk/fk	说明
32	结算人	BILL_GEN_WORKER	VARCHAR2（100）		
33	结算单明细数	BILL_CNT	NUMBER（12，0）		
34	结算金额	BILL_AMT	NUMBER（16，2）		
35	进入统筹支付范围金额	FUND_RANGE_AMT	NUMBER（16，2）		
36	个人账户支付	PSN_ACC_AMT	NUMBER（16，2）		
37	统筹基金支付	FUND_AMT	NUMBER（16，2）		
38	大病互助支付	DESEASE_AMT	NUMBER（16，2）		
39	公务员补助支付	CIVIL_AMT	NUMBER（16，2）		
40	其他方式支付	OTHER_AMT	NUMBER（16，2）		
41	现金支付	CASH_AMT	NUMBER（16，2）		
42	…	…	…		其他字段略

表名	门诊结算单明细（T_DATA_PRES_BILL_DETAIL）			
序号	字段	名称	数据类型	pk/fk	说明
1	门诊结算单明细ID	PRES_BILL_DETAIL_ID	NUMBER（16，0）	pk	
2	门诊结算单ID	PRES_BILL_ID	NUMBER（16，0）	fk	
3	医保目录项目ID	SI_ITEM_ID	NUMBER（16，0）	fk	
4	药品通用名ID	DRUG_PUB_ID	NUMBER（16，0）	fk	
5	医疗服务项目ID	DIAG_ID	NUMBER（16，0）	fk	
6	是否需要审核	IS_NEED_CHECK	NUMBER（2，0）		

续表

表名	门诊结算单明细（T_DATA_PRES_BILL_DETAIL）				
序号	字段	名称	数据类型	pk/fk	说明
7	不需要审核说明	DONT_CHECK_NOTE	VARCHAR2(500)		
8	医疗机构项目编码	HOSP_ITEM_CODE	VARCHAR2(50)		
9	医疗机构项目名称	HOSP_ITEM_NAME	VARCHAR2(100)		
10	医保目录项目编号	SI_ITEM_CODE	VARCHAR2(50)		
11	医保项目中文名称	SI_ITEM_NAME	VARCHAR2(100)		
12	计价单位	SI_ITEM_UNIT	VARCHAR2(50)		
13	项目单价	ITEM_PRICE	NUMBER(12,4)		
14	项目数量	ITEM_CNT	NUMBER(10,2)		
15	项目总价	ITEM_AMT	NUMBER(16,2)		
16	每次用量	USED_PER	NUMBER(10,2)		
17	使用频次	USED_FREQ	NUMBER(10,2)		
18	每日用量	USED_PER_DAY	NUMBER(10,2)		
19	使用天数	USED_DAYS	NUMBER(16,0)		
20	用法说明	USED_NOTE	VARCHAR2(500)		
21	药品剂型	DRUG_FORM	VARCHAR2(100)		
22	药品规格	DRUG_SPEC	VARCHAR2(500)		
23	生产厂家名称	DRUG_FACTORY_NAME	VARCHAR2(500)		
24	药品本位码	DRUG_ORG_CODE	VARCHAR2(50)		
25	费用发生日期	ITEM_FEE_DT	DATE		
26	收费类别	ITEM_FEE_TYPE	VARCHAR2(50)		
27	自付比例	SELF_PAY_RATE	NUMBER(16,2)		
28	自付金额	SELF_PAY_AMT	NUMBER(16,2)		
29	超限金额	OUT_LIMIT_AMT	NUMBER(16,2)		

续表

表名	门诊结算单明细（T_DATA_PRES_BILL_DETAIL）				
序号	字段	名称	数据类型	pk/fk	说明
30	医务人员编号	DOCTOR_CODE	VARCHAR2（50）		
31	医务人员名称	DOCTOR_NAME	VARCHAR2（100）		
32	是否门特用药	IS_DESEASE	NUMBER（2,0）		
33	…	…	…		其他字段略
表名	门诊疾病诊断表（T_DATA_PRESC_DIAG）				
序号	字段	名称	数据类型	pk/fk	说明
1	门诊诊断序号	PRESCRI_DIAG_ID	NUMBER（16,0）	pk	
2	门诊结算单ID	PRES_BILL_ID	NUMBER（16,0）	pk,fk	
3	诊断编码	CLIC_DIAG_CODE	VARCHAR2（50）		
4	诊断内容	CLIC_DIAG	VARCHAR2（100）		
5	ICD编码	ICD_CODE	VARCHAR2（50）		
6	ICD名称	ICD_NAME	VARCHAR2（100）		
7	…	…	…		其他字段略

住院结算单的物理模型如图6.14所示。

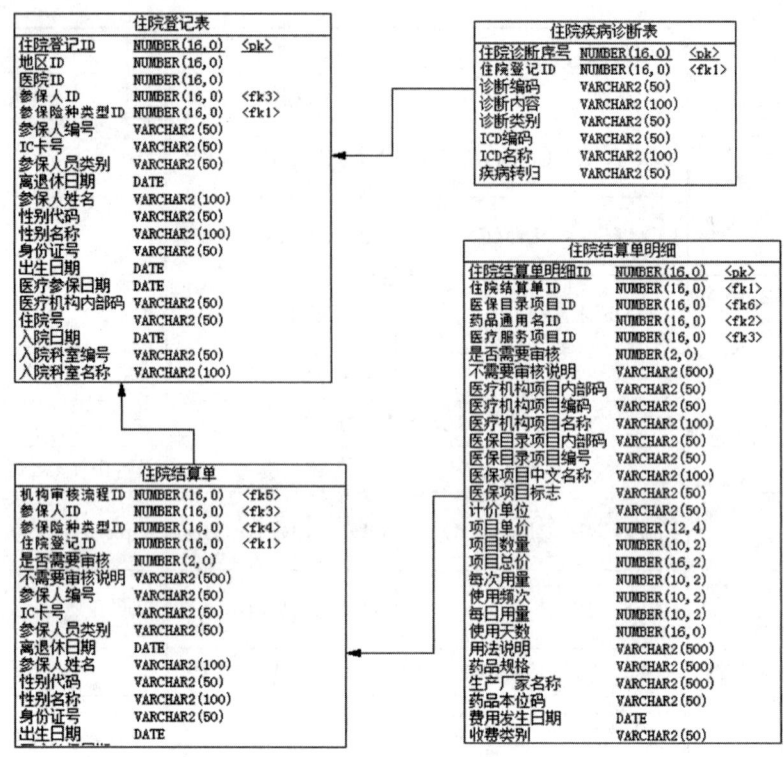

图 6.14 住院结算单的物理模型

住院结算单的主要表格及字段见表 6.17。

表 6.17 住院结算单的主要表格及字段

表名	住院登记表（T_DATA_INBED_REG）				
序号	字段	名称	数据类型	pk/fk	说明
1	住院登记ID	INBED_REG_ID	NUMBER（16，0）	pk	
2	地区ID	ORG_ID	NUMBER（16，0）	fk	
3	医院ID	HOSP_ID	NUMBER（16，0）	fk	
4	参保人ID	PSN_ID	NUMBER（16，0）	fk	
5	数据批次记录ID	BATCH_ID	NUMBER（16，0）	fk	
6	参保险种类型ID	SI_TYPE_ID	NUMBER（16，0）	fk	

续表

表名	住院登记表（T_DATA_INBED_REG）				
序号	字段	名称	数据类型	pk/fk	说明
7	参保人编号	PSN_CODE	VARCHAR2（50）		
8	IC卡号	IC_NO	VARCHAR2（50）		
9	参保人员类别	PSN_TYPE	VARCHAR2（50）		
10	离退休日期	RETIRE_DT	DATE		
11	参保人姓名	PSN_NAME	VARCHAR2（100）		
12	性别代码	GENDER_CODE	VARCHAR2（50）		
13	性别名称	GENDER_NAME	VARCHAR2（100）		
14	身份证号	IDCARD	VARCHAR2（50）		
15	出生日期	BIRTH_DAY	DATE		
16	年龄	PSN_AGE	NUMBER（10，2）		
17	医疗参保日期	SI_INSURED_DT	DATE		
18	就诊类别	VISIT_TYPE	VARCHAR2（50）		
19	住院号	INBED_REG_CODE	VARCHAR2（50）		
20	入院日期	INBED_DT	DATE		
21	入院科室编号	INBED_DEP_CODE	VARCHAR2（50）		
22	入院科室名称	INBED_DEP_NAME	VARCHAR2（100）		
23	入院病区编号	INBED_BED_CODE	VARCHAR2（50）		
24	入院病区床号	INBED_BED_NAME	VARCHAR2（100）		
25	入院诊断	INBED_EXAM	VARCHAR2（500）		
26	出院日期	OUTBED_DT	DATE		
27	出院科室编号	OUTBED_DEP_CODE	VARCHAR2（50）		

续表

表名	住院登记表（T_DATA_INBED_REG）			
序号	字段	名称	数据类型	pk/fk	说明
28	出院科室名称	OUTBED_DEP_NAME	VARCHAR2（100）		
29	出院病区编号	OUTBED_BED_CODE	VARCHAR2（50）		
30	出院病区床号	OUTBED_BED_NAME	VARCHAR2（100）		
31	出院诊断	OUTBED_EXAM	VARCHAR2（500）		
32	住院天数	INBED_DAYS	NUMBER（16,0）		
33	出院情况	INBED_RESULT	VARCHAR2（50）		
34	出院小结	OUTBED_NOTE	VARCHAR2（500）		
35	…	…	…		其他字段略

表名	住院结算单（T_DATA_INBED_BILL）			
序号	字段	名称	数据类型	pk/fk	说明
1	住院结算单ID	INBED_BILL_ID	NUMBER（16,0）	pk	
2	住院登记ID	INBED_REG_ID	NUMBER（16,0）	fk	
3	参保人ID	PSN_ID	NUMBER（16,0）	fk	
4	参保人编号	PSN_CODE	VARCHAR2（50）		冗余数据
5	参保人员类别	PSN_TYPE	VARCHAR2（50）		
6	性别代码	GENDER_CODE	VARCHAR2（50）		
7	性别名称	GENDER_NAME	VARCHAR2（100）		
8	出生日期	BIRTH_DAY	DATE		
9	年龄	PSN_AGE	NUMBER（10,2）		
10	住院结算单号	INBED_BILL_CODE	VARCHAR2（50）		
11	当前科室编号	CUR_DEP_CODE	VARCHAR2（50）		
12	当前科室名称	CUR_DEP_NAME	VARCHAR2（100）		

续表

表名	住院结算单（T_DATA_INBED_BILL）				
序号	字段	名称	数据类型	pk/fk	说明
13	当前病区编号	CUR_BED_CODE	VARCHAR2（50）		
14	当前病区床号	CUR_BED_NAME	VARCHAR2（100）		
15	管床医生编号	CUR_DOCTOR_CODE	VARCHAR2（50）		
16	管床医生名称	CUR_DOCTOR_NAME	VARCHAR2（100）		
17	是否需要审核	IS_NEED_CHECK	NUMBER（2,0）		
18	不需要审核说明	DONT_CHECK_NOTE	VARCHAR2（500）		
19	结算日期	BILL_DT	DATE		
20	结算人	BILL_GEN_WORKER	VARCHAR2（100）		
21	结算单明细数	BILL_CNT	NUMBER（12,0）		
22	结算金额	BILL_AMT	NUMBER（16,2）		
23	进入统筹支付范围金额	FUND_RANGE_AMT	NUMBER（16,2）		
24	个人账户支付	PSN_ACC_AMT	NUMBER（16,2）		
25	统筹基金支付	FUND_AMT	NUMBER（16,2）		
26	大病互助支付	DESEASE_AMT	NUMBER（16,2）		
27	公务员补助支付	CIVIL_AMT	NUMBER（16,2）		
28	其他方式支付	OTHER_AMT	NUMBER（16,2）		
29	现金支付	CASH_AMT	NUMBER（16,2）		
30	…	…	…		其他字段略

续表

表名	住院结算单明细（T_DATA_INBED_BILL_DETAIL）				
序号	字段	名称	数据类型	pk/fk	说明
1	住院结算单明细ID	INBED_BILL_DETAIL_ID	NUMBER（16，0）	pk	
2	住院结算单ID	INBED_BILL_ID	NUMBER（16，0）	fk	
3	医保目录项目ID	SI_ITEM_ID	NUMBER（16，0）	fk	
4	药品通用名ID	DRUG_PUB_ID	NUMBER（16，0）	fk	
5	医疗服务项目ID	DIAG_ID	NUMBER（16，0）	fk	
6	是否需要审核	IS_NEED_CHECK	NUMBER（2，0）		
7	不需要审核说明	DONT_CHECK_NOTE	VARCHAR2（500）		
8	医疗机构项目编码	HOSP_ITEM_CODE	VARCHAR2（50）		
9	医疗机构项目名称	HOSP_ITEM_NAME	VARCHAR2（100）		
10	医保目录项目编号	SI_ITEM_CODE	VARCHAR2（50）		
11	医保项目中文名称	SI_ITEM_NAME	VARCHAR2（100）		
12	计价单位	SI_ITEM_UNIT	VARCHAR2（50）		
13	项目单价	ITEM_PRICE	NUMBER（12，4）		
14	项目数量	ITEM_CNT	NUMBER（10，2）		
15	项目总价	ITEM_AMT	NUMBER（16，2）		
16	每次用量	USED_PER	NUMBER（10，2）		
17	使用频次	USED_FREQ	NUMBER（10，2）		
18	每日用量	USED_PER_DAY	NUMBER（10，2）		
19	使用天数	USED_DAYS	NUMBER（16，0）		
20	用法说明	USED_NOTE	VARCHAR2（500）		
21	药品剂型	DRUG_FORM	VARCHAR2（100）		

续表

表名	住院结算单明细（T_DATA_INBED_BILL_DETAIL）				
序号	字段	名称	数据类型	pk/fk	说明
22	药品规格	DRUG_SPEC	VARCHAR2（500）		
23	生产厂家名称	DRUG_FACTORY_NAME	VARCHAR2（500）		
24	药品本位码	DRUG_ORG_CODE	VARCHAR2（50）		
25	费用发生日期	ITEM_FEE_DT	DATE		
26	收费类别	ITEM_FEE_TYPE	VARCHAR2（50）		
27	自付比例	SELF_PAY_RATE	NUMBER（16，2）		
28	自付金额	SELF_PAY_AMT	NUMBER（16，2）		
29	超限金额	OUT_LIMIT_AMT	NUMBER（16，2）		
30	医务人员编号	DOCTOR_CODE	VARCHAR2（50）		
31	医务人员名称	DOCTOR_NAME	VARCHAR2（100）		
32	…	…	…		其他字段略

表名	住院疾病诊断表（T_DATA_INBED_DIAG）				
序号	字段	名称	数据类型	pk/fk	说明
1	住院诊断序号	INBED_DIAG_ID	NUMBER（16，0）	pk	
2	住院登记ID	INBED_REG_ID	NUMBER（16，0）	pk，fk	
3	诊断编码	CLIC_DIAG_CODE	VARCHAR2（50）		
4	诊断内容	CLIC_DIAG	VARCHAR2（100）		
5	ICD编码	ICD_CODE	VARCHAR2（50）		
6	ICD名称	ICD_NAME	VARCHAR2（100）		
7	疾病转归	DESEASE_RESULT	VARCHAR2（50）		
8	…	…	…		其他字段略

6.2.2.2 医保业务数据

医保业务数据包括自动机审、人审、申诉等方面的数据，这些数据与结算单和结算单明细联系紧密，即每一张结算单和每一条结算单明细都有机审、人审和申诉信息。在数据结构管理上有两种方式：第一种方式是将这些业务数据与费用数据融合在同一张物理表中，即在结算单和结算单明细表中增加这些业务相关字段；第二种方式是单独建立相应的物理表，通过外键方式与结算单和结算单明细表关联。这两种方式各有优劣，从性能上讲，第二种方式更优；但是从数据库管理和 SQL 编制上讲，第一种方式更简便。除此以外，在选择不同数据组织形式时，还要考虑审核算法的编制等因素的影响。本书在描述业务数据的数据库结构时不再按照物理表形式，而是按业务方式划分。医保业务数据主要相关数据集见表 6.18。

表 6.18 医保业务主要数据集清单

序号	数据集名	说明
1	自动机审数据集	
2	人审数据集	包括审核流程支持
3	医院申诉数据集	包括医院端申诉和中心端回复等

自动机审、人审和医院申诉数据集中涉及的主要数据项见表 6.19。

表 6.19 医保业务主要数据项

数据集名	自动机审数据集			
序号	字段	名称	数据类型	说明
1	机审违规规则ID	AUTO_CHECK_RULE_ID	NUMBER（16，0）	
2	机审违规规则名称	AUTO_CHECK_RULE_NAME	VARCHAR2（100）	
3	机审违规明细数	AUTO_CHECK_CNT	NUMBER（12，0）	
4	机审费用金额	AUTO_CHECK_AMT	NUMBER（16，2）	
5	机审扣减金额	AUTO_CHECK_DEDUC_AMT	NUMBER（16，2）	
6	机审说明	AUTO_CHECK_NOTE	VARCHAR2（500）	

数据集名	自动机审数据集			
序号	字段	名称	数据类型	说明
7	机审日期	AUTO_CHECK_DT	DATE	

数据集名	人审数据集			
序号	字段	名称	数据类型	说明
1	人审状态	PSN_CHECK_STATUS	VARCHAR2（50）	
2	人审违规规则ID	PSN_CHECK_RULE_ID	NUMBER（16，0）	
3	人审违规规则名称	PSN_CHECK_RULE_NAME	VARCHAR2（100）	
4	人审违规明细数	PSN_CHECK_CNT	NUMBER（12，0）	
5	人审费用金额	PSN_CHECK_AMT	NUMBER（16，2）	
6	人审扣减金额	PSN_CHECK_DEDUC_AMT	NUMBER（16，2）	
7	人审说明	PSN_CHECK_NOTE	VARCHAR2（500）	
8	人审日期	PSN_CHECK_DT	DATE	
9	人审操作员ID	PSN_CHECK_USER_ID	NUMBER（16，0）	
10	…	…	…	多级审核的流程管理所需字段略

数据集名	医院申诉数据集			
序号	字段	名称	数据类型	说明
1	申述类型	REVIEW_TYPE	VARCHAR2（50）	
2	申述内容	REVIEW_NOTE	VARCHAR2（500）	
3	申诉附件	REVIEW_FILE	VARCHAR2（500）	存储文件名及路径
4	申述时间	REVIEW_DT	DATE	
5	申诉人ID	REVIEW_USER_ID	NUMBER（16，0）	

续表

数据集名	医院申诉数据集			
序号	字段	名称	数据类型	说明
6	申诉人姓名	REVIEW_USER_NAME	VARCHAR2（100）	
7	申述处理时间	REVIEW_PRC_DT	DATE	
8	申述处理结果	REVIEW_PRC_RST	VARCHAR2（50）	
9	申述处理内容	REVIEW_PRC_NOTE	VARCHAR2（500）	
10	申述处理人ID	REVIEW_PRC_USERID	NUMBER（16,0）	
11	申述处理人姓名	REVIEW_PRC_USER	VARCHAR2（100）	

6.2.3 其他数据表

要确保医保智能审核系统能够正常运行，还有许多配套的数据表，如系统管理相关的数据表、业务运转需要的各种配置数据表、知识库和业务数据库对标所需要的中间表等，这部分数据表多且繁杂，与医保智能审核核心业务无直接关联，这里不再详述。

6.3 中心端软件

中心端软件的使用者主要为医保经办机构的审核人员，与传统的医保审核系统不同，医保智能审核系统由于引入了知识库和规则库进行自动审核，审核人员的工作由逐条检查和审核转变为对机审结果的复核和确认，所以批量数据处理操作的需求远高于传统的需求。另外，需要将医保业务系统中的数据导入，并与医保业务系统建立数据提取、对标和转换业务。

6.3.1 软件功能列表

医保智能审核系统中心端软件的主要功能见表 6.20。

表 6.20 中心端软件的主要功能清单

序号	模块分组	模块编号	模块名称	备注
1	系统管理	SYS01	权限管理	
2		SYS02	模块管理	
3		SYS03	角色管理	
4		SYS04	机构管理	
5		SYS05	操作员管理	
6		SYS07	日志管理	
7		SYS08	SQL 语句监视	
8		SYS09	升级脚本管理	
9		SYS10	升级模板管理	
10		SYS11	模块分组管理	
11	知识库管理	REG01	医保险种注册管理	
12		REG02	诊断编码注册管理	
13		REG03	医疗机构注册管理	
14		REG04	医保项目注册管理	
15		REG05	门特疾病注册管理	
16		REG08	医生注册管理	
17		REG10	科室注册管理	
18		REG11	病区注册管理	
19		REG12	医疗机构项目审批管理	
20		REG13	医疗机构项目注册管理	
21		REG22	医疗机构设备注册管理	
22		REG23	医保项目规则分类管理	
23		REG29	医保项目分组管理	
24		REG30	中药目录注册管理	
25		REG33	就诊类型注册管理	
26		REG35	住院单病种注册管理	

续表

序号	模块分组	模块编号	模块名称	备注
27	知识库管理	REG36	新生儿生育项目注册管理	
28		REG37	医保项目批量修改	
29		DIC01	药品剂型字典	
30		DIC02	处方权等级字典	
31		DIC03	公共字典	
32		DIC04	医疗机构等级注册管理	
33		DIC05	药品分类字典	
34		DIC06	药品字典	
35		DIC08	ICD字典	
36		DIC10	医疗服务项目分类	
37		DIC11	审核规则字典	
38		DIC12	临床病症字典	
39		DIC13	医疗服务项目分组	
40		DIC14	临床路径字典	
41		DIC15	医疗服务项目字典	
42		DIC16	字典审核管理	
43		DIC19	医用材料分类字典	
44		DIC20	医用材料字典	
45		…	…	知识库其他配套功能略
46	数据质控	CHK01	数据一致性校验	
47		CHK02	数据规范性校验	
48		CHK03	数据质控统计	

续表

序号	模块分组	模块编号	模块名称	备注
49	审核管理	CHK04	结算单机审查询	
50		CHK07	结算单查询	
51		CHK08	住院结算单审核	
52		CHK09	项目明细批量审核	
53		CHK11	门特病结算单审核	
54		CHK22	审核进度查询	
55		CHK27	人审管理	
56		CHK36	审核员结算单分配	
57		CHK48	医院扣款管理	
58		CHK49	住院病案首页	
59		CHK53	大病保险理算管理	
60		CHK55	审核违规明细查询	
61	申诉管理	CHK16	申诉回复处理	
62		CHK39	申诉回复批量处理	
63		CHK40	申诉处理查询	
64		CHK41	申诉处理统计	
65		CHK50	医院申诉处理	
66		CHK51	医院申诉批量处理	
67		CHK52	医院违规统计	
68	监控管理	CHK19	医疗机构费用构成分析	
69		CHK20	医生项目构成分析	
70		CHK21	参保人费用构成排名分析	
71		CHK23	医疗机构项目费用构成分析	
72		CHK24	医生费用构成分析	
73		CHK25	医疗机构疾病费用构成分析	
74		CHK28	参保人重复住院监管	
75		CHK29	参保人重复门诊监管	
76		CHK30	医院重复报账监管	
77		CHK31	参保人同医院多次住院监管	
78		CHK19	医疗机构费用构成分析	
79		…	…	其他监控管理功能模块略

续表

序号	模块分组	模块编号	模块名称	备注
80	统计分析	CHK02	机审统计表	
81		CHK03	医疗机构审核统计表	
82		CHK05	医疗机构费用项目审核结果分析	
83		CHK06	审核总览表	
84		CHK10	参保人费用总额排名	
85		CHK12	医保项目审核结果分析	
86		CHK13	医生费用审核结果分析	
87		CHK43	人审统计表	
88		CHK54	参保人超限统计表	
89		SYS22	自定义报表查询	
90		…	…	其他统计分析功能模块略
91	其他	…	…	其他功能模块略

中心端软件的功能模块约有 240 个，限于篇幅，本书只罗列了其中一部分。

6.3.2 功能设计案例

医保智能审核系统中的功能模块非常多，下面针对一些比较典型的功能模块进行介绍。

6.3.2.1 操作员管理

操作员管理是医保智能审核系统管理中的一个重要环节，通过注册操作员并管理其权限，包括数据权限和软件功能权限。数据权限由操作所在医保经办机构和管辖医院共同决定，即操作员在进行审核业务办理时，只能处理归属机构及其下属机构的数据。针对部分地区采用医院专管员模式，管辖医院决定了数据的处理范围。操作员管理界面如图 6.15 所示。

第 6 章　软件设计

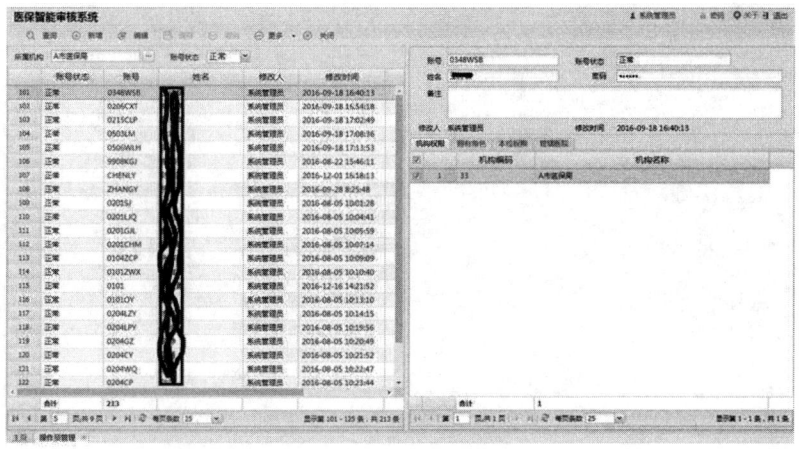

图 6.15　操作员管理界面

6.3.2.2　医保项目注册管理

医保项目注册管理是医保知识库管理的重点，用于维护各个统筹地区的医保项目目录以及与医保目录相关的知识库内容，其界面如图 6.16 所示。

图 6.16　医保项目注册管理界面

以列表形式展现某个统筹地区的医保项目目录及其基本信息，如果要对详细信息和知识库关联内容进行维护，需要点击编辑按钮进入详细信息界面，如图 6.17 所示。

209

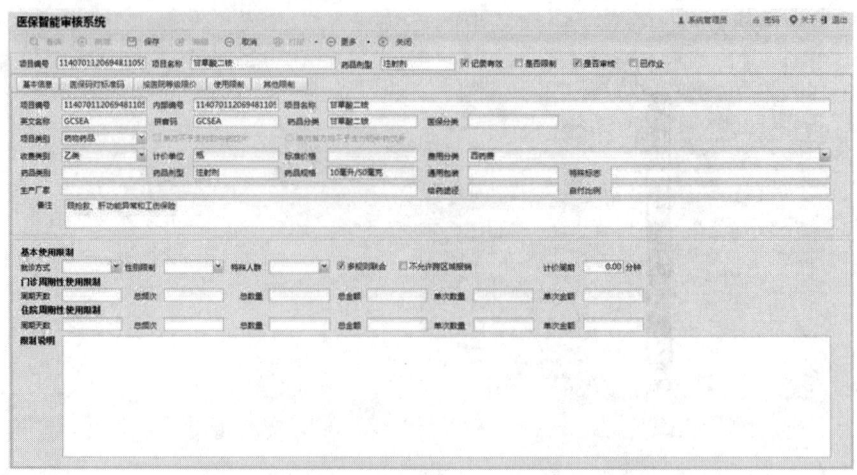

图 6.17 医保项目注册管理详细信息界面

要对医保项目的使用限制规则进行维护，点击使用限制按钮进入界面，如图 6.18 所示。

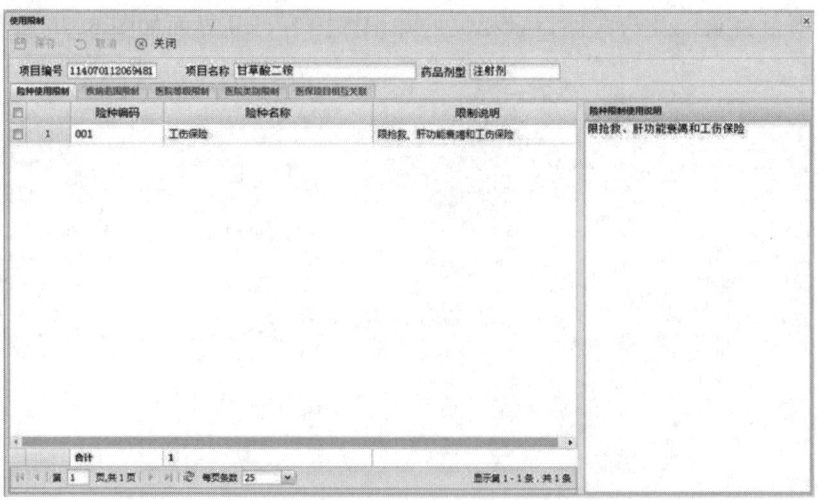

图 6.18 医保项目注册管理使用限制规则维护界面

在使用限制规则维护界面对各种限制条件进行维护，以疾病范围限制为例，单击疾病范围限制网格，弹出临床病症的参照界面，选择对应选项加入限制的疾病范围，如图 6.19 所示。也可以勾选需要撤销的临床病症记录，右键点击删除使用疾病范围，去除不再需要的内容。

第 6 章 软件设计

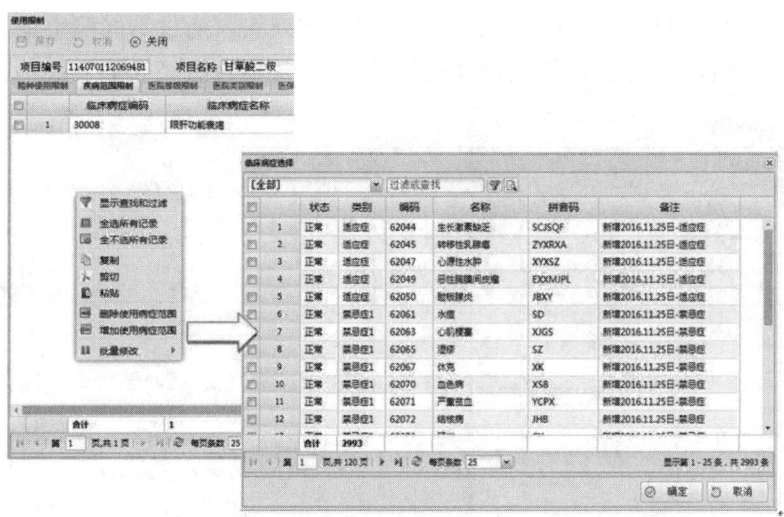

图 6.19 医保项目使用限制规则维护临床病症参照界面

6.3.2.3 人审管理

自动机审由医保智能审核系统后端服务完成,审核结果需要人工复审和确认。人工审核的入口可以有多个,如通过机审统计表、审核总览表进入,或直接通过人审管理模块进入,如图 6.20 所示。

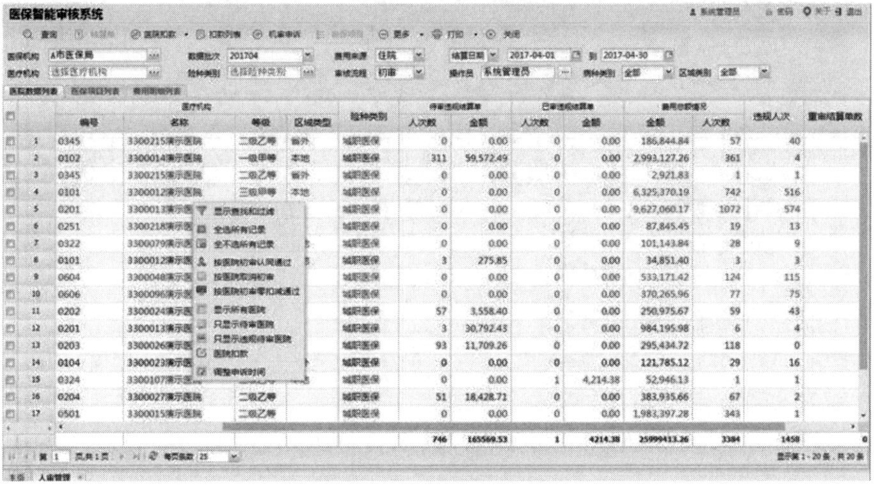

图 6.20 人审管理界面

在人审管理模块中,以列表形式展示每一家定点医疗机构的审核情况,包括待审核和已审核的结算单情况,通过鼠标右键点击相关内容,可以快速进入相关业务处理模块,如图 6.21 所示。双击某条定点医疗机构记录,显示当前医疗机构存在机审违规情况的费用明细列表，通过不同颜色能够有效提示医保审核人员该结算单明细违规等级，以及是否已经人工审核等。

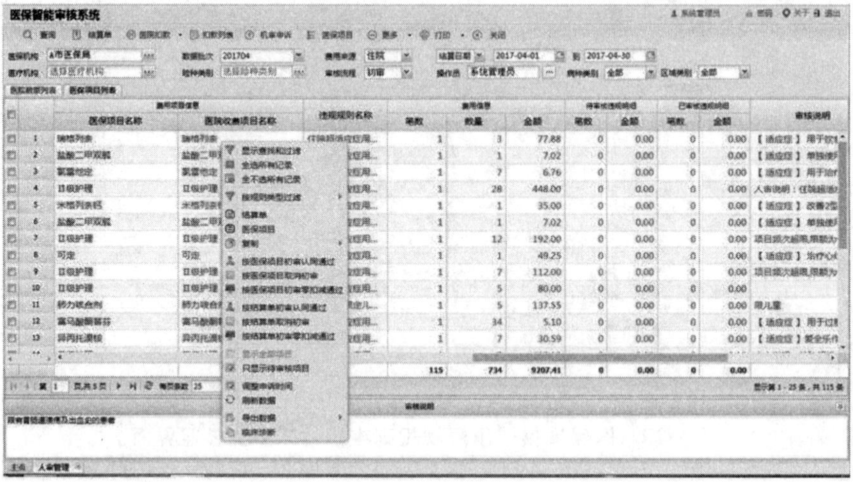

图 6.21　人审管理模块的右键菜单

医保审核人员可以对其中一条或多条违规费用项目进行处理，在网格处单击鼠标右键显示处理菜单，还可以同时查看该费用项目对应的结算单情况，如图 6.22 所示。

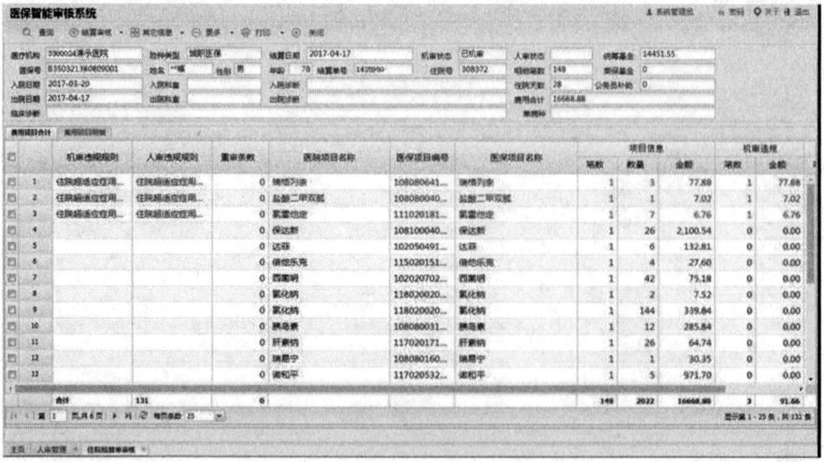

图 6.22　人审管理违规费用处理界面

医保审核人员的主要操作是是否认同机审结果，这种认同操作包括以下三种情况：

（1）认同通过，认同机审结果。

(2) 零扣减通过，不认同机审结果，不对费用项目进行扣费。

(3) 手工扣减，不认同机审结果，需要手工进行扣费处理。

对机审没有审核出的违规费用项目，也需要审核人员进行逐条手工扣减处理，并对处理具体内容进行填写，其处理界面如图 6.23 所示。

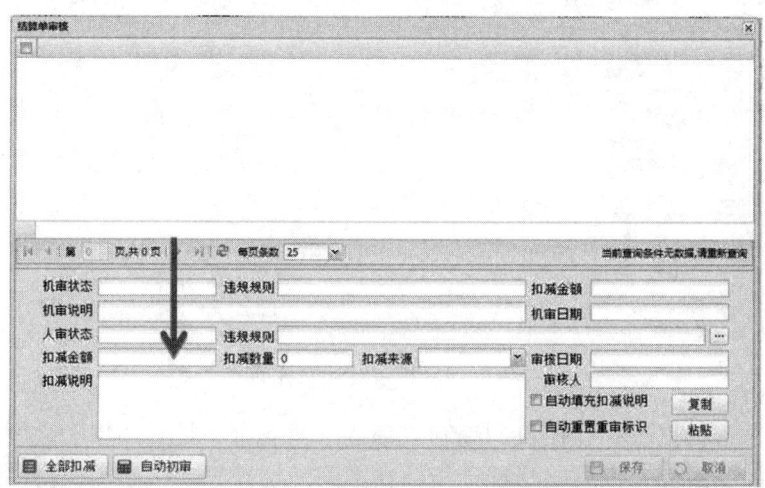

图 6.23　机审结果人工调整界面

在人审过程中，可以随时查看医保项目涉及的知识库内容，包括医保知识库和医学知识库。

6.3.2.4　机审统计表

在中心端软件中，各种统计报表类模块有 100 多个，约占所有功能模块的 40%。下面以机审统计表为例，图 6.24 展示了统计报表类模块的基本功能。

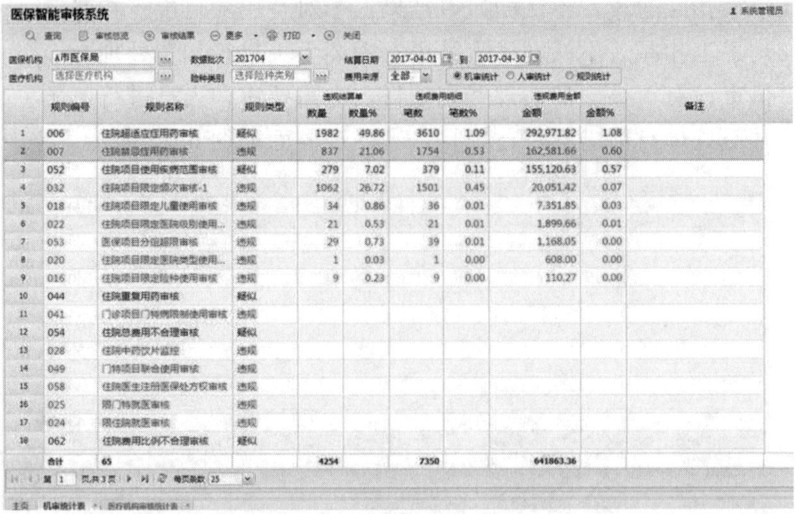

图 6.24 机审统计表界面

各种统计报表功能模块的编制关键在于两点：一是不同报表之间的平衡和数据的一致性，即同一个统计指标在不同的统计报表中必须保持一致；二是报表之间要有关联，要能够进行有效的关联和钻取，即通过报表中的每条记录可以关联到其他统计报表，也可以一级一级地钻取并能够落实到每一张结算单及费用明细上。图 6.24 中的机审统计表是按审核规则进行统计的，双击某条审核规则记录后可以进入医疗机构统计表，如图 6.25 所示，可展示该审核规则存在违规的医疗机构列表。

图 6.25 医疗机构统计表

在列表上双击某条医疗机构记录后进入该医疗机构的结算单机审查询模

块，如图 6.26 所示，可以查看当前医疗机构违反规则的结算单列表。再次钻取还可以进入具体的结算单及费用明细列表。所有的关联和钻取过程，都必须确保统计指标和相关数据的一致性。

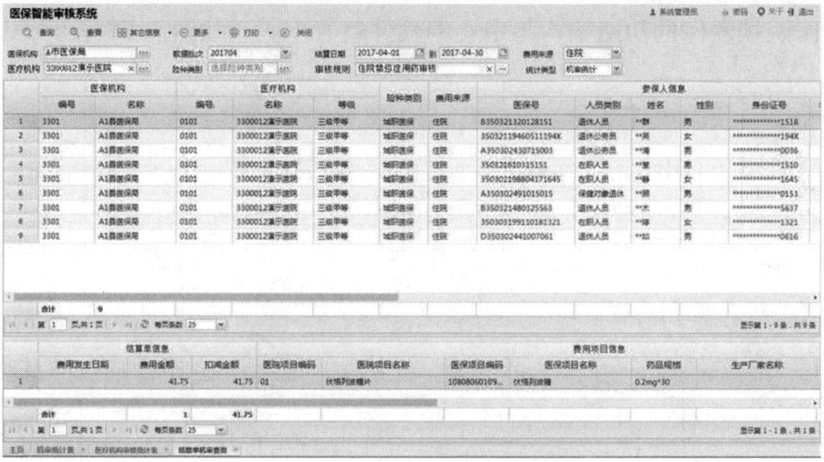

图 6.26　结算单机审查询界面

6.4　医院端软件

医院端软件是针对医生为患者开具处方或对住院患者下达医嘱时，提供医保费用实时智能审核，实现事前提示、事中预警以及事后查阅和申诉功能。事前提示是指医生登录后进行医师统计指标、医疗机构统计指标提示，并在医生门诊接诊患者或住院安床后，进行相关指标提示，医生可以查询患者相关医保数据。事中预警是医生下达医嘱时，系统自动对医嘱内容按照医保要求进行审核，并对其中疑似违规项目和费用进行预警。事后查阅是对临床产生的费用进行查询和统计分析，并能够对审核结果进行申诉。

医院端软件与中心端软件采用了同一套知识库和规则库以及算法，二者的差异是医院端软件采用接口模式向医院信息系统提供服务，尤其是事前提示和事中预警功能，其审核方式是对单个结算单逐笔审核，而不是中心端的批量审核，并且审核的结算单不一定是最终保存的结算单。另外，医院端软件对系统的实时性要求很高，一张结算单的审核必须在很短时间内完成，原则上门诊结算单的审核不超过 2 秒，住院结算单的审核不超过 5 秒。所以医院端软件的功能多集中在后端处理和接口处理上，属于界面功能的相对较少，主要提供申诉和查询功能。

6.4.1 软件功能列表

医院端软件的功能架构与中心端软件略有不同，如图 6.27 所示。

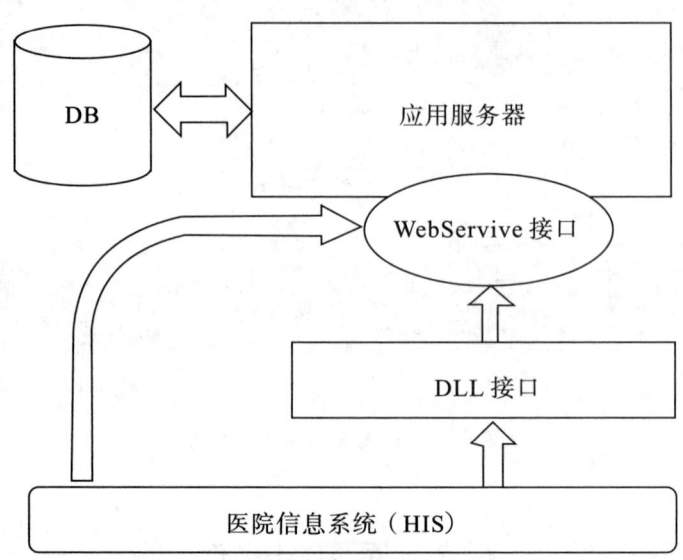

图 6.27 医院端软件的功能架构

医保智能审核系统医院端软件的主要功能见表 6.21。

表 6.21 医院端软件的主要功能清单

序号	模块分组	模块编号	模块名称	备注
1	系统管理	SYS01	权限管理	同中心端相关功能
2		SYS02	模块管理	
3		SYS03	角色管理	
4		SYS04	机构管理	
5		SYS05	操作员管理	
6		SYS07	日志管理	
7		…	…	其他功能略

续表

序号	模块分组	模块编号	模块名称	备注
8	知识库查询	REG01	医保险种注册管理	
9		REG02	诊断编码注册管理	
10		REG03	医疗机构注册管理	
11		REG04	医保项目注册管理	
12		REG05	门特疾病注册管理	
13		REG23	医保项目规则分类管理	
14		REG29	医保项目分组管理	
15		REG30	中药目录注册管理	
16		REG33	就诊类型注册管理	
17		REG35	住院单病种注册管理	
18		REG36	新生儿生育项目注册管理	
19		REG37	医保项目批量修改	
20		DIC01	药品剂型字典	知识库相关功能在医院端只提供查询功能，不提供编辑修改功能，其操作页面与中心端一致
21		DIC02	处方权等级字典	
22		DIC03	公共字典	
23		DIC04	医疗机构等级注册管理	
24		DIC05	药品分类字典	
25		DIC06	药品字典	
26		DIC08	ICD字典	
27		DIC10	医疗服务项目分类	
28		DIC11	审核规则字典	
29		DIC12	临床病症字典	
30		DIC13	医疗服务项目分组	
31		DIC14	临床路径字典	
32		DIC15	医疗服务项目字典	
33		DIC16	字典审核管理	
34		DIC19	医用材料分类字典	
35		DIC20	医用材料字典	
36		...	...	知识库其他配套功能略

续表

序号	模块分组	模块编号	模块名称	备注
37	审核查询	CHK04	门诊结算审核查询	查询门诊结算单和住院医嘱事中审核情况
38		CHK07	住院医嘱审核查询	
39	使用说明管理	CHK16	使用说明查询	对审核中产生了疑似违规结果的门诊结算单或住院医嘱，在临床实际应用时医生按照患者病情要求使用，则需要填写使用说明供医院医保办审核
40		CHK39	使用说明审核	
41		CHK52	医院审核结果统计	
42	监控管理	CHK19	医疗机构费用构成分析	统计分析功能同中心端，统计内容只涉及当前医疗机构
43		CHK20	医生项目构成分析	
44		CHK21	参保人费用构成排名分析	
45		CHK23	医疗机构项目费用构成分析	
46		CHK24	医生费用构成分析	
47		CHK25	医疗机构疾病费用构成分析	
48		CHK28	参保人重复住院监管	
49		CHK29	参保人重复门诊监管	
50		CHK30	医院重复报账监管	
51		CHK31	参保人同医院多次住院监管	
52		CHK19	医疗机构费用构成分析	
53		…	…	其他监控管理功能模块略
54	其他	…	…	其他功能模块略

医院端软件的功能模块约有 100 个，大部分功能与中心端软件的相同，只是维护功能有限制，限于篇幅，本书只罗列了其中一部分。

6.4.2 HIS 接口设计

医院端软件的接口采用 WebService＋XML 形式，同时提供一个动态链接库（Dynamic Link Library，DLL），用于封装对 WebService 的调用及提示信息界面。医院端程序也可以直接调用 WebService，所需提示信息界面均由医院信息系统（HIS）构建。

6.4.2.1 接口定义

医院端软件的接口有两种模式:一种是 DLL 函数调用模式;另一种是 WebService 调用模式。其中 DLL 是封装了对 WebService 的调用,没有做其他处理。

1. DLL 接口

采用单一函数模式,即接口只有一个函数,DLL 接口函数的 C 语言定义见表 6.21。

表 6.21 DLL 接口函数的 C 语言定义

DLL 接口函数		

unsigned int funcHisIntf (
    unsigned int command,
    char * inparam,
    unsigned int * outsize,
    char * outparam
);		

参数定义	类型说明	参数说明
unsigned int command	4 字节无符号数值	各个业务命令,参见表 6.25~表 6.29
char * inparam	字符串指针	传入的 XML 字符,内容定义参见表 6.22
unsigned int * outsize	4 字节无符号数值指针	传入时是调用者为传出参数设置的缓冲大小;传出时是使用的缓冲大小。如果传入缓冲小于传出缓冲,则函数返回失败,且该参数为传出所需缓冲大小
char * outparam	字符串指针	传出的 XML 字符,调用者必须先申请足够的空间用于存储传出的数据
unsigned int funcHisIntf	4 字节无符号数值	返回标志,0 表示成功,大于 0 表示失败,不同数值代表错误原因

2. WebService 接口

WebService 接口的编码格式为 UTF-8,遵循的 SOAP 规范包括 v1.1 和 v1.2,服务地址格式为

    http://IP:port/context/services/business?wsdl

其中,IP、port 为部署服务的 ip 地址和端口号;context 为应用上下文;/services/business?wsdl 为固定路径。

输入、输出参数使用字符串,格式为 XML,允许包含多个数据集及其

嵌套的数据集，每个数据集可以包含多条记录，每条记录又可以包含多个字段。

6.4.2.2 XML 定义

XML 文件格式总框架定义见表 6.22。

表 6.22 XML 文件格式总框架定义

输入参数 XML	输出参数 XML
<?xml version="1.0" encoding="GBK"> <input> … </input>	<?xml version="1.0" encoding="GBK"> <output> … </output>

若输入、输出参数存在多个数据集，则利用数据集编号区分，数据集可以嵌套子数据集，见表 6.23。

表 6.23 XML 中数据集表达

数据集表达
<数据集编号 1>   <数据集编号 2>…</数据集编号 2>   …   </数据集编号 1>   <数据集编号 3>…</数据集编号 3>   …

每个数据集中可以有多条记录，每条记录又可以有多个字段，记录和字段的表达见表 6.24。

表 6.24 XML 中记录和字段表达

多记录表达	多字段表达
当数据集中存在多条记录时，采用如下模式： <数据集编号 1> <row>…</row> <row>…</row> <row>…</row> … </数据集编号 1>	每条记录由若干字段组成，采用如下模式： <row> <字段编号 1>…</字段编号 1> <字段编号 2>…</字段编号 2> <字段编号 3>…</字段编号 3> … </row>

6.4.2.3 业务功能

接口由若干业务功能组成，每个业务的命令和 XML 定义不同。下面针对重点业务进行简要描述,见表 6.25～表 6.29。

表 6.25 操作员登录

业务名称	操作员登录	命令号	1
传入参数	数据集编号	DS_IN_USER	
	字段名称	字段编号	字段说明
	操作员编号	USER_CODE	在系统中注册的操作员编号
	操作员密码	USER_PWD	操作员登录密码
传出参数	数据集编号	DS_OUT_USER	
	字段名称	字段编号	字段说明
	操作员线程号	SESSION_ID	登录成功后给出的该次登录的唯一标识号,下面业务中必须使用该唯一标识号做身份识别

表 6.26 医生指标获取

业务名称	医生指标获取	命令号	2
传入参数	数据集编号	DS_IN_DOCTOR	
	字段名称	字段编号	字段说明
	操作员线程号	SESSION_ID	登录成功后给出的该次登录的唯一标识号
传出参数	数据集编号	DS_OUT_DOCTOR	
	字段名称	字段编号	字段说明
	医生编号	DOCTOR_CODE	
	医生姓名	DOCTOR_NAME	
	医生性别	GENDER_NAME	
	所属专业	PROFESSION_NAME	
	职称	JOB_TITLE_NAME	
	执业医师证号	DOCTOR_NO	
	是否名老专家	IS_EXPERT	
	接诊总人次数	VISIT_CNT	指门诊接诊,以下指标均指门诊接诊
	单据总数	BILL_CNT	
	单据总金额	BILL_AMT	

续表

业务名称	医生指标获取	命令号	2
	人次均金额	PSN_AVG_AMT	单据总金额/人次数
	单据平均金额	BILL_AVG_AMT	单据总金额/单据总数
	药占比	DRUG_RATE	药品费用占总费用的百分比
	违规单据数	VIO_BILL_CNT	违规单据指有违规费用的结算单
	违规单据比例	VIO_CNT_RATE	百分比
	违规金额	VIO_BILL_AMT	
	违规金额比例	VIO_AMT_RATE	百分比
	…	…	…

表6.27 医院指标获取

业务名称	医院指标获取	命令号	3
传入参数	数据集编号	DS_IN_HOSP	
	字段名称	字段编号	字段说明
	操作员线程号	SESSION_ID	登录成功后给出的该次登录的唯一标识号
传出参数	数据集编号	DS_OUT_HOSP	
	字段名称	字段编号	字段说明
	医院编号	HOSP_CODE	
	医院名称	HOSP_NAME	
	医院等级	HOSP_LEVEL	
	医院类型	HOSP_TYPE	
	接诊总人次数	VISIT_CNT	指门诊接诊，以下指标均指门诊接诊
	单据总数	BILL_CNT	
	单据总金额	BILL_AMT	
	人次均金额	PSN_AVG_AMT	单据总金额/人次数
	单据平均金额	BILL_AVG_AMT	单据总金额/单据总数
	药占比	DRUG_RATE	药品费用占总费用的百分比

续表

业务名称	医院指标获取	命令号	3
	违规单据数	VIO_BILL_CNT	违规单据指有违规费用的结算单
	违规单据比例	VIO_CNT_RATE	百分比
	违规金额	VIO_BILL_AMT	
	违规金额比例	VIO_AMT_RATE	百分比
	…	…	…

表 6.28 门诊医嘱审核

业务名称	门诊医嘱审核		命令号	4
传入参数	采用多个数据集表达，其中处方数据集嵌套明细数据集			
基本信息	数据集编号	DS_IN_VISIT		
	字段名称	字段编号		字段说明
	操作员线程号	SESSION_ID		登录成功后给出的该次登录的唯一标识号
	参保人医保号	PNS_CODE		医保结算系统给出的参保人医保号
	姓名	PSN_NAME		
	性别	PSN_SEX		
	年龄	PSN_AGE		
	身份证号	PSN_CODE		
	参保险种	SI_TYPE		职工医保、居民医保等
	参保人类别	PSN_TYPE		职工、退休、个体等
	门急诊号	VISIT_CODE		
	就诊日期	VISIT_DT		
	就诊类别	VISIT_TYPE		门诊、急诊
	是否门特就诊	IS_SPE_DIS		1是，0否
	门特病登记号	SPE_DIS_REG_CODE		参保人在医保系统中的登记号
	门特病编号	SPE_DIS_CODE		本次就诊对应门特病登记中门特病编号
	处方医生编号	DOCTOR_CODE		

续表

业务名称		门诊医嘱审核	命令号	4
		处方医生姓名	DOCTOR_NAME	
		科室编号	DEP_CODE	处方医生对应的科室
		科室名称	DEP_NAME	
		…	…	…
临床诊断数据集		数据集编号	DS_IN_DIAG	
		诊断序号	DIAG_NO	顺序号
		临床诊断内容	DIAG_NAME	医生下达的诊断
		ICD编码	ICD_CODE	诊断对应的ICD-10编码
		ICD疾病名称	ICD_NAME	
处方数据集		数据集编号	DS_IN_PRES	
		处方编号	PRES_CODE	在一次审核中多条记录唯一
		处方时间	PRES_DT	
		处方类别	PRES_TYPE	中药饮片处方、西药处方、中成药处方
处方数据集嵌套的明细数据集		数据集编号	DS_IN_PRES_DETAIL	
		医院项目编号	HOSP_ITEM_CODE	医院收费项目包括药品和医疗服务项目
		医院项目名称	HOSP_ITEM_NAME	
		医保项目编号	SI_ITEM_CODE	对应的医保项目编号和名称
		医保项目名称	SI_ITEM_NAME	
		计价单位	ITEM_UNIT	
		项目单价	ITEM_PRICE	保留4位小数
		项目数量	ITEM_CNT	
		项目总价	ITEM_AMT	保留2位小数
		每次用量	PER_USE_CNT	
		使用频次	USE_SEQ	
		每日用量	DAY_USE_CNT	
		使用天数	DAYS_USE	
		用法说明	USE_NOTE	
		…	…	…
传出参数		根据是否有审核提示，如有，则存在审核结果数据集；否则无		

续表

业务名称	门诊医嘱审核		命令号	4
基本信息	数据集编号		DS_OUT_VISIT	
	字段名称		字段编号	字段说明
	是否有审核提示		HAVE_RESULT	1是，0否
审核结果数据集	数据集编号		DS_OUT_RESULT	
	字段名称		字段编号	字段说明
	处方编号		PRES_CODE	同传入参数
	医院项目编号		HOSP_ITEM_CODE	医院收费项目包括药品和医疗服务项目
	医院项目名称		HOSP_ITEM_NAME	
	医保项目编号		SI_ITEM_CODE	对应的医保项目编号和名称
	医保项目名称		SI_ITEM_NAME	
	计价单位		ITEM_UNIT	
	项目单价		ITEM_PRICE	保留4位小数
	项目数量		ITEM_CNT	
	项目总价		ITEM_AMT	保留2位小数
	提示类别		MES_TYPE	警示、违规
	提示信息		MES	具体违规警示内容
	…		…	…

表6.29 住院医嘱审核

业务名称	医院指标获取		命令号	5
传入参数	采用多个数据集表达			
基本信息	数据集编号		DS_IN_INBED	
	字段名称		字段编号	字段说明
	操作员线程号		SESSION_ID	登录成功后给出的该次登录的唯一标识号
	参保人医保号		PNS_CODE	医保结算系统给出的参保人医保号
	姓名		PSN_NAME	
	性别		PSN_SEX	

续表

业务名称			
	医院指标获取	命令号	5
	年龄	PSN_AGE	
	身份证号	PSN_CODE	
	参保险种	SI_TYPE	职工医保、居民医保等
	参保人类别	PSN_TYPE	职工、退休、个体等
	住院号	INBED_CODE	
	入院日期	INBED_DT	
	入院病区编号	INBED_AREA_CODE	
	入院病区	INBED_AREA_NAME	
	入院科室编号	INBED_DEP_CODE	
	入院科室	INBED_DEP_NAME	
	住院床位号	INBED_BED_NO	当前患者的床位号
	…	…	…
临床诊断数据，允许多条	数据集编号	DS_IN_DIAG	
	字段名称	字段编号	字段说明
	诊断序号	DIAG_NO	顺序号
	诊断类型	DIAG_TYPE	门诊诊断、入院诊断、出院诊断、修订诊断
	临床诊断内容	DIAG_NAME	医生下达的诊断
	ICD编码	ICD_CODE	诊断对应的ICD-10编码
	ICD疾病名称	ICD_NAME	
既往费用数据，允许多条，如果已经传递则不需要再传	数据集编号	DS_IN_HIS_ITEMS	
	字段名称	字段编号	字段说明
	费用序号	ITEMS_NO	对该住院患者该费用明细的唯一序号
	医嘱序号	ADVICE_NO	产生该费用的对应医嘱序号
	费用发生日期	ITEMS_DT	
	医院项目编号	HOSP_ITEM_CODE	医院收费项目包括药品和医疗服务项目
	医院项目名称	HOSP_ITEM_NAME	
	医保项目编号	SI_ITEM_CODE	对应的医保项目编号和名称
	医保项目名称	SI_ITEM_NAME	
	计价单位	ITEM_UNIT	

续表

业务名称		医院指标获取	命令号	5
	项目单价	ITEM_PRICE	保留4位小数	
	项目数量	ITEM_CNT		
	项目总价	ITEM_AMT	保留2位小数	
	每次用量	PER_USE_CNT		
	使用频次	USE_SEQ		
	每日用量	DAY_USE_CNT		
	使用天数	DAYS_USE		
	用法说明	USE_NOTE		
	当前病区编号	INBED_AREA_CODE		
	当前病区名称	INBED_AREA_NAME		
	当前科室编号	INBED_DEP_CODE		
	当前科室名称	INBED_DEP_NAME		
	当前床位号	INBED_BED_NO	发生费用时患者的床位号	
	医嘱医生编号	DOCTOR_CODE	产生费用的医嘱下达的医生	
	医嘱医生姓名	DOCTOR_NAME		
	…	…	…	
医嘱数据，允许多条项目	医嘱序号	ADVICE_NO	对该住院患者该医嘱明细的唯一序号	
	医嘱类别	ADVICE_TYPE		
	医院项目编号	HOSP_ITEM_CODE	长期医嘱、临时医嘱	
	医院项目名称	HOSP_ITEM_NAME	医院收费项目包括药品和医疗服务项目	
	医保项目编号	SI_ITEM_CODE	对应的医保项目编号和名称	
	医保项目名称	SI_ITEM_NAME		
	计价单位	ITEM_UNIT		
	项目单价	ITEM_PRICE		
	项目数量	ITEM_CNT	保留4位小数	
	项目总价	ITEM_AMT		
	每次用量	PER_USE_CNT	保留2位小数	
	使用频次	USE_SEQ		
	每日用量	DAY_USE_CNT		
	用法说明	USE_NOTE		

续表

业务名称	医院指标获取	命令号	5
	医嘱下达时间	ADVICE_DT	
	医嘱开始时间	ADVICE_START_DT	
	下达医生编号	DOCTOR_CODE	
	下达医生姓名	DOCTOR_NAME	
	医嘱停止时间	ADVICE_STOP_DT	
	停止医生编号	STOP_DOCTOR_CODE	
	停止医生姓名	STOP_DOCTOR_NAME	
	当前病区编号	INBED_AREA_CODE	下达医嘱时患者所在病区
	当前病区名称	INBED_AREA_NAME	
	当前科室编号	INBED_DEP_CODE	下达医嘱时患者所在科室
	当前科室名称	INBED_DEP_NAME	
	当前床位号	INBED_BED_NO	下达医嘱时患者的床位号
	…	…	…
传出参数	根据是否有审核提示,如有,则存在审核结果数据集;否则无		
基本信息	数据集编号	DS_OUT_INBED	
	字段名称	字段编号	字段说明
	是否有审核提示	HAVE_RESULT	1是,0否
审核结果数据集	数据集编号	DS_OUT_RESULT	
	字段名称	字段编号	字段说明
	医嘱序号	ADVICE_NO	同传入参数
	医院项目编号	HOSP_ITEM_CODE	医院收费项目包括药品和医疗服务项目
	医院项目名称	HOSP_ITEM_NAME	
	医保项目编号	SI_ITEM_CODE	对应的医保项目编号和名称
	医保项目名称	SI_ITEM_NAME	
	计价单位	ITEM_UNIT	
	项目单价	ITEM_PRICE	保留4位小数
	项目数量	ITEM_CNT	
	项目总价	ITEM_AMT	保留2位小数
	提示类别	MES_TYPE	警示、违规
	提示信息	MES	具体违规警示内容
	…	…	…

当接口程序执行失败,提示错误信息,错误代码见表 6.30。

表 6.30　错误代码

错误代码	错误说明
0	成功
1	操作员编号错误,无该操作员编号
2	操作员密码错误
3	登录验证码错误
4	登录验证码操作,需要重新登录,一般超时 30 分钟
5	输入参数结构错误,一般为 XML 结构不符合要求
6	数据库异常,一般为数据库操作异常
7	网络异常,一般为应用服务与数据库之间发生中断
8	应用服务器异常,一般为应用服务器内部错误
…	…

针对大于 0 的错误代码,返回的 XML 结构定义见表 6.31。

表 6.31　错误代码返回 XML 结构定义

传出参数			
基本信息	数据集编号	DS_OUT_MSG	
	字段名称	字段编号	字段说明
	错误代码	ERROR_CODE	见表 6.30
	错误信息	ERROR_MSG	

6.4.2.4　接口注意事项

医院接口的同步和异步设计对医院信息系统的影响非常大,需要引起高度重视。大部分医保智能审核系统的医院接口采用了同步设计,即医院信息系统调用接口后,采用阻塞模式等待服务器的运算结果,这个过程可能持续 1~5 秒,HIS 收到服务器运算结果后再进行其他操作。这段时间看着并不长,但是医生下达医嘱后,往往需要经过若干接口传递到若干外部系统进行检查,除医保智能审核系统外,还有合理用药、CDSS 等,这些系统都可能接入 HIS 中,如果每个系统都需要 1~5 秒的处理时间,总延时就会非常长,可能严重影响医院信息系统的运行效率,尤其是医生工作站的等待时间。为了避免这种现象发生，强烈建议接口采用异步设计。将审核工作分为两步：第一步是数据传递到审核服务器后立刻返回，让 HIS 处理其他接口工作；第二步是过一段时间后再读取服务器的审核结果，这样能有效减少在医保智能审核服务器的阻塞时间。

第 7 章 总结

医保智能审核是从微观层面上,针对医疗服务产生的医疗费用明细,借助医学和医保知识库及规则开展的控费工作。这种微观层面的控费,涉及医疗机构和医务人员、患者、疾病、诊疗项目和药品耗材等,在按项目付费的医保支付模式下是一个非常重要的控费手段。医保智能审核系统的出现主要解决了医保费用审核中面临的困境。随着医保多元复合式支付方式的改革和医保控费工作的推进,医保智能审核系统经历了诞生、高速发展、瓶颈和转变发展的过程。

医保智能审核系统的总体建设目标是面对医保费用全生命周期,在医疗费用发生之前,通过医院端软件提供事前提示;在医疗费用发生当时,提供费用审核事中预警,将不合理费用和违规费用拦截在发生之前;在医保费用结算之后进行全面审核,确保医保基金安全支出。同时,在医保经办部门的中心端提供人机结合审核模式,减轻审核人员的工作量,统一审核标准,实现医保费用审核的全覆盖。医保智能审核系统还向医疗机构开通申诉通道,为合理的医疗行为提供解释途径。

医保经办机构开展智能审核的数据来自医保业务系统,一般按照一个结算周期(如一个结算月度)从医保业务系统中批量抽取需要审核的结算单及费用明细数据,导入医保智能审核系统中,由系统自动调用审核算法,按照预先设定好的审核策略对每张结算单及费用明细进行审核,形成机审结果。审核人员查看机审结果后,对机审结果无异议的认同,对机审结果有不同意见的否定,并适量抽查机审无法做到或容易遗漏的内容进行人工检查,记录人工审核结果。审核人员的审核结果通过医院申诉系统向定点医疗机构提供查询和申诉处理,定点医疗机构对人工审核结果存在异议的,可以在申诉系统中进行申诉和解释,并提交相关说明资料。医保经办机构的审核人员对定点医疗机构提交的申诉进行审阅,接受申诉的,则撤销费用项目的违规标志并记录处理信息。申诉期过后,由医保经办机构的终审人员对最终审核结果进行检查和确认,形成审核结果,通过接口交付给医保清算系统,作为后者与定点医疗机构的清算依据。

定点医疗机构开展医保智能审核,一般情况下需要建立与中心端相同的知识库与规则库,通过接口向 HIS 提供服务,在医生下达医嘱或护士计费前,HIS 可以通过接口获取各种医保相关提示信息,提供事前提示服务;在医生下达医嘱时,将医嘱内容传递给医保智能审核系统进行检查,发现其中不合理和不合规的医嘱,并将审核结果及时警示给医生,如果医生坚持使用,可以在使用说明中备注说明。事中预警不干涉医生的正常医疗行为和治疗方案,只是对医生的医嘱给予合理性和合规性警示。医生确认医嘱后,将其存储到 HIS 中,医保经办机构的医保专员可以通过医保智能审核系统随时查看医生下达的医嘱审核情况,并对其中存在预警但医生坚持使用的医嘱进行人工审查,再次确保医疗费用的合理性和合规性。当参保人出院结算或门诊收费时,还可以通过接口对即将结算的费用调用医保智能审核系统再次进行自动审核,可以避免不合理或不合规费用被上传到医保业务系统进行结算。

医保智能审核系统的设计包括知识库设计、规则库设计、软件设计等。医保智能审核系统中的知识库包括医学知识库和医保知识库,其中医学知识库又包括临床药学知识库和临床医学知识库。临床药学知识库重点围绕药品开展合理用药审核;临床医学知识库重点围绕疾病开展的各种诊疗行为,侧重于诊疗行为结果与临床诊断之间的关系。临床医学知识库需要临床药学知识库作支撑,临床药学知识库也需要临床医学知识库的诊断等信息作支撑,二者结合相对紧密。医保知识库的核心是医保目录,围绕医保目录开展医保项目限制性审核、门诊特殊疾病审核等。医保知识库建设的核心在于医保项目的使用范围限制,需要基础字典、临床医学和临床药学知识库作支撑。

规则库设计是围绕规则开展的,规则是规则库的基石,也是知识库的外在表达形式。规则可以分为不同种类,按业务类别划分为医学规则和医保规则,按强制程度划分为刚性规则和非刚性规则,按应用场景划分为审核规则和监控规则,按规则算法划分为判断类规则和集合类规则。规则依赖于知识库,所以规则设计必须考虑知识库的结构和内容,不能脱离知识库单独设计规则。规则的算法实现主要有两种:第一种是基于约束条件的针对 IF-THEN 规则的算法;第二种是基于集合运算的算法。

医保智能审核系统从本质上讲是一个业务系统和专家系统相结合的综合

体，从业务系统角度来看，医保智能审核需要满足医保经办机构在医保审核方面的业务经办需求，包括医保费用数据的抽取、对标，根据规则库内容对医保费用及其明细进行自动机器审核，审核结果提交给医保审核人员进行人工检查和确认，人工确认后的审核结果提交医保业务系统进行清算。为实现对医保费用开展事前提示、事中预警、事后审核的全生命周期的监控与审核管理，还需要构建医保智能审核医院端，为医院信息系统开放医保智能审核接口，同时为医疗机构提供事前提示的服务。从专家系统角度来看，医保智能审核系统需要构建知识库与规则库，并基于规则实现配套算法和应用接口服务。医保智能审核系统总体设计包括中心端软件和医院端软件，功能包括基础功能及操作、应用及数据接口、系统安全、机审管理、人审管理、申诉管理、统计分析以及其他功能等。

参考文献

1. 曲超，陈立波. 医保综合控费与信息化 [M]. 北京：科学出版社，2021.
2. 姚岚，熊先军. 医疗保障学 [M]. 2 版. 北京：人民卫生出版社，2013.
3. 周绿林，李邵华. 医疗保险学 [M]. 2 版. 北京：科学出版社，2013.
4. 周绿林. 我国医疗保险费用控制研究 [M]. 镇江：江苏大学出版社，2013.
5. 沈勤. 我国社会医疗保险基金的偿付与费用控制研究 [M]. 上海：上海交通大学出版社，2016.
6. 李绍华，柴云. 医疗保险支付方式 [M]. 北京：科学出版社，2016.
7. 汤羽，林迪，范爱华，等. 大数据分析与计算 [M]. 北京：清华大学出版社，2018.
8. Michael N. 人工智能智能系统指南 [M]. 陈薇，译. 北京：机械工业出版社，2015.
9. 中国药典委员会. 中华人民共和国药典 [M]. 北京：中国医药科技出版社，2015.